本书为广州市教育科学规划2018年度课题“基于高考评价和学科素养的高中语文教学策略研究”成果（主持人：王惠，课题编号：201811699）

中学生整本书阅读系列丛书

《骆驼祥子》深度阅读的策略与路径

王　惠◎著

广东高等教育出版社
Guangdong Higher Education Press
·广州·

图书在版编目（CIP）数据

《骆驼祥子》深度阅读的策略与路径/王惠著. —广州：广东高等教育出版社，2020.3

ISBN 978-7-5361-6658-5

Ⅰ. ①骆… Ⅱ. ①王… Ⅲ. ①阅读课-中学-教学参考资料 Ⅳ. ①G634.333

中国版本图书馆 CIP 数据核字（2019）第 296555 号

LUOTUO XIANGZI SHENDU YUEDU DE CELUE YU LUJING

出版发行	广东高等教育出版社 地址：广州市天河区林和西横路 邮编：510500　　营销电话：（020）87553335 http://www.gdgjs.com.cn
印　　刷	佛山市浩文彩色印刷有限公司
开　　本	787 毫米×1 092 毫米　1/16
印　　张	15.5
字　　数	330 千
版　　次	2020 年 3 月第 1 版
印　　次	2020 年 3 月第 1 次印刷
定　　价	46.00 元

前　　言

有深度的阅读和阅读能抵达的深度

对于一个普通的读者来说，读完一本书，往往只要知道它写了什么内容即可，想要在这一信息提取的过程中有意无意地增广见闻、陶冶情操、提升素养，那基本上是获知内容信息之外的副产品，而且要经过较长时间的阅读积累后才能实现。毋庸置疑，这种只知道写了什么内容的阅读方式是最为多见的，甚至可以说是阅读的规律和常态，出自《庄子·外物》的“得意忘言”一词便是对这种规律和常态的经典表达：“筌者所以在鱼，得鱼而忘筌；蹄者所以在兔，得兔而忘蹄；言者所以在意，得意而忘言。吾安得夫忘言之人而与之言哉!”

理想的阅读显然不应该是这样的，尤其是对于新课标背景之下的广大青少年学生来说，指向能力和素养的语文学习目标要求我们不能满足于此，大量的阅读经验也告诉我们不能止步于此，因为这样的阅读往往浮光掠影、浮皮潦草，甚至出现“读了跟没读一样”的情形，无助于我们语文成绩的提升，无益于我们思维水平和学习能力的提升。如此开卷无益的局面，对于时间宝贵的青少年学生来说，着实应该避免。

因此，笔者鼓励和提倡指向能力和素养的深度阅读。当然，这样的深度要以广度为基础。好比一条窄巷，不过是因窄而显深罢了，我们需要的是阔而深，唯有这样的阅读，才是真正有利于学生成长的阅读。当然，“阔而深”的阅读是一种专业的阅读，需要深入地学而习之才能获得这种专业的能力和素养。

在深入地学而习之之前，读者需要先在以下三方面上建构共识。

首先是在“深度”一词理解上的共识。在阅读行为中，“深度”的要求应该体现在构成阅读行为的阅读主体（读者）和阅读对象（文本）两方面。就阅读主体而言，如果仅仅用眼睛看书、用手翻书、用口读书、用笔抄书，显然是没有深度的，只有从外在的身体层面“深入”到内在的身体层面，即心和脑的层面，才应该是有深度的；就阅读对象而言，如果仅仅将其作为语言文字符码构成的整体来进入阅读主体的视觉感官，只提供“写了什么内容”的信息给读者，显然是没有深度的，只有透过由语言五级单位所建构的篇章表面，呈现出隐含在文字之中的人物的灵魂、作者的灵魂，才应该是有深度的。总而言之，深度阅读是基于心灵和大脑的阅读，是深入文字符码之中、超越文字符码之上的阅读。换言之，如果说阅读中的理解是经由知识和思维的双向运用而达成，其中，知识是没有深度的，思维才有深度。语文的深度学习，阅读的深度推进，看似只是一个语言素材的积累和运用、语言知识的学习和运用的过程，实则应该是一个人思维品质的培养和提升过程。

文本构成与阅读理解之间的关系可如图 0－1 所示。

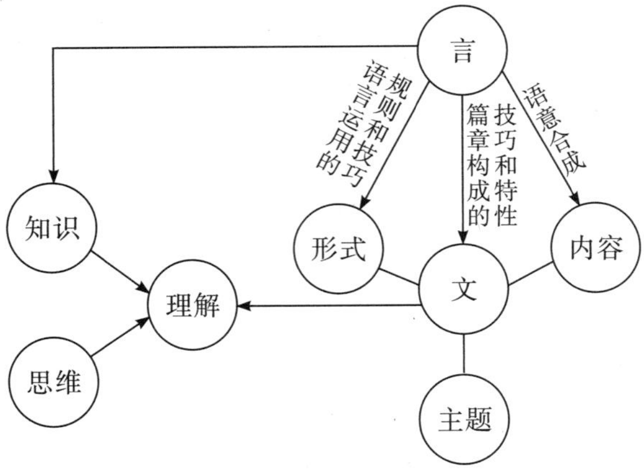

图 0－1　文本构成与阅读理解关系图

其次是在阅读对象的结构层次上的共识。我们的阅读对象（文本）乃由语言构成的完整篇章，是作者通过语言运用和篇章构成的知识运用来表达自己的思想、认识或情感的成果。每一个文本，在结构上都有内容、形式、主旨三个层次，如图 0－2 所示。其中外面的大圆圈为文本的形式层面，回答“怎么写”这一问题，涉及鉴赏能力；中间的三角形为文本的内容层面，回答“写了什么”的问题，涉及理解能力；里面的小圆圈为文本的主旨层面，回答“为什么写”的问题，涉及探究能力。当然，这些能力的调遣都要以语文知识运用能力和思维水平为前提。如果说文本的段落层次划分体现的是一种显性结构，那么，文本的形式、内容和主旨构成则是一种隐性结构。阅读任何一个文本，都应该具备“双层结构”意识，只有这样，阅读主体在深度进入阅读对象的过程中才能实现阅读的深度。

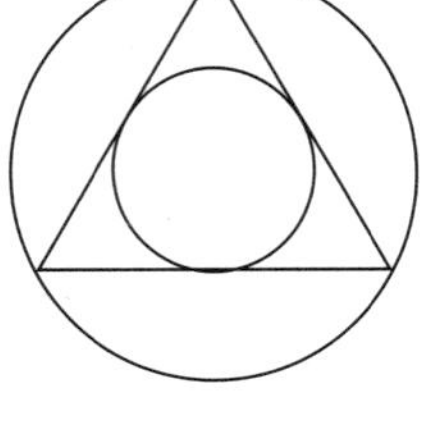

图 0－2　文本结构图

再次是在不同文本的文体特征上的共识。文本是由语言构成的完整篇章，这是所有文本的共同特征；不同的是，文本从体裁上可分为非文学和文学两大类，其中，非文学类文本根据表达方式的不同，分为记叙文、说明文、议论文、应用文四大类；文学类文本根据具体样式的不同，分为诗歌、小说、戏剧、散文四大类。目前，我们对这些不同文本的概念界定多注重其内容层面，兼及表达方式或语言形式上的不同，如非文学类文本中的记叙文，“是以叙述为主要表达方式，以写人物的经历和事物发展变化为主要内容的一种文体”。再如文学类文本中的小说，是“以刻画人物形象为中心，通过完整的故事情节和环境描写来反映社会生活的文学体裁”。在阅读不同文体的文本时，一定要高度关注文本的文体特征，如此才能做到“读懂这一本（篇），关联这一类”，实现知识和能力的迁移。

几种文学类文本结构与要素可如图0－3所示。

图0－3　几种文学类文本结构与要素图

了解了深度阅读要求，具备了双层结构和文体特征意识，我们便可以依循一定的阅读路径开始登堂入室、学而习之了。在“指向能力和素养的深度阅读”要求下，笔者探索和建构起“一书五读”这一阅读路径，该路径具有模式化的特征，但可以根据阅读主体个体差异、阅读对象个体差异以及阅读主体和阅读对象的关系差异适当调节。“一书五读”中的“五读”是指通读、品读、细读、研读和新读五步，这五步不断推进，分别针对文本的内容、形式、主旨等不同要素，以及内容与形式的关系，内容、形式与主旨的关系等进行全文本和跨文本的解读，由此指向不同的语文能力，将这些语文能力综合起来就形成了语文素养（如表0－1所示）。

表0－1　“一书五读”阅读路径

顺序	阅读路径	文本对象	语文能力
1	通读	内容	信息处理（理解＋分析综合）
2	品读	形式	知识运用（鉴赏）
3	细读	全文本	关联建构（分析＋鉴赏＋评价）
4	研读	主旨	思维发展（评价＋探究）
5	新读	跨文本	拓展迁移（表达应用）

以《骆驼祥子》这一经典小说文本为例，一个完整、不断推进、体现深度要求的阅读过程应该包含以下 5 个环节。

1. 通读环节

该环节重在理解文本的内容。《骆驼祥子》是一部小说，人物、情节和环境是小说的内容三要素，因此通读环节就需要我们在文本的结构中把握人物和梳理情节。通读时应该找到并圈出人物，包括主要人物、次要人物和人物群像。次要人物和人物群像除了有自己独立的存在价值，还构成了主要人物的社会环境，主要人物则往往是在与社会环境的冲突中书写自己的故事，从而表达文本的主题。此外，我们应该在对情节进行概括的过程中划分结构。这一环节的任务概括起来，就是关联性感知人物，结构化梳理情节。

2. 品读环节

该环节重在鉴赏文本的形式。小说是文学体裁中最重要的一种，文学是审美的意识形态，所以对文本形式的鉴赏不仅能够帮助我们深入这一文本，还有助于提升我们的审美鉴赏和语言运用能力。鉴赏的对象主要是语言和描写，对语言的品味和对描写的品鉴是该环节的主要任务。小说的描写主要表现为人物描写和环境描写，并通过描写在主要人物与环境的冲突中凸显文本的主旨。

3. 细读环节

该环节重在建立文本内容与形式的关联，在分析和鉴赏的过程中发现值得深入研究的小问题和小议题，并在对小问题和小议题做合理探究的过程中进行局部的评价。

4. 研读环节

该环节重在探究文本的主旨，能够在文本内容、形式与主旨三者之间建立关联。为此，一方面需要细致、深入地寻找文本中的冲突，在母题的框架下归纳文本的主旨。一部经典的文学作品，往往会表现重大主题，包括对人性的自我追问和自我反思，以体现人类对真善美的永恒追求；也包括对文化的追问和反思，在文化与人性的矛盾冲突中体现人类对美好社会的永恒追求等。另一方面要发掘文本在内容、形式、主旨本身以及三者关系的特色，从而评价文本得失。

5. 新读环节

该环节重在提出新的阅读方法，包括封面带读、三题导读、以写促读和互文参读等，在进一步强化理解的基础上实现跨文本的拓展迁移。

如上，在通读、品读、细读、研读和新读的过程中，读者需要不断回归文本，也需要不断超越文本。在深度阅读的过程中，笔者对《骆驼祥子》这一经典小说文本的阅读也不断抵达新的深度。比如在对文本内容信息进行处理的过程中发现一分为二的结构安排之巧、一分为三的情节设计之妙和一落到底的故事发展之势；在对文本的艺术描写进行品鉴的过程中发现作者在各种细节的呼应、对比上所体现的匠心，发现作者用树、花、草分别喻指祥子、虎妞和小福子的巧思等；在对文本主旨进行探究的过程中，看到隐含在文字符号、人物形象、故事情节之下的乡村与城市主题、点儿和底儿（偶然性与必然性）的话题、个体和群体问题、典型与超越议题等，尤其是在新读环节，发现作者通过文本内的互文性内容表现其缜密的思维、用“穷恶的花朵”向现代派诗人波德莱尔的《恶之花》致敬等全新内容。由此可见，一次在知识广度和思维深度上展开的深度阅读之旅能够抵达的阅读深度是十分喜人的，或可用《桃花源记》中“初极狭，才通人。复行数十步，豁然开朗”一句来表达。

走笔至此，“朱光潜谈读书：一个人怎样建立完整的知识体系”一文在微信平台上传开了，朱光潜先生说：“读书并不在多，最重要的是选得精，读得彻底。与其读十部无关轻重的书，不如以读十部书的时间和精力去读一部真正值得读的书；与其十部书都只能泛览一遍，不如取一部书精读十遍。”“读书方法，我不能多说，只有两点须在此约略提起：第一，凡值得读的书至少须读两遍。第一遍须快读，着眼在醒豁全篇大旨与特色。第二遍须慢读，须以批评态度衡量书的内容。”深得我心！

最后，把“指向能力和素养的深度阅读”路径和模式用图0－4进行表达。

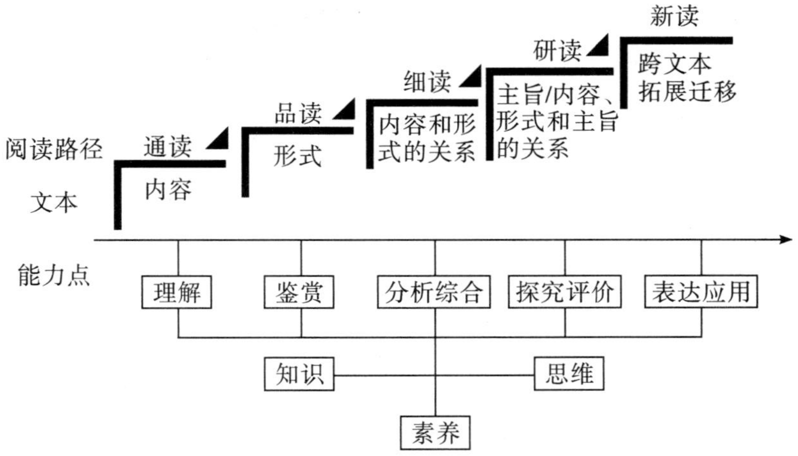

图0－4　“指向能力和素养的深度阅读”路径和模式图

2020年2月20日

目录

第一章　通读：把握人物，梳理情节

众所周知，人物是小说的核心和灵魂，而人物是在情节中活动的。因此，阅读小说文本的第一步是“通读”，而通读阶段最重要的任务是把握人物和梳理情节。

全方位把握人物，是理解人物的必然要求。作为一部经典作品的读者，我们要相信，文本中没有一处是无用的闲笔，没有一个人物是无意义的角色。在通读文本的过程中，我们要对文中的主要人物、次要人物和人物群像的方方面面保有足够的关注度和敏感度。为了让人物从纷纭的文字中凸显出来，我们不妨一边通读文本，一边在人物的名字处进行圈画。当然，所圈画的人物不仅是主要人物，次要人物和人物群像也应该在圈画范围之内。我们会发现，经典作品所刻画的主要人物形象往往比较真实、丰满，文艺理论中称之为圆形人物，与扁形人物或其他单向度人物相区别。同时，经典作品所塑造的次要人物和人物群像也有独立的存在价值和充分的解读价值，事实上，正是次要人物和人物群像构成了主要人物社会环境的重要内容，而小说的主旨，往往是在主要人物与社会环境的冲突中凸显出来的（见图1－1）。

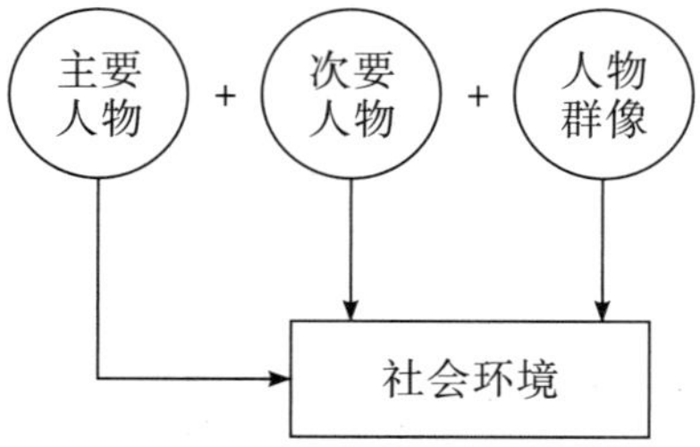

图1－1　小说人物与环境关系图

结构化梳理情节，是理解事件的特定要求。笔者认为，不管是语篇还是书册，在文本的构成要素中，结构属于形式的范畴，但结构又不是一般的文本形式要素，它承载和体现着作者的思路。就小说文本而言，其核心内容要素人物是在情节中活动的，而情节是在结构中展开的，以至于很多人常常把“情节”和“结构”组合在一起使用，形成语焉不详的“情节结构”一词。事实上，情节属于小说文本内容要素，和人物、环境一起，回答“写什么”的问题；结构属于文本形式要素，和语言、风格一起，回答“怎么写”的问题，必须在概念上将二者加以区分，唯有如此，在以语篇和书册为对象的阅读活动中，结构才可以成为一种解读文本和理解文本的重要方法，我们可以称之为结构法。

如图1－2所示，人物在环境中活动，在和环境的冲突中凸显主题；人物在情节中活动，在情节的推进下形成结构。结构实为作者的思路，结构法即在梳理和把握作者思路的过程中，通过文意的关联与区分把文本分为几个部分。

结构法首先体现为划分结构的意识，其次表现为划分结构的能力。在通读文本时，拥有划分结构的意识和能力都很重要，它们既可以帮助我们快速把握作者思路、事件概要和文本大意，又可以帮助我们提升思维品质。不然，我们很容易陷入语词的大海，只能不辨方向地随浪浮沉或盲目前行，抓住文本中一些只鳞片爪的信息，单纯结合自己的

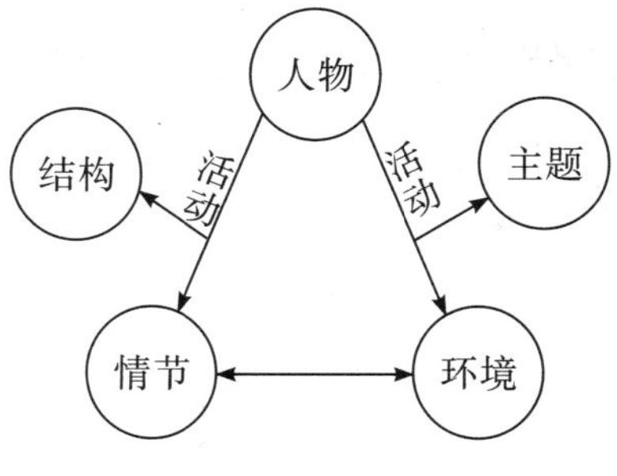

图 1-2　小说各要素动态关系图

阅读经验或生活经验进行主观解读，大谬不然。

人物和情节是小说文体在内容上的共同知识，全方位把握人物、结构化梳理情节是通读小说文本阶段的主要任务，而每一个语篇或书册各自的特殊性、关联性和渗透共同性，又说明找到或读出特殊性，是每一个阅读阶段都面临的共同任务。就《骆驼祥子》一书而言，主要人物只有祥子，全书讲述的是围绕车夫祥子以及他身边的那些人展开的那点事，那点不折不扣的悲剧故事。为了讲好故事，作者在结构安排和情节设计上独具匠心，你准备好去探索和发现其中的秘密了吗?

第一节　四张图带你读懂《骆驼祥子》

《骆驼祥子》一书以主人公祥子的名字来命名，“骆驼”是祥子的外号。祥子是一个车夫，也是一个车迷。在 20 世纪 20 年代的北平城，做车夫的底层男性很多，小到十一二岁，老到五十多岁，如书中小马儿和他的祖父。在《骆驼祥子》的开篇，作者先对北平城的洋车夫做了分层分类的详细介绍，其目的是为了后面叙述的方便，也是为了写出祥子和一般车夫的不同。是的，祥子不是一个普通的车夫，他正当好年岁，有一个好身体，追求一种好生活，一门心思地热爱着拉车这一职业。简单地说，他是一个车迷。“车迷”这一词语或许可以概要地体现祥子与一般车夫的不同。决定拉车挣钱之后，祥子对车表现出非同寻常的热爱，他热切地想要买车，坚定地认为自己可以买上车。苦苦奋斗三年之后，祥子确实做到了，他买上了车，成为高等车夫。这是他的出场，他的亮相。但故事发展到终场之时，祥子已经沦落为低等车夫，甚至不再拉车，成为一具“等着吸那最后的一口气”的行尸走肉。

《骆驼祥子》一书以 20 世纪 20 年代的北平城为时空大背景，围绕着祥子与车的故事，塑造了形形色色的一群人，描画了各不相同的处所，通过祥子在北平七年的奋斗与沉沦、抗争与堕落，揭露了社会的黑暗。祥子的悲剧，既是时代的悲剧，也具有超越时代的意义。《骆驼祥子》一书的经典性就在于作者通过祥子的命运，提出了一些引人深思的重大问题。

为了更加精准地找到《骆驼祥子》一书所提出的重大问题并对它们进行深入探究，笔者提取书中与事件、人物、地点、时间有关的重要信息，以思维导图的方式予以整体性、关联性和结构化呈现。

一、那点事

如图 1－3 所示，《骆驼祥子》一书所讲述的那点事，以祥子为中心展开，可以概括为祥子与车、与买车、与买上车之间的事。概而言之，是祥子如何对待车（包括自己的车和别人的车）、如何拉车、买车的愿望与他相信自己可以买上车的信念发生变化的过程。因为与买车的愿望相关的主要是钱，所以《骆驼祥子》要讲述祥子如何挣钱、如何花钱、如何攒钱；因为与他相信自己可以买上车的信念相关的，包括身体条件、车技、行为习惯（抽烟、喝酒、赌钱、扎堆）和道德品质，所以《骆驼祥子》还要讲述祥子在这些方面的变化。

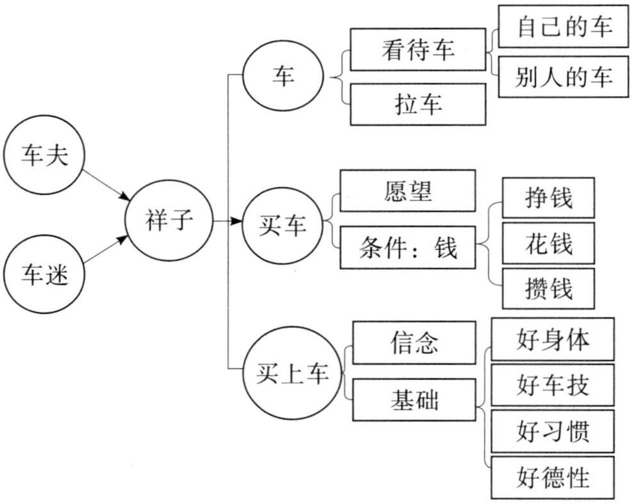

图 1－3　祥子的“车”事图

二、那群人

《骆驼祥子》中的所有人物，都是以主要人物祥子及其命运为中心来开展活动的（如图 1－4 所示）。

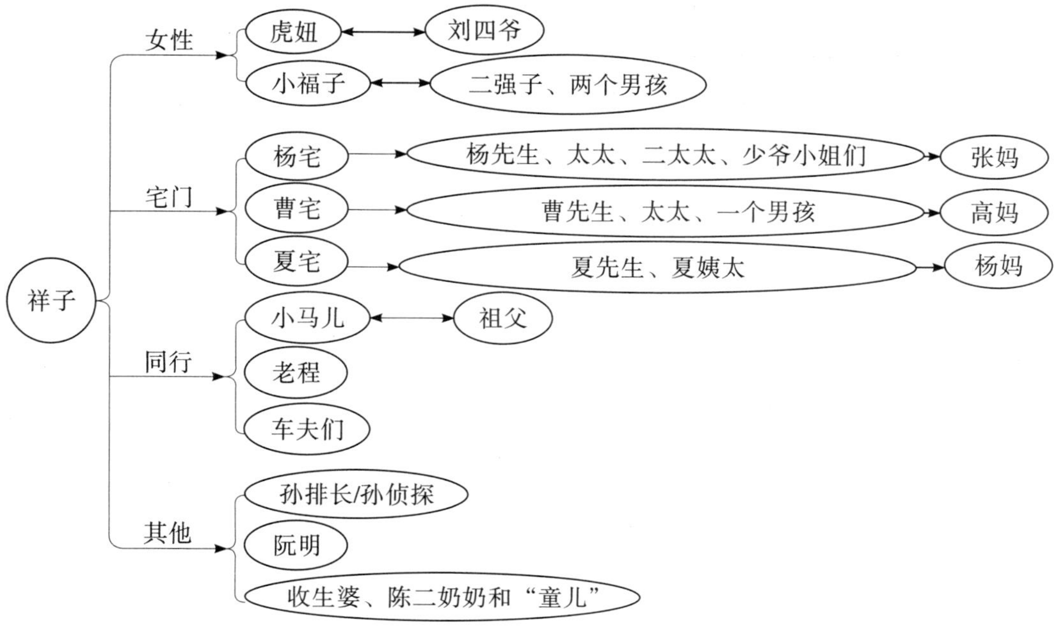

图 1－4　《骆驼祥子》人物及关系图

以下是对祥子和在他身边活动的那群人的大事记略。

祥子：失去父母与田产之后，18 岁的乡下小伙儿祥子进北平城务工。凡是卖力气的活儿乎都做过之后，他决定以拉车为生。奋斗三年之后，他买了生命中的第一辆车。祥子满怀希望，打算凭借自己的劳力和努力，买回一辆又一辆的车，最后开一个车厂子，成为有产者。遗憾的是，半年之后他连人带车被大兵抓捕。逃回北平的他，依旧有买车的梦想，认为自己一定可以买上车的信念却在动摇，又不幸陷入虎妞的诱骗和纠缠中。正在苦苦挣扎之际，他遭遇孙侦探的讹诈，勤苦攒下的钱一个不留地被劫走。陷入自我怀疑和自我否定的祥子无奈与虎妞结婚，所幸，他用虎妞的钱买了第二辆车，婚后，他的生活被虎妞控制，他的身体被虎妞掏空，虽然生儿育女的本能激发了他新生的希望，但已力不从心。在虎妞难产而死之后，祥子卖车办理丧事，并从此断了买车的念头，得过且过。及时行乐的祥子在夏宅拉包月时和姨太太发生私情，染上性病，身体和心气均一蹶不振，即便再次遇到刘四爷，莫名的精神胜利法激活了他，但是小福子的死却让他陷入了死境。他卖衣物换钱、出卖阮明换钱、到处借钱、泡妓院、捡烟头，如同行尸走肉一般活着，就等着“吸那最后的一口气”。

虎妞：车厂主刘四爷的女儿，三十七八岁的老姑娘。长得虎头虎脑，性格也像男人一样强悍。她设局诱骗祥子，又假说怀孕来要挟祥子，给祥子带来巨大的精神压力。和祥子结婚之后，她好逸恶劳，好吃懒做，不仅令祥子入不敷出，也导致自己难产而死。她的纠缠、欺侮、强悍、死去均是造成祥子悲剧的直接原因。

小福子：车夫二强子的长女，在大杂院长大的姑娘。她是个眉眼匀调、神情娇憨、心地善良、勤苦能干的可爱姑娘。19岁被父亲卖给一个军人，不到一年便被军人抛弃，只好回到大杂院。在二强子的唆使和虎妞的支持下，她卖淫养活家人。虎妞死后，她希望能和祥子一起生活，但祥子不愿意承担养活她一家的责任。祥子搬走之后，她被卖到下等妓院，因不堪折磨上吊而死。她本来可以成为拯救祥子的力量，但她的死给了祥子最后的痛击。

刘四爷：人和车厂的老板，土混混出身，什么坏事都干过，是个无情无义的人。明知道祥子是拉车的一把好手，明知道虎妞喜欢祥子，他却不愿意成全。在虎妞和祥子结婚之后，他干脆卖了车厂，携带钱财一走了之。对于虎妞的死和祥子的沉沦，他难脱罪责。

二强子：大杂院里的车夫，暴脾气的酒鬼，没有良知的人。他卖女儿、踹死老婆、唆使女儿卖淫。就在祥子预备答应小福子娶她时，二强子突然来搅局，夺走了小福子改变命运的机会，也夺走了祥子重生的希望。

宅门：在祥子拉过包月的三大宅门中，杨宅是不合理的婚姻制度下家庭生活混乱的典型，杨氏一家庸俗、蛮横、粗野，对下人极其刻薄和吝啬。夏宅是阴暗人性和糜烂生活的典型，对下人冷漠淡薄。曹宅单纯、清洁、安静、尊重下人，可谓“沙漠中的一个小绿洲”。遗憾的是，在祥子心中像孔圣人一样好的曹先生却被自己的学生，所谓有志的革命青年告发，引来祥子的厄运。如果说杨宅和夏宅是社会黑暗和人性黑暗的直接投影，曹宅则是社会黑暗和人性黑暗的间接投影。

同行：在祥子的同行中，小马儿和他的祖父对祥子的影响最大，但其影响是负面的。小马儿祖孙俩所过的悲惨生活让祥子看清现实，失去了希望。小马儿去世后，老车夫对祥子所说的一番话让祥子放弃了最后一次要强的打算。另外，祥子在人和车厂和新车厂的同行也对祥子的命运产生了影响，他们以群像的方式出现，成为和祥子一个阶级、一样命运的“祥子们”。其中，老程算是特殊的一个，拉着包月，过着暂时稳定的生活，只可惜他改变不了祥子的命运，更何况谁知道他这样的生活状况能持续多久呢?

其他：在祥子的身边还有一些因偶然联系或间接联系出现的其他人物，往往正是这些人物直接造成祥子的悲剧命运。其中，当孙侦探还是孙排长的时候带头抓走了祥子，使祥子失去了第一辆车，还差点失去自由；做了侦探之后，又讹走了祥子全部的存款，使祥子失去买车的希望，只好回到人和车厂受虎妞和刘四爷的摆布。祥子的“一落”和“二落”，孙侦探都是直接责任人，祥子的“三落”也在这里埋下了伏笔。阮明是曹先生的学生，一个看似想做些革命事业的有为青年，实则是个挟私报复的小人，他在作品中出现了两次，第一次间接造成祥子的“二落”，第二次则以他被枪毙时成为被全北平人观看的对象，作为祥子堕落的铁证。此外，没有收生婆、骗吃骗喝又骗钱的虾蟆大仙陈二奶奶和她的“童儿”，就不会有难产的虎妞，造成祥子的“三落”。

三、那些地方

作者老舍对《骆驼祥子》中祥子在北平的居所做了必要交代和细致描画，很值得关注。

前三年，祥子在人和车厂和宅门交替居住：“因为没有家小，他一向是住在车厂里，虽然并不永远拉厂子里的车。”买上了新车之后的那半年，情况也基本如此：“祥子找到了包月，就去住宅门；掉了事而又去拉散座，便住在人和厂。”故此，祥子从军营逃出来后，自然也是往人和车厂去：“他的铺盖还在西安门大街人和车厂呢，自然他想奔那里去。”

后三年的头一年，祥子还是在人和车厂和宅门之间轮流居住，书中写到的宅门有杨宅和曹宅。第二年，祥子先是在虎妞的安排下到冯先生的天顺煤厂短暂过渡，和虎妞结婚以后，他们在大杂院的两间小屋里安了家。从正月初六到年底虎妞死去这差不多一年的时间里，祥子在这里过着相对稳定却十分痛苦的生活。第三年，祥子在新车厂和宅门（夏宅）之间轮流居住，间或到白房子栖身。年底时祥子本来打算投奔曹先生，再一次奋起，但终究被命运摁倒在底层。这种情况一直稀里糊涂地过到第四年的秋季，“入了秋，祥子的病已不允许他再拉车，祥子的信用已丧失得赁不出车来。他作了小店的照顾主儿”。如此，人和车厂、宅门、大杂院和白房子是祥子在北平城里的栖止之所，这些地方加上茶馆和车口等公共区域，一起构成时空大背景之下祥子的处所小环境，如图 1－5 所示。

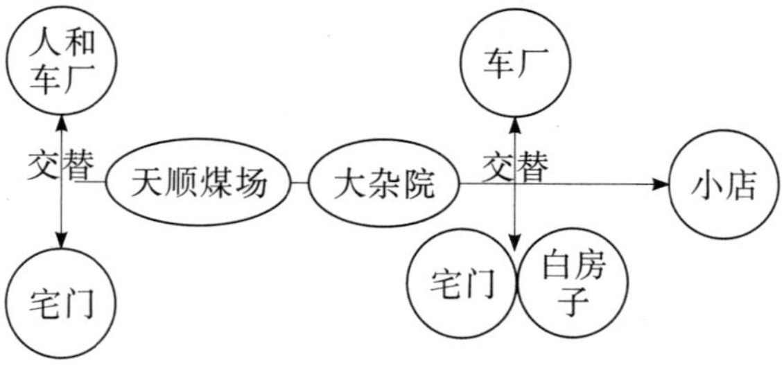

图 1－5　祥子的处所小环境图

四、那段时间

《骆驼祥子》展现的是 20 世纪 20 年代的时代苦难和社会黑暗，书写的是人力车夫祥子的悲剧故事。祥子经历的那些事，一步一步吞噬了他的梦想，击碎了他的信念，让他陷入沉沦。祥子身边的那些人，一点一点毁坏了他的生活，改变了他的个性，让他走向堕落。

这一段悲惨的经历，从祥子 18 岁到 25 岁，一共 7 年。其间主要事件如图 1－6 所示。

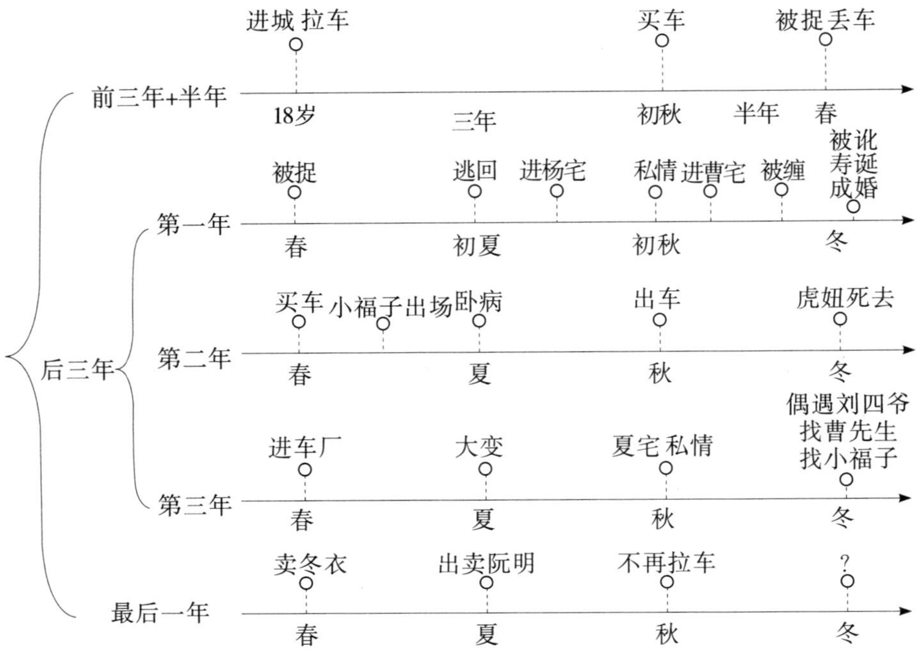

图 1－6　《骆驼祥子》时间与情节图

通过以上四张图，我们可以对《骆驼祥子》一书包含人物、情节和环境在内的内容“三要素”，以及作品结构这一形式要素有一个整体的把握，以此为基础，我们才能进一步对作品的语言表达和细节描写进行品读，并在建构起作品“写什么”和“怎么写”二者关联的过程中，深入作品的内部，探究作者“为什么写”这一主题要素。

第二节　一分为二的结构安排之巧

如前，在语篇和书册的构成要素中，结构属于形式的范畴，但结构不是一般的文本形式要素，它是作者的思路。因此，在以语篇和书册为对象的阅读活动中，结构可以作为一种解读文本和理解文本的重要方法。它一方面可以帮助我们快速把握作者的思路，另一方面可以帮助我们快速把握文本的大意。反之，我们很容易陷入语词的大海或密林，只能不辨方向地随浪浮沉或盲目前行，抓住文本中一些只鳞片爪的信息，单纯地结合自己的阅读经验或生活经验进行主观解读，大谬不然。

就《骆驼祥子》一书来说，人们多用祥子在虎妞下葬之后心理活动中“三起三落”

的自我回顾和自我总结（第二十章）来进行情节上的概括，但这一概括并不能完整地呈现出祥子沉沦的全貌，甚至遮蔽了作者在安排每一章节结构时的匠心。

一、各章段落层次

《骆驼祥子》全书共二十四章，现对其各章结构做整体以下梳理。

（一）第一章　主人公出场

祥子是个农村孩子，18 岁时失去父母和田产，跑到北平城里来谋生。他身体强健、头脑活络而又踏实肯干，尝试了各种卖力气换饭吃的事情后，他决定做一个收入比较灵活的人力车夫，向做一个高等人力车夫、再向自己开车厂努力。好强向上的他拼命苦干挣钱、俭省用度花销，用了三四年的时间，终于凑足了一百块钱，买了一辆新车。这辆车带给他通向美好生活的希望和梦想，他干得越来越起劲了。

1．本章可分为两个部分，其中第二部分又可以分为两层

（1）从开头到“自己的车，自己的生活，都在自己手里，高等车夫”。

（2）从“这可绝不是件容易的事”到本章结尾。

①从“这可绝不是件容易的事”到“整整的三年，他凑足了一百块钱!”

②从“他不能再等了”到本章结尾。

2．各部分各层大意

（1）祥子是北平城里的一个高等车夫。

（2）追述祥子成为高等车夫的艰苦历程。

①祥子拉车攒钱。

②祥子花钱买车。

（二）第二章　第一次挫败

祥子沉醉在他的希望和梦想中，每天拼命跑车，对于外面的兵荒马乱、风声鹤唳并不上心。有一天，他冒险把车拉到城外，却不料连车带人被大兵抓捕。之后，他每天随着兵丁们东奔西跑，在军营里卖着苦力，受着虐待。自食其力的理想第一次破灭，他恨透了这些乱兵，恨透了不公道的世界。一天夜里，祥子趁战斗打响、营盘混乱时逃出军营，还顺手牵走了部队丢下的三匹骆驼。

1．本章可分为两个部分，其中第一部分可分为三层，第二部分可分为两层

（1）从开头到“还没拉到便道上，祥子和光头的矮子连车带人都被十来个兵捉了去!”

①从开头到“他不是容易欺侮的，那么大的个子，那么宽的肩膀!”

②从“战争的消息与谣言几乎每年随着春麦一块儿往起长，麦穗与刺刀可以算做北方人的希望与忧惧的象征”到“‘呕，干脆就给一块四毛钱！不用驳回，兵荒马乱的!’”

③从“就是在这个情形下，祥子把车拉出城去”到“还没拉到便道上，祥子和光头的矮子连车带人都被十来个兵捉了去！”

（2）从“虽然已到妙峰山开庙进香的时节，夜里的寒气可还不是一件单衫所能挡得住的”到本章结尾。

①从“虽然已到妙峰山开庙进香的时节，夜里的寒气可还不是一件单衫所能挡得住的”到“这些日子，他的血似乎全流到四肢上去；这一刻，仿佛全归到心上来；心中发热，四肢反倒冷起来；热望使他浑身发颤！”

②从“一直到半夜，他还合不上眼”到本章结尾。

2. 各部分各层大意

（1）祥子被劫。

①祥子与车。

②战争逼近。

③祥子出城被劫。

（2）祥子出逃。

①兵营生活。

②半夜出逃。

（三）第三章　逃向北平城

整整一夜，祥子在惶急中一路奔逃，他牵着三匹骆驼，凭着顽强求生的意志和辨别方向的能力，向心心念念的北平城走去。雄鸡啼鸣，曙光初现，祥子终于走进了一个宁静平和的村子。因为急需换钱买车，又不懂行情，他用三匹骆驼向一个老者换了35元大洋。带着对新生活的希望，祥子再次上路，准备进城。

1. 本章可分为两个部分，这两个部分均可分为两层

（1）从开头到“不管身上是怎样褴褛污浊，太阳的光明与热力并没将他除外，他是生活在一个有光有热力的宇宙里；他高兴，他想欢呼！”

①从开头到“大概他是先睡着了而后坐下的，因为他的疲乏已经能使他立着睡去的”。

②从“他忽然醒了”到“不管身上是怎样褴褛污浊，太阳的光明与热力并没将他除外，他是生活在一个有光有热力的宇宙里；他高兴，他想欢呼！”

（2）从“看看身上的破衣，再看看身后的三匹脱毛的骆驼，他笑了笑”到本章结尾。

①从“看看身上的破衣，再看看身后的三匹脱毛的骆驼，他笑了笑”到“大家看他，他也看大家；他知道只有这样才足以减少村人的怀疑”。

②从“坐了一会儿，院中出来个老者，蓝布小褂敞着怀，脸上很亮，一看便知道是乡下的财主”到本章结尾。

2．各部分各层大意

（1）在路上。

①祥子带着骆驼逃跑。

②祥子想到卖骆驼的好主意。

（2）在村里。

①祥子进村。

②祥子卖掉骆驼。

（四）第四章　女一号出场

然而，经过这样一番磨难的祥子病倒了，在城外海甸的一家小店躺了三天。他在梦话或胡话中道出三匹骆驼的故事，并从此得了“骆驼祥子”的绰号。病情稍有好转，祥子便心情急迫地想要进城去。一路上，他剃头换衣买鞋袜，还吃了一顿饱饭，神采奕奕地走进他所热爱的北平城。晚饭时分，祥子回到了提供租车和住宿服务的人和车厂，一向对祥子高看一眼的车厂老板刘四爷和他的女儿虎妞热情款待了他，而祥子把手上的30元钱交给刘四爷保管，一心希望攒够钱后再次买上属于自己的车。

1．本章可分为两个部分，其中第一部分可分为三层，第二部分可分为两层

（1）从开头到“他点了点头”。

①从开头到“不过，三条牲口才换了那么几块钱，而自己倒落了个外号，他觉得有点不大上算”。

②从“刚能挣扎着立起来，他想出去看看”到“他决定走进城去”。

③从“城门洞里挤着各样的车，……”到“他点了点头”。

（2）从“他的铺盖还在西安门大街人和车厂呢，自然他想奔那里去”到本章结尾。

①从“他的铺盖还在西安门大街人和车厂呢，自然他想奔那里去”到“赶到他一回来，连老头子骂人也似乎更痛快而慈善一些”。

②从“祥子拿着两包火柴，进了人和厂”到本章结尾。

2．各部分各层大意

（1）走进北平城。

①得名“骆驼”。

②途中种种。

③进城一刻。

（2）回到人和车厂。

①关于人和车厂。

②回到人和车厂。

（五）第五章　微妙的情感

忘不了自己的车被抢的事，更忘不了自己辛辛苦苦挣钱买回来的车——祥子心中充

满了愤恨，更充盈着马上就能再买上辆新车的愿望。为此，他更加急迫更加拼命地挣钱，甚至不惜去抢别人的生意；更加俭省着花钱，甚至连包好茶叶也不舍得喝。终于拉上了包月，但却碰上妻妾同处、关系复杂、个性又都极其刻薄的雇主，时时被欺辱，处处不如意，祥子只待了四天就离开了杨宅。

1. 本章可分为两个部分，其中第一部分可分为三层，第二部分可分为两层

（1）从开头到“他是愿意一个萝卜一个坑的人”。

①从开头到“使他依然能往前苦奔，而同时能忘了过去的苦痛”。

②从“可是，他还是不敢去动它们”到“咱们走着瞧吧！”

③从“论他个人，他不该这样拼命”到“他是愿意一个萝卜一个坑的人”。

（2）从“他拉上了包月”到文章结尾。

①从“他拉上了包月”到“迷迷忽忽的觉得有臭虫，可也没顾得去拿”。

②从“过了两天，祥子的心已经凉到底”到本章结尾。

2. 各部分各层大意

（1）祥子拉散座。

①祥子想买新车。

②祥子的花钱和挣钱。

③刘家父女看祥子。

（2）祥子拉包月。

①杨宅头一天。

②从杨宅辞工。

（六）第六章　危险的关系

无处可去，只能再回人和车厂。没想到，一种意外的诱惑，或者说一个意外的陷阱正等着心情悲苦、孤立无援的祥子。已是深夜 11 点多，刘四爷走亲戚不在家，涂脂抹粉的虎妞招呼了祥子，用一桌酒菜和一股热辣辣的力量，让迷迷糊糊的祥子失了身。第二天，祥子一会儿觉得懊恼和羞愧，一会儿又感到刺激和冲动。在这种挣扎中，他碰到了以前的老主顾曹先生，而曹先生正需要一个车夫。祥子似乎交上了好运，不过从此，他真的可以摆脱虎妞、摆脱无法自主的生活吗？

1. 本章可分为两个部分，这两个部分均可分为三层

（1）从开头到“地上飞着些寻求情侣的秋萤，也做着星样的游戏”。

①从开头到“南房和南房后面小院里的几间小屋，全是车夫的宿舍”。

②从“大概有十一点多了……”到“一边说，一边又给他倒满了盅”。

③从“听到这个……”到“地上飞着些寻求情侣的秋萤，也做着星样的游戏”。

（2）从“第二天，祥子起得很早，拉起车就出去了”到本章结尾。

①从“第二天，祥子起得很早，拉起车就出去了”到“他没法阻止住自己的前进”。

②从“他又绕回西安门来，……”到“只有一位太太，和一个小男孩”。

③从“他拉着车一直奔了人和厂去”到本章结尾。

2. 各部分各层大意

（1）那一夜。

①祥子再回人和。

②祥子遭遇虎妞。

③星样的游戏。

（2）第二天。

①祥子饱受困扰。

②祥子邂逅良机。

③特殊的告别。

（七）第七章 可怕的缠绕

仿佛沙漠中的一个小绿洲，祥子在曹宅过上了舒心的日子，可虎妞和他放在刘四爷手中的那点钱教他不能安心——要钱就得要虎妞，不要虎妞就得不要钱。在这样的憋屈和苦恼中，祥子一天晚上拉着曹先生摔了一跤。爱面子的祥子却并未因此辞工，这是为什么呢？

1. 本章可分为两个部分，这两个部分均可分为三层

（1）从开头到“即使老拉包月，这一辈子又算怎回事呢？”

①从开头到“教些什么顶混账的东西管着”。

②从“按理说，他应当很痛快，……”到“他真愿抽上个烟袋，咂摸着一点什么滋味”。

③从“不幸，那个女的和那点钱教他不能安心”到“即使老拉包月，这一辈子又算怎回事呢？”

（2）从“一天晚间，曹先生由东城回来的晚一点”到本章结尾。

①从“一天晚间，曹先生由东城回来的晚一点”到“曹先生跑了进去”。

②从“祥子看了看自己，……”到“曹太太只说了这么一句”。

③从“祥子的心中很乱，……”到本章结尾。

2. 各部分各层大意

（1）在曹宅。

①祥子的两层缠绕。

②小绿洲。

③祥子的一些缠绕。

（2）祥子失手。

①祥子摔跤。

②祥子请辞。

③祥子留下。

（八）第八章　梦想的罐儿

继续留在曹宅拉车，曹家的仆人高妈教给祥子许多种理财的办法，祥子却还是更喜欢现洋就在手边的踏实感觉。年关将近，他到夜市上买了一个大号的闷葫芦罐儿，这是他的希望和梦想之罐——他把挣下的钱一点儿一点儿往里放，准备着挣够钱就第二次买车。在冬日的狂风中，祥子顽强地拉着车，他像个巨人，一心只想着自己手中的钱与将来的成功。意想不到的是，阴影正在向他逼近。

1. 本章可分为两个部分，其中第一部分可分为四层，第二部分可分为两层

（1）从开头到“这个决定使他痛快，觉得好像自己的腰带又杀紧了一扣，使胸口能挺得更直更硬”。

①从开头到“各人有各人的办法，他不便全随着高妈”。

②从“原先在一家姓方的家里，……”到“他以为这是最老到的办法”。

③从“高妈知道他是红着心想买车，……”到“心中怪高兴的”。

④从“已经是初冬天气，……”到“使胸口能挺得更直更硬”。

（2）从“天是越来越冷了，祥子似乎没觉到”到本章结尾。

①从“天是越来越冷了，祥子似乎没觉到”到“祥子不想别人，不管别人，他只想着自己的钱与将来的成功”。

②从“街上慢慢有些年下的气象了”到本章结尾。

2. 各部分各层大意

（1）钱的处置法。

①放贷。

②存入银行。

③起会。

④放入罐中。

（2）祥子的奋斗。

①风中的巨人。

②年关将近。

（九）第九章　以怀孕相挟

这天晚上，虎妞突然找上门来。她指着自己的肚子对祥子说：“我有啦！”祥子顿时懵了，不知如何应对。虎妞自说自话地与祥子约定腊月二十七——刘四爷生日那天前去车厂拜寿，再慢慢设法让刘四爷招他为婿。临走时，虎妞把祥子存在刘四爷那里的30元

钱还给了他。祥子心心念念惦记着的钱回来了，但他心心念念想要躲避的人也随之而来——祥子陷入自暴自弃的泥淖，翻来覆去睡不着觉，他买回了酒，但还是拼命抑制自己不去触碰，最后，他自己给自己灌了一大口酒。

1．本章可分为两个部分，其中第一部分可分为四层，第二部分可分为三层

（1）从开头到“走到了街门，心中还存着那个惨白冷落的桥影，仿佛只隔了一眨眼的工夫似的”。

①从开头到“他一边说一边往马路上走”。

②从“‘上哪边我也不怕呀，……’”到“她似乎也觉出冷来，愿意活动几步”。

③从“他僵不吃的立起来，……”到“祥子没言语”。

④从“觉得把话说到了一个段落，……”到“仿佛只隔了一眨眼的工夫似的”。

（2）从“到屋中，他先数了数那几张票子”到本章结尾。

①从“到屋中，他先数了数那几张票子”到“这样的一条命，要它干吗呢？豁上就豁上吧！”

②从“他不睡了，……”到“他的心也不再那么热”。

③从“躺了半天，……”到本章结尾。

2．各部分各层大意

（1）虎妞找上门来。

①门前。

②东便道上。

③边走边说。

④桥上。

（2）祥子掉入陷阱。

①祥子睡不着。

②祥子买酒。

③祥子吞酒。

（十）第十章 看到过去，也看到未来

祥子意气消沉，苦度时日，他无处可逃，也无人可诉，开始意识到没有亲朋的孤独和悲哀。一天晚上，祥子在小茶馆里等待看夜场电影的曹先生，见到因饥寒和劳累晕倒在地的老车夫以及他的孙儿小马儿。一向舍不得花钱的祥子给祖孙俩买回了热乎乎的包子。老马拥有自己的车，但生活依然困顿窘迫。祥子呆呆地看着这一老一少和那辆破车——在小马儿身上，他似乎看见了自己的过去；在老者身上，似乎看到了自己的将来！

1．本章可分为两个部分，其中第二部分可分为两层

（1）从开头到“不怪虎妞欺侮他，他原来不过是个连小水筒也不如的人”。

（2）从“在虎妞找他的第三天上，……”到本章结尾。

①从“在虎妞找他的第三天上，……”到“说出他与一切车夫的苦处”。

②从“大家正说到热闹中间，……”到“‘明儿见啦，哥儿们!’”

③从“祥子呆呆的立在门外，……”到本章结尾。

2. 各部分各层大意

（1）祥子没了主意。

（2）在小茶馆里。

①车夫们的倾诉。

②老少车夫的故事。

③祥子的希望破灭。

（十一）第十一章　第二次挫败

是在充满希望中追逐梦想，还是在无可奈何中放弃自我？祥子陷入了矛盾和痛苦之中，而生活却还在一步一步把他推往绝境。祭灶那天晚上，祥子拉着曹先生回家，却发现有人一直在骑车尾随他们。曹先生让祥子把他拉到左先生家，又安排祥子回曹宅接出太太和少爷。没想到刚到曹宅门口，祥子就被那尾随的侦探堵住。这侦探，居然就是当初抓走祥子的乱兵排长。在他的威逼下，祥子从被子里掏出了他心爱的闷葫芦罐儿……

1. 本章可分为两个部分，每个部分均可分为四层

（1）从开头到“车已到了家门，心中怪不得劲的下了车”。

①从开头到“招急了我，我会跺脚一跑，有钱，腿就会活动!”

②从“街上越来越热闹了，……”到“可是他不敢放开了腿，别扭!”

③从“更使他不痛快的是由西城起，……”到“……，也就更生气”。

④从“跑到景山背后，……”到“车已到了家门，心中怪不得劲的下了车”。

（2）从“刚要按街门的电铃，……”到本章结尾。

①从“刚要按街门的电铃，……”到“伸手按了铃”。

②从“‘我有事!’”到“‘好，我走!’”

③从“‘就这么走吗?’”到“祥子没出声，只剩了哆嗦”。

④从“‘算了吧！……’”到本章结尾。

2. 各部分各层大意

（1）祥子被跟踪。

①恼人的二十七。

②别扭的祭灶天。

③背后追着个侦探。

④曹先生的交代。

（2）祥子被讹诈。

①祥子被尾随。

②祥子被吓唬。

③祥子被讹诈。

④祥子被驱逐。

（十二）第十二章　名节最重要

天地广袤，雪色苍茫，祥子却无托身之处，无安身之所。无奈中回到曹宅，曹宅已是一片纷乱。祥子交代高妈逃跑后，到隔壁王宅的车夫老程那里折腾了一夜。危急时刻，紧要关头，祥子还惦记着自己的名节，让老程给自己作证，没拿曹家一草一木。

1．本章可分为两个部分，其中第一部分可分为两层，第二部分可分为三层

（1）从开头到“祥子万分惭愧的点了点头”。

①从开头到“祥子看看四外的雪，心中茫然”。

②从“他在桥上立了许久，……”到“祥子万分惭愧的点了点头”。

（2）从“高妈走后，祥子锁好大门，回到屋中”到本章结尾。

①从“高妈走后，祥子锁好大门，回到屋中”到“祥子怕王先生盘问他”。

②从“祥子说不清的那点事是这样：……”到“要立在人间的最低处，等着一切人一切法一切困苦的击打”。

③从“把一支烟烧完，……”到本章结尾。

2．各部分各层大意

（1）劫后（上）。

①祥子无处可去。

②祥子回到曹宅。

（2）劫后（下）。

①半夜找老程。

②说起那点事。

③坚决不当贼。

（十三）第十三章　无奈的一步

和老程共用了一顿热乎的早餐，在老程的劝导下，祥子决定去找曹先生，不想曹先生一家已经离开了北平，左宅的王二被安排前来看门，对祥子却并无交代。祥子怎么办呢？他明白自己“只能在雪白的地上去找那黑塔似的虎妞”。祥子再次怏怏地回到人和车厂，一连几天，他不声不响地埋头帮助刘四爷准备寿庆，无意中却招惹了一众车夫。

1．本章可分为两个部分，其中第一部分可分为三层，第二部分可分为两层

（1）从开头到“祥子扛起来铺盖”。

①从开头到“祥子稍微痛快了些”。

②从“待了会儿，……”到“‘走吧，这不是出了太阳？’”

③从“朝阳的一点光，……”到“祥子扛起来铺盖”。

（2）从“街上的雪已不那么白了，……”到本章结尾。

①从“街上的雪已不那么白了，……”到“虎妞在一旁，向祥子挤了挤眼”。

②从“第二天早上，棚匠来找补活”到本章结尾。

2. 各部分各层大意

（1）祥子告别老程。

①晨起。

②诉说。

③王二来看房。

（2）祥子再回人和。

①祥子是个能干活的死人。

②祥子成为众车夫的仇人。

（十四）第十四章　虎妞的决心

寿庆宾客云集，十分热闹，刘四爷志得意满，心满意足，但美中很快现出了不足：没有儿子，使得刘四爷心里颇不痛快；车夫们向祥子挑衅，惹得刘四爷颇不高兴；加收的寿礼不多，让刘四爷十分不满。刘四爷干脆指桑骂槐，把不快都倾泻在祥子和虎妞的身上。虎妞撕破脸和刘四爷大闹了一场，祥子却只是直挺挺地立在那里，一句话也没有说。

1. 本章可分为两个部分，这两个部分均可分为三层

（1）从开头到“心里这么想，嘴里就念道着，带着许多街面上已不通行的咒骂”。

①从开头到“他愿意快快把这一天过去，不再受这个罪”。

②从“还有点美中不足的地方，……”到“好在不忙，从今以后，对谁也不再低头”。

③从“刘四爷的眼里不揉沙子”到“心里这么想，嘴里就念道着，带着许多街面上已不通行的咒骂”。

（2）从“朋友们还没走净，虎妞为顾全大家的面子，想拦拦父亲的撒野”到本章结尾。

①从“朋友们还没走净，虎妞为顾全大家的面子，想拦拦父亲的撒野”到“而且嘴里叫唤着红的，碰……”

②从“祥子把事儿已听明白，……”到“祥子摇了摇头”。

③从“‘祥子你等等走！’”到本章结尾。

2. 各部分各层大意

（1）寿诞（上）。

①刘四爷的美中不足。

②祥子翻脸。

③刘四爷开骂。

（2）寿诞（下）。

①父女吵嘴。

②祥子被骂。

③虎妞要走。

（十五）第十五章　尴尬的婚事

在毛家湾的一个大杂院里，虎妞租到两间小北房，她极其麻利地做好了婚事的准备。没有父兄的护送，没有亲友的祝福，正月初六，虎妞喜气洋洋地和祥子成了亲。新郎官祥子觉得自己“既像个旧的，又像是个新的”；“他想不起哭，他想不起笑”。第二天，他漫无目的地在街市上闲逛，澡堂、天桥……最后，却还是只能回到他的新家。虎妞打着自己的如意算盘，那就是花光自己的积蓄后，再去向父亲赔个不是，然后名正言顺地继承老头子的产业。祥子一心想着自食其力，希望出去拉车养家。虎妞十分强势，祥子无言以对。

1. 本章可分为两个部分，这两个部分均可分为三层

（1）从开头到“‘我愣和爸爸吵了，跟着你来，你还不谢天谢地？’”

①从开头到“大家敷衍了几句，都急于躲避是非”。

②从“祥子上了天顺煤场”到“‘你要是到日子不打扮得像个新人，你可提防着！’”

③从“初六，虎妞坐上了花轿”到“‘我愣和爸爸吵了，跟着你来，你还不谢天谢地？’”

（2）从“第二天，祥子很早就出去了”到本章结尾。

①从“第二天，祥子很早就出去了”到“打算活着，得找有办法的地方去”。

②从“他一气走回来，……”到“他感到整个的生命是一部委屈”。

③从“收拾完东西，……”到本章结尾。

2. 各部分各层大意

（1）成婚那一天。

①父女决裂。

②虎妞匆匆备婚。

③祥子莫名结婚。

（2）婚后第二天。

①祥子茫然闲逛。

②夫妇无味午饭。

③两人各有打算。

（十六）第十六章　不和谐的婚姻生活

老姑娘虎妞要充分享受新婚的快乐，她张罗着煮元宵，包饺子，白天逛庙，晚上逛灯；穷小子祥子不愿花钱吃那些零七八碎的东西，更不愿意完全变成她的玩意儿。正月十七那天，忍无可忍的祥子兀自出去拉车了。糟糕的是，他发现自己的身体已经大不如前。面对祥子的倔强，虎妞拗不过，不得不做了让步。两天后，祥子拉车绕到西城，发现留下他许多记忆的“人和车厂”变成了“仁和车厂”。为了祥子能够尽早回家，虎妞松口买车，祥子的脸上终于露出了笑容。

1．本章可分为两个部分，每个部分均可分为三层

（1）从开头到“不跟她吵，不跟她闹，倒头就睡，明天照旧出来拉车，她爱怎样怎样！”

①从开头到“一声没出，他想好就去赁车了”。

②从“十七那天，……”到“祥子点了点头，没说出话来”。

③从“这阵儿，来了个座儿，……”到“她爱怎样怎样！”

（2）从“一进屋门，虎妞在外间屋里坐着呢，……”到最后。

①从“一进屋门，虎妞在外间屋里坐着呢，……”到“他答应下来”。

②从“虽然她那么说，她可是并不很热心找刘四爷去”到“都没有灯亮”。

③从“立得他自己都不耐烦了，……”到本章结尾。

2．各部分各层大意

（1）祥子自行拉车。

①祥子的赁车决策。

②祥子的身体大不如前。

③祥子怏怏回家。

（2）虎妞同意买车。

①虎妞让步。

②人和变样。

③祥子笑了。

（十七）第十七章　女二号出场

刘四爷卖掉了车厂，拿着钱自己享福去了。对此，祥子并不在意，虎妞却十分伤心绝望——她知道自己只能一辈子作一个车夫的老婆，混迹穷人的队伍，陷入大杂院的生活了。大哭一场后，虎妞拿出钱来，买下了同院二强子用卖女儿的钱换回来的一辆车。被二强子卖掉的女儿叫小福子，她被买她的临时丈夫遗弃，只好回到大杂院。虎妞艳羡小福子曾经遭受的蹂躏、曾经见过的世面，和小福子交上了朋友。她把房子租借给小福子，好让因无奈而自轻自贱自苦的小福子能有个地方卖淫谋生。

1. 本章可分为两个部分，其中第一部分可分为三层，第二部分可分为两层

（1）从开头到“他不愿再跑，可又不肯收车，犹疑不定的打着长而懒的哈欠”。

①从开头到“可是，买车既是那么不易，现在能买上也就该满意了，何必想到那么远呢！”

②从“杂院里的二强子正要卖车”到“他也曾找过小福子的丈夫，人家根本不承认他这么个老丈人，别的话自然不必再说”。

③从“祥子晓得这辆车的历史，……”到“他不愿再跑，可又不肯收车，犹疑不定的打着长而懒的哈欠”。

（2）从“天是这么长，……”到本章结尾。

①从“天是这么长，……”到“他不便于说什么，走到哪儿算哪儿吧”。

②从“小福子长得不难看”到本章结尾。

2. 各部分各层大意

（1）祥子买车。

①虎妞决定买一辆车。

②二强子和他的车。

③祥子拉上自己的车。

（2）虎妞有了伴儿。

①小福子回到大杂院。

②虎妞支持小福子卖淫。

（十八）第十八章　穷苦的日子

日子很长，但还在往前推进；生活很苦，但还在往下延续。夏天来了，虎妞真的怀孕了。在大杂院里，烈日消磨着穷人的生趣，暴雨摧毁着穷人的住所。而祥子，在烈日和暴雨下，还在拼命地拉车。他一分钱没有多挣，反而病倒了，大杂院里的很多穷苦人也都病倒了。

1. 本章可分为两个部分，其中第一部分可分为两层，第二部分可分为三层

（1）从开头到“这种钱只许他再去喝酒，因为他要是清醒着看见它们，他就会去跳河或上吊”。

①从开头到“攥着这张宝贝票子，她出去弄点杂合面来，勾一锅粥给大家吃”。

②从“虎妞和小福子不在这个生活秩序中”到“这种钱只许他再去喝酒，因为他要是清醒着看见它们，他就会去跳河或上吊”。

（2）从“六月十五那天，天热得发了狂”到本章结尾。

①从“六月十五那天，天热得发了狂”到“祥子完了！”

②从“正在午后一点的时候，他又拉上个买卖”到“祥子没说什么，他已顾不过命来”。

③从“雨住一会儿，……”到本章结尾。

2. 各部分各层大意

（1）大杂院里。

①六月的大杂院。

②例外的两家。

（2）六月十五那天。

①在烈日下。

②在暴雨下。

③祥子病了。

（十九）第十九章　女一号死去

这场大病让祥子体力消耗，元气大伤，也差不多花光了虎妞手中的积蓄。为了维持生计，也为了新生命带给他的那点喜悦和希望，祥子拖着病体出去拉车。与此同时，小福子也在她的命运中苦苦撑持着，为了能够养活两个弟弟，她不惜给虎妞下跪，祈求谅解和同情。虎妞却借着身孕，变本加厉地好吃懒做、颐指气使。产期到了，无论如何求神拜佛，无论如何苦苦挣扎，高龄产妇虎妞还是带着个死孩子，痛苦地死去。

1. 本章可分为两个部分，这两个部分均可分为三层

（1）从开头到“她说的也是真话”。

①从开头到“到八月十五，他决定出车，这回要是再病了，他起了誓，他就去跳河！”

②从“在他第一次病中，小福子时常过来看看”到“这样解释开，她们又成了好友，她照旧给小福子维持一切”。

③从“自从中秋出车，祥子处处加了谨慎，两场病教他明白了自己并不是铁打的”到“她说的也是真话”。

（2）从“到过新年的时候，她的主意就更多了”到本章结尾。

①从“到过新年的时候，她的主意就更多了”到“祥子一点办法没有，为表明自己尽心，只好依了她的要求，暂不去拉车”。

②从“一直闹到月底，……”到“陈二奶奶和‘童儿’已经偷偷的溜了”。

③从“祥子没顾得恨她，……”到本章结尾。

2. 各部分各层大意

（1）他们仨。

①祥子的大病。

②小福子的哀求。

③虎妞的花销。

（2）虎妞难产而死。

①虎妞临产。

②虎妞难产。

③虎妞断气。

（二十）第二十章　第三次挫败

为了给虎妞办丧事，祥子卖掉了他的车，几年的努力再次落了空。小福子含羞向他表白，祥子从内心喜欢小福子，但却因不愿承担她家庭的重负而退却。搬离大杂院前，祥子空洞地对小福子许诺："等着吧！等我混好了，我一定来娶你。"然而，祥子还能混好吗？他意气消沉，而且染上了烟瘾，开始和其他车夫们一起喝酒赌钱，消磨时光。所幸的是，祥子在雍和宫附近的夏家拉上了包月。这是夏先生和他新娶的姨太太另外组建的一个小家庭，人口简单，工作轻松，姨太太还很舍得给他点零钱。

1．本章可分为两个部分，其中第一部分可分为三层，第二部分可分为两层

（1）从开头到"她点了点头，没说什么"。

①从开头到"直到'头儿'过来交待，他才想起回家"。

②从"屋里已被小福子给收拾好"到"她不恨，也不恼，只是绝望"。

③从"虎妞的首饰与好一点的衣服，都带到棺材里去"到"她点了点头，没说什么"。

（2）从"祥子只休息了一天，便照旧去拉车"到本章结尾。

①从"祥子只休息了一天，便照旧去拉车"到"人并不是铁打的，他明白过来"。

②从"快到立秋，他又拉上了包月"到本章结尾。

2．各部分各层大意

（1）祥子处理后事。

①虎妞下葬。

②祥子决定搬离大杂院。

③最后的清理。

（2）回到起点。

①在厂子里。

②在夏宅拉包月。

（二十一）第二十一章　因偷情而染病

谁能想到？祥子对这位年轻的姨太太竟然怀着些莫名的私情，而她竟然也不失时机地引诱了他。此后，祥子只好卷铺盖走人，带着被染上的性病。祥子不觉得难堪和羞耻，他和车夫朋友们分享着他的病情。病过之后，祥子几乎变成了另外一个人，邪痞、懒散、豪横，直到冬天的一个黄昏，他意外地碰到刘四爷。

1．本章可分为两个部分，这两个部分均可分为三层

（1）从开头到"这口气使他进就进，退就退，他已没有主张"。

①从开头到“他可是没为这个发愁，经验使他冷静的上工辞工，犯不着用什么感情”。

②从“可是，杨妈走后，夏太太对祥子反倒非常的客气”到“祥子死了心，可是心中怎想怎不是味儿”。

③从“星期一午后，……”到“这口气使他进就进，退就退，他已没有主张”。

（2）从“次日晚上，……”到本章结尾。

①从“次日晚上，……”到“把这个想开了，连个苍蝇还会在粪坑上取乐呢，何况这么大的一个活人”。

②从“病过去以后，他几乎变成另一个人”到“老鸦是一边黑的，他不希望独自成为白毛儿的”。

③从“冬天又来到，……”到本章结尾。

2. 各部分各层大意

（1）新的奸情。

①杨妈被辞。

②暗流涌动。

③一口热气。

（2）沉沦。

①祥子染上性病。

②祥子变成另一个人。

③祥子重新找到自己。

（二十二）第二十二章　寻找小福子

“战胜了刘四便是战胜了一切”，和刘四爷的偶遇让祥子似乎获得了重生的精神力量，让恶人都死去吧，祥子却将永生。他十分振奋，决定开始勤苦耐劳的新生活。第二天，他到北长街曹宅找到了曹先生，一股脑儿向曹先生倾诉了他的故事、他的心声和他的意愿。曹先生接纳了祥子，也接纳了小福子。然而，当祥子兴冲冲地跑到大杂院，小福子却已经不知所踪。

1. 本章可分为三个部分，其中第三部分可分为两层

（1）从开头到“回到厂中，除了车份，他还落下九毛多钱”。

（2）从“一觉，他睡到了天亮”到“祥子急于去找小福子，报告这个连希望都没敢希望过的好消息”。

（3）从“祥子出了曹宅，大概有十一点左右吧，正是冬季一天里最可爱的时候”到文章结尾。

①从“祥子出了曹宅，大概有十一点左右吧，正是冬季一天里最可爱的时候”到“没错儿!”

②从“走到了地方，他满身是汗”到本章结尾。

2．各部分各层大意

（1）祥子重生。

（2）找到曹先生。

（3）找不到小福子。

①找到小福子的美好想象。

②找不到小福子的无情现实。

（二十三）第二十三章　穷人的下场

祥子失魂落魄地在街上游荡，遇到了小马儿的祖父，原来老人曾经跟祥子一样年轻、一样要强、一样热心、一样充满梦想，然而，一切都毫无用处，孙子死了，穷人的面前就是死路一条，再要强也没用。按照老人的指引，祥子一气跑到西直门外的妓院白房子寻找小福子，得知小福子已经上吊自杀。要强的小福子被埋在了乱死岗子，这就是努力一世的下场头！晃晃悠悠地走到一块坟地，祥子泪下如雨。所有的希望都破灭，所有的梦想都沉沦，祥子彻底堕落了。他不再卖力气拉车，每天骗钱花，混饭吃，维持着行尸走肉一般的生命。

1．本章可分为三个部分

（1）从开头到“茶来！谁喝碗热的?!”

（2）从“祥子一气跑到西直门外”到“一领席，埋在乱死岗子，这就是努力一世的下场头!”

（3）从“回到车厂，他懊睡了两天”到本章结尾。

2．各部分大意

（1）祥子再遇老车夫。

（2）祥子泪落野坟头。

（3）祥子堕落文化城。

（二十四）第二十四章　沦为末路鬼

时光永是流逝，街市依旧太平。又一个夏天，北平城还是那么繁华那么热闹。曾经出卖曹先生的阮明被祥子出卖，全京城的人似乎都在争做一个杀头场面的看客。祥子揣着钱，一心想着如何安全地享受钱带来的好处。他溜出西直门外的白房子，在妓女的陪伴下醉生梦死。钱花光了，祥子的生计全在红白事情的仪式上，他陪着人家游街，挣回十几个铜子。他低着头，弯着背，口中叼着个由路上拾来的烟卷头儿，有气无力地慢慢蹭，等着吸那最后的一口气。

1．本章可分为两个部分，其中第一部分可分为三层

（1）从开头到“白房子是这样的理想地方”。

①从开头到“连这个要是也摸不着看，他们会对个孩子也骂千刀杀，万刀杀，解解

心中的恶气”。

②从“响晴的蓝天……”到“可是人们眼瞧着他吃了枪弹，到底可以算不虚此行”。

③从“在这么热闹的时节，祥子独自低着头在德胜门城根慢慢的走”到“白房子是这样的理想地方”。

（2）从“入了秋，祥子的病已不允许他再拉车，祥子的信用已丧失得赁不出车来”到最后。

2. 各部分各层大意

（1）阮明事件。

①恶满人间。

②满城看客。

③祥子出卖阮明。

（2）末路鬼。

二、各段各层大意

为了更完整、更清晰地呈现全书内容，突出作者在结构上的匠心，加入时间和地点两个维度，按照“三起三落”这一针对全书的情节概括，将各段各层的大意用表 1－1 至表 1－4 表示。

表 1－1 （一）一起一落：第一至第二章

章节	段落及大意	层次及大意	时间及其跨度	地点
一	（一）祥子是北平城里的一个高等车夫	—	—	北平城内
	（二）追述祥子成为高等车夫的艰苦历程	1. 祥子拉车攒钱	三年	
		2. 祥子花钱买车		
二	（一）祥子被劫	1. 祥子与车	—	北平城外
		2. 战争逼近	春	
		3. 祥子出城被劫		
	（二）祥子出逃	1. 兵营生活	一些日子	
		2. 半夜出逃	初夏	

表 1－2　（二）二起二落：第三至第十一章

章节	段落及大意	层次及大意	时间及其跨度	地点
三	（一）在路上	1. 祥子带着骆驼逃跑	一夜	北平城外
		2. 祥子想到卖骆驼的好主意		
	（二）在村里	1. 祥子进村		
		2. 祥子卖掉骆驼		
四	（一）走进北平城	1. 得名“骆驼”	一天	由城外到城内
		2. 途中种种		
		3. 进城一刻		
	（二）回到人和车厂	1. 关于人和车厂		人和车厂
		2. 回到人和车厂		
五	（一）祥子拉散座	1. 祥子想买新车	—	
		2. 祥子的花钱和挣钱		
		3. 刘家父女看祥子		
	（二）祥子拉包月	1. 杨宅头一天	四天	杨宅
		2. 从杨宅辞工		
六	（一）那一夜	1. 祥子再回人和	初秋 一夜＋一天	人和车厂
		2. 祥子遭遇虎妞		
		3. 星样的游戏		
	（二）第二天	1. 祥子饱受困扰		
		2. 祥子邂逅良机		
		3. 特殊的告别		

续上表

章节	段落及大意	层次及大意	时间及其跨度	地点
七	（一）在曹宅	1. 祥子的两层缠绕	—	曹宅
		2. 小绿洲		
		3. 祥子的一些缠绕		
	（二）祥子失手	1. 祥子摔跤	一天晚间	
		2. 祥子请辞		
		3. 祥子留下		
八	（一）钱的处置法	1. 放贷	—	
		2. 存入银行		
		3. 起会		
		4. 放入罐中		
	（二）祥子的奋斗	1. 风中的巨人	进入年关	
		2. 年关将近		
九	（一）虎妞找上门来	1. 门前	一天晚上	
		2. 东便道上		
		3. 边走边说		
		4. 桥上		
	（二）祥子掉入陷阱	1. 祥子睡不着		
		2. 祥子买酒		
		3. 祥子吞酒		
十	（一）祥子没了主意	—	—	
	（二）在小茶馆里	1. 车夫们的倾诉	一个晚上（虎妞找他的第三天晚上）	
		2. 老少车夫的故事		
		3. 祥子的希望破灭		
十一	（一）祥子被跟踪	1. 恼人的二十七	一天（祭灶那天）	
		2. 别扭的祭灶天		
		3. 背后追着个侦探		
		4. 曹先生的交代		
	（二）祥子被讹诈	1. 祥子被尾随		
		2. 祥子被吓唬		
		3. 祥子被讹诈		
		4. 祥子被驱逐		

表 1－3　（三）三起三落：第十二至第二十章

章节	段落及大意	层次及大意	时间及其跨度	地点
十二	（一）劫后（上）	1. 祥子无处可去	—	曹宅
		2. 祥子回到曹宅		
	（二）劫后（下）	1. 半夜找老程		王宅
		2. 说起那点事		
		3. 坚决不当贼		
十三	（一）祥子告别老程	1. 晨起	一天（祭灶第二天）	
		2. 诉说		
		3. 王二来看房		
	（二）祥子再回人和	1. 祥子是个能干活的死人		人和车厂
		2. 祥子成为众车夫的仇人	一天（第二天）	
十四	（一）寿诞（上）	1. 刘四爷的美中不足	一天（腊月二十七）	
		2. 祥子翻脸		
		3. 刘四爷开骂		
	（二）寿诞（下）	1. 父女吵嘴		
		2. 祥子被骂		
		3. 虎妞要走		
十五	（一）成婚那一天	1. 父女决裂		
		2. 虎妞匆匆备婚	—	天顺煤厂
		3. 祥子莫名结婚	一天（正月初六）	大杂院里
	（二）婚后第二天	1. 祥子茫然闲逛	一个上午（正月初七）	
		2. 夫妇无味午饭		
		3. 两人各有打算		
十六	（一）祥子自行拉车	1. 祥子的赁车决策	一天（元宵节）	
		2. 祥子的身体大不如前	一天（正月十七）	
		3. 祥子怏怏回家		
	（二）虎妞同意买车	1. 虎妞让步	一天（这一天）	
		2. 人和变样		
		3. 祥子笑了		
十七	（一）祥子买车	1. 虎妞决定买一辆车	一个季度（从初春到初夏）	
		2. 二强子和他的车		
		3. 祥子拉上自己的车		
	（二）虎妞有了伴儿	1. 小福子回到大杂院	四月半	
		2. 虎妞支持小福子卖淫	—	

续上表

章节	段落及大意	层次及大意	时间及其跨度	地点
十八	（一）大杂院里	1. 六月的大杂院	六月	大杂院里
		2. 例外的两家		
	（二）六月十五那天	1. 在烈日下	六月十五	
		2. 在暴雨下		
		3. 祥子病了		
十九	（一）他们仨	1. 祥子的大病	八月十五	
		2. 小福子的哀求	—	
		3. 虎妞的花销	—	
	（二）虎妞难产而死	1. 虎妞临产	过新年的时候	
		2. 虎妞难产	月底	
		3. 虎妞断气	夜里十二点	
二十	（一）祥子处理后事	1. 虎妞下葬	—	
		2. 祥子决定搬离大杂院		
		3. 最后的清理		
	（二）回到起点	1. 在厂子里	—	车厂
		2. 在夏宅拉包月	立秋	夏宅

表 1－4 （四）尾声：第二十一至第二十四章

<table>
<tr><th>章节</th><th>段落及大意</th><th>层次及大意</th><th>时间及其跨度</th><th>地点</th></tr>
<tr><td rowspan="6">二十一</td><td rowspan="3">（一）新的奸情</td><td>1. 杨妈被辞</td><td>菊花下市的时候</td><td rowspan="3">夏宅</td></tr>
<tr><td>2. 暗流涌动</td><td>—</td></tr>
<tr><td>3. 一口热气</td><td>—</td></tr>
<tr><td rowspan="3">（二）沉沦</td><td>1. 祥子染上性病</td><td>—</td><td rowspan="13">厂子</td></tr>
<tr><td>2. 祥子变成另一个人</td><td>—</td></tr>
<tr><td>3. 祥子重新找到自己</td><td>冬天又来到</td></tr>
<tr><td rowspan="4">二十二</td><td>（一）祥子重生</td><td>—</td><td>—</td></tr>
<tr><td>（二）找到曹先生</td><td>—</td><td>冬季一天里最可爱的时候</td></tr>
<tr><td rowspan="2">（三）找不到小福子</td><td>1. 找到小福子的美好想象</td><td>—</td></tr>
<tr><td>2. 找不到小福子的无情现实</td><td>—</td></tr>
<tr><td rowspan="3">二十三</td><td>（一）祥子再遇老车夫</td><td>—</td><td>—</td></tr>
<tr><td>（二）祥子泪落野坟头</td><td>—</td><td>—</td></tr>
<tr><td>（三）祥子堕落文化城</td><td>—</td><td>冬天过去了，春天的阳光……</td></tr>
<tr><td rowspan="4">二十四</td><td rowspan="3">（一）阮明事件</td><td>1. 恶满人间</td><td>朝顶进香的时节，天气暴热起来</td></tr>
<tr><td>2. 满城看客</td><td>—</td></tr>
<tr><td>3. 祥子出卖阮明</td><td>—</td></tr>
<tr><td>（二）末路鬼</td><td>—</td><td>入了秋</td><td>小店</td></tr>
</table>

三、结构之法与结构之问

（一）一分为二的结构规律

观察表 1－1 至表 1－4，不难发现《骆驼祥子》一书是一分为二结构。全书共二十四章，除了第二十二和第二十三章外，其余二十二章均可分为两大部分。之所以如此，除了受到中国传统话本小说结构方式的影响之外，笔者认为，是思维方式和文化选择决定了这一结构特征。

“一分为二”为哲学用语，既是对事物普遍规律的反映，指事物作为矛盾统一体，包含相互矛盾对立的两个方面，又是人们看待事物的一种方法论。既然事物都是对立统一的矛盾体，矛盾具有普遍性，即一切事物都包含着对立统一的两个方面，那么我们就要一分为二地看问题。

古今中外不少思想家都提出和阐述过“一分为二”这个概念。《黄帝内经·太素》撰注者隋杨上善在解释《老子》的“道生一，一生二，二生三，三生万物”时就提出：“一分为二，谓天地也”，在这里，“一分为二”既是宇宙图式，也是社会秩序。北宋邵雍在解释《易传·系辞》中的“易有太极，是生两仪”时，曾用此语（见《皇极经世·观物外篇上》）。南宋朱熹在说明“理一分殊”时认为“一分为二，节节如此，以至无穷，皆是一生两尔”。西方马克思主义哲学也认为“统一物之分为两个部分以及对它的矛盾着的部分的认识……是辩证法的实质”（列宁《谈谈辩证法问题》）。1957 年毛泽东在《党内团结的辩证方法》中明确指出：“一分为二，这是个普遍的现象，这就是辩证法”（《毛泽东选集》）。唯物辩证法所说的“一分为二”是指一切事物、现象、过程都可分为两个互相对立和互相统一的部分。当然，就整个物质世界及其发展过程来讲，虽然一分为二是普遍规律，但不能就此做机械的理解，还应该看到事物可分性的内容、形式是多种多样的。

哲学方法论的一分为二，要求我们既要看到矛盾双方的对立和排斥，也要看到双方的联系和统一，以及双方在一定条件下的相互转化。从这个意义上来看，一分为二也可以看作对立统一规律的通俗表达。

把两种不同的情境或状态安排在同一章节中，这两种不同的情境或状态有的互为补充，有的互相抵牾，有的在时间上前后关联，有的在空间上相互转换——显然，这正是《骆驼祥子》“一分为二”的结构之法。

（二）值得探究的问题

1. “一分为二”是老舍有意而为的吗？

具体来说，这种“一分为二”的结构法是否基于作者老舍对“一分为二”规律和方法论的正确把握和灵活运用？要回答这个问题，需要阅读老舍的其他作品、老舍的相关创作谈、研究者的研究发现等资料。鉴于对这一问题的研究比较专业、深入，阅读量比较大，因此，留待有兴趣的同学日后研究，或者在后续的阅读生活中予以关注。

2. “二”内部的关系如何？

如上所述，书中各个章节“一分为二”之“二”内部的关系有所不同，有的互为补充，有的互相抵牾，有的在时间上前后关联，有的在空间上相互转换，可就此深入文本进行分析，并研究哪些“一而二”其实是“二而一”的关系，哪些“一而二”其实是“一而多”（点和面）的关系。

3. 书中哪些是放大的点，哪些是泛化的面？

这个问题问的是本书结构上的详略安排。除了明显略写“一起一落”、详写“二起二落”和“三起三落”之外，细细探究一番，会发现更多有意思的现象：在“二起二落”和“三起三落”的情节推进过程中，作者详细描写的往往是秋天和冬天发生的事情，除了对六月大杂院的一段场面描写和六月十五那天的烈日和暴雨的细节描写之外，大多数从春到夏的过程都被作者一笔带过。作者这样安排有什么用意呢？这显然是一个值得探究的问题。

4．书册中存在没有把同一个时间段内发生的事情安排在同一个章节的情况

比如第八章的结尾：

> 一天晚上，他正要再摇一摇那个聚宝盆，高妈喊了他一声：“祥子！门口有位小姐找你；我正从街上回来，她跟我直打听你。”等祥子出来，她低声找补了句：“她像个大黑塔！怪怕人的！”
>
> 祥子的脸忽然红得像包着一团火，他知道事情要坏！

为什么作者不把这部分内容安排在第九章？同一天晚上，同样的两个人之间发生的故事，放在同一章显然更为完整，相比较之下，作者现在的安排有什么好处？类似的问题还有：第二十二章寻找小福子的内容为什么不安排在第二十三章？第二十四章为什么要设计“阮明事件”的情节？这是考试中针对文本结构的常见问法，通过思考、探究和回答这样的问题可提高应试能力。

第三节　一分为三的情节设计之妙

“一分为三”是人类认识活动的普遍规律和基本思维方式。早在先秦时期，中国古代哲学家老子在其经典著述《老子》中就指出：“道生一，一生二，二生三，三生万物。”当代国学大师庞朴提出“一分为三”论，引起很大的关注。如果说“一分为二”的认识规律强调的是事物内部或事物之间对立统一的规律，偏重的是矛盾双方对立和斗争的方面，那么，“一分为三”则更多地强化事物内部或事物之间融会贯通、彼此依赖、互相渗透的方面。

在《骆驼祥子》的情节发展过程中，可以发现作者对“一分为三”规律的运用，除了显见的“三起三落”三个回合之外，还有隐在的“前三年后三年”“三回人和”“三进宅门”“三个秋三个冬”等多个“三个回合”。更值得关注的是，通过对“三起三落”之后没有“四起”、“三回人和”之后没有“四回”、“三进宅门”之后没有“四进”等情节的类推，可以合理地得出祥子在“后三年”的“四秋”之后不会再有“四冬”。这显见的三个回合、隐在的三个回合、合理的类比推理中，我们可以预测祥子的悲惨命运，领悟作者老舍在情节设计上的巧妙用心。

一、显见的三个回合

在《骆驼祥子》第二十章的开篇，祥子卖掉车，处理完虎妞的丧事后，回到大杂院的家里，他一边抽烟一边有以下心理活动：

> 呆呆的看着烟头上那点蓝烟，忽然泪一串串的流下来，不但想起虎妞，也想起一切。到城里来了几年，这是他努力的结果，就是这样，就是这样！他连哭都哭不出声来！车，车，车是自己的饭碗。买，丢了；再买，卖出去；三起三落，像个鬼影，永远抓不牢，而空受那些辛苦与委屈。没了，什么都没了，连个老婆也没了！虎妞虽然厉害，但是没了她怎能成个家呢？看着屋中的东西，都是她的，她本人可是埋在了城外！

由此可以看见，“三起三落”一语是祥子对自己进城打工经历的回溯和总结，后来也成为读者对《骆驼祥子》一书情节所做的最多见的概括。在作者一分为三的情节设计中，三起三落是显见的三个回合。可用表1－5表示：

表1－5　三起三落——三个回合

项目		内容	章节
第一回合	一起	买车：祥子苦干三年，买上第一辆车	第一章
	一落	车没了：祥子连人带车被大兵抓走	第二章
第二回合	二起	准备买车：为了买车，祥子拼命挣钱、克制花钱	第三章至第十一章
	二落	钱没了：祥子的钱被孙侦探讹走	第十一章
第三回合	三起	买车：祥子结婚，用妻子虎妞的钱买了车	第十二章至第十七章
	三落	人没了：虎妞死去，祥子卖车办理虎妞的丧事	第二十章

当然，“三起三落”的概括并不能完整地涵盖全书的情节内容，祥子最后的沉沦还要加上短暂而又空茫的“四起”，以及最后小福子上吊而死给予他的致命一击。

二、隐在的三个回合

如前所述，《骆驼祥子》中隐在的三个回合包括“前三年后三年”“三回人和”“三进宅门”“三个秋三个冬”等。

（一）前三年后三年

如果把祥子进城务工的经历概括为“祥子正传”，那么，书中“祥子正传”所涉时间一共是六年多。作者刚好把这六年分成了“前三年”和“后三年”两个部分。

对于祥子正传的“前三年”，作者一笔带过，仅用第一章的第二部分加以书写。在第一章中，作者主要用叙述的方式对祥子初到北平城的打工历程进行介绍，用“整整的三年，他凑足了一百块钱!”独句为段，概括祥子三年的奋斗，凸显祥子奋斗的成果，然后才对祥子买回第一辆车的细节进行生动的描写。

祥子正传的“后三年”，是《骆驼祥子》一书的主体内容。作者浓墨重彩地对祥子这三年的苦苦挣扎和不断下滑的变化过程进行了详尽书写，具体的变化过程参见表1－6至表1－7。

表1－6 时间分段

时间		过程
前三年		一起
买车后半年		—
后三年	第一年	一落—二起—二落
	第二年	二落—三起—三落
	第三年	三落—四起
最后一年		四落

表1－7 “后三年＋最后一年”变化过程

季节	春	夏	秋	冬
第一年	被劫	出逃	和虎妞发生私情	被劫；和虎妞结婚
第二年	买车	拉车	病后重新出车	虎妞难产而死
第三年	进车厂	拉散座	拉上包月；和夏太太发生私情；回车厂	偶遇刘四爷；找到曹先生；小福子上吊而死
最后一年	卖衣服	出卖他人	不再拉车	—

（二）三回人和

北平打工的前三年，祥子就和人和车厂结下了很深的缘分。《骆驼祥子》第四章中这样写道：“因为没有家小，他一向是住在车厂里，虽然并不永远拉厂子里的车。”“在买上自己的车以前，祥子拉过人和厂的车。他的积蓄就交给刘四爷给存着。把钱凑够了数，他要过来，买上了那辆新车。”“于是，祥子找到了包月，就去住宅门；掉了事而又去拉散座，便住在人和厂。”

虽然，对于祥子这三年和人和车厂的故事，作者只是简要地做了叙述，但是在祥子后三年的故事书写中，作者对他三回人和的细节进行了详尽细致的描写，具体参见表1－8。

表 1－8　三回人和车厂描写

比较项	背景	描写	章节
第一回	从军营逃了出来，终于回到北平城	1. 他的铺盖还在西安门大街人和车厂呢，自然他想奔那里去。 2. 祥子拿着两包火柴，进了人和厂。 3. 祥子没动，心中忽然感觉到一点说不出来的亲热。一向他拿人和厂当作家：拉包月，主人常换；拉散座，座儿一会儿一改；只有这里老让他住，老有人跟他说些闲话儿。现在刚逃出命来，又回到熟人这里来，还让他吃饭，他几乎要怀疑他们是否要欺弄他，可是也几乎落下泪来	四
第二回	从杨宅辞工回来	1. 到了大街上，行人已少，可是街灯很亮，他更觉得空旷渺茫，不知道往哪里去好了。上哪儿？自然是回人和厂。 2. 他几乎觉得没脸再进人和厂，而给大家当笑话说："瞧瞧，骆驼祥子敢情也是三天半就吹呀，哼！" 3. 不上人和厂，又上哪里去呢？为免得再为这个事思索，他一直走向西安门大街去。 4. 他想轻手蹑脚的进去，别教虎姑娘看见；正因为她平日很看得起他，所以不愿头一个就被她看见他的失败。 5. 祥子一肚子的怨气，无处发泄；遇到这种戏弄，真想和她瞪眼。可是他知道，虎姑娘一向对他不错，而且她对谁都是那么直爽，他不应当得罪她。既然不肯得罪她，再一想，就爽性和她诉诉委屈吧。自己素来不大爱说话，可是今天似乎有千言万语在心中憋闷着，非说说不痛快。这么一想，他觉得虎姑娘不是戏弄他，而是坦白的爱护他	六
第三回	在曹宅被劫之后	1. "人和厂子，没有别的地方可去！"这一句话说尽了祥子心中的委屈，羞愧，与无可如何。他没别的办法，只好去投降！一切的路都封上了，他只能在雪白的地上去找那黑塔似的虎妞。他顾体面，要强，忠实，义气；都没一点用处，因为有条"狗"命！ 2. 祥子没有想什么，只管扛着铺盖往前走。一气走到了人和车厂。他不敢站住，只要一站住，他知道就没有勇气进去。他一直的走进去，脸上热得发烫。他编好了一句话，要对虎妞说："我来了，瞧着办吧！怎办都好，我没了法儿！"及至见了她，他把这句话在心中转了好几次，始终说不出来，他的嘴没有那么便利	十三

（三）三进宅门

对于年轻力壮、腿脚伶俐的洋车夫来说，拉包月是他们的希望之一。祥子是个很出色的车夫，“他的腿长步大，腰里非常的稳，跑起来没有多少响声，步步都有些伸缩，车把不动，使座儿觉到安全，舒服。说站住，不论在跑得多么快的时候，大脚在地上轻蹭两蹭，就站住了；他的力气似乎能达到车的各部分。脊背微俯，双手松松拢住车把，他活动，利落，准确；看不出急促而跑得很快，快而没有危险”。这样的车夫，“就是在拉包车的里面，这也得算很名贵的”。

为了尽快买上车，祥子一开始就决定去拉包月，但拉包月的“事实并不完全帮助希望”。前三年，“包车确是拉上了，而且谨慎小心的看着事情；不幸，世上的事并不是一面儿的。他自管小心他的，东家并不因此就不辞他；不定是三两个月，还是十天八天，吹了；他得另去找事”，以至于他用一年半的工夫买上车的誓愿落空，最后用了整整三年才买了车。

后三年，祥子三进宅门，其间的经历和苦楚如表1－9所示。

表1－9　三进宅门描写

比较项	背景	地点	描写	结局	备注
第一进	一回人和车厂后	杨宅	1. 哼，和拉散座儿一样的不顺心！这回是在杨宅。杨先生是上海人，杨太太是天津人，杨二太太是苏州人。一位先生，两位太太，南腔北调的生了不知有多少孩子。头一天上工，祥子就差点发了昏。 2. 杨宅的甜水有人送，洗衣裳的苦水归车夫去挑。这个工作在条件之外，祥子为对付事情，没敢争论，一声没响的给挑满了缸。放下水桶，刚要去端饭碗，二太太叫他去给买东西。大太太和二太太一向是不和的，可是在家政上，二位的政见倒一致，其中的一项是不准仆人闲一会儿，另一项是不肯看仆人吃饭。祥子不晓得这个，只当是头一天恰巧赶上宅里这么忙，于是又没说什么，而自己掏腰包买了几个烧饼。他爱钱如命，可是为维持事情，不得不狠了心。 3. 一进他那间小屋，他心中一凉，又不困了。一间门房，开了两个门，中间隔着一层木板。张妈住一边，他住一边。屋中没有灯，靠街的墙上有个二尺来宽的小窗户，恰好在一支街灯底下，给屋里一点亮。屋里又潮又臭，地上的土有个铜板厚，靠墙放着份铺板，没有别的东西。他摸了摸床板，知道他要是把头放下，就得把脚蹬在墙上；把脚放平，就得半坐起来。他不会睡元宝式的觉。想了半天，他把铺板往斜里拉好，这样两头对着屋角，他就可以把头放平，腿搭拉着点先将就一夜	祥子的脸忽然紫了，挺了挺腰，好像头要顶住房梁，一把抓起那张毛票，摔在太太的胖脸上：“给我四天的工钱！” “怎么咋？”太太说完这个，又看了祥子一眼，不言语了，把四天的工钱给了他。拉着铺盖刚一出街门，他听见院里破口骂上了	第五章

续上表

比较项	背景	地点	描写	结局	备注
第二进	和虎妞发生关系后	曹宅	1. 祥子上了曹宅。 2. 按理说，他应当很痛快，因为曹宅是在他所混过的宅门里，顶可爱的。曹宅的工钱并不比别处多，除了三节的赏钱也没有很多的零钱，可是曹先生与曹太太都非常的和气，拿谁也当个人对待。祥子愿意多挣钱，拼命的挣钱，但是他也愿意有个像间屋子的住处，和可以吃得饱的饭食。曹宅处处很干净，连下房也是如此；曹宅的饭食不苦，而且决不给下人臭东西吃。自己有间宽绰的屋子，又可以消消停停的吃三顿饭，再加上主人很客气，祥子，连祥子，也不肯专在钱上站着了。况且吃住都合适，工作又不累，把身体养得好好的也不是吃亏的事。自己掏钱吃饭，他决不会吃得这么样好，现在既有现成的菜饭，而且吃了不会由脊梁骨下去，他为什么不往饱里吃呢；饭也是钱买来的，这笔账他算得很清楚。吃得好，睡得好，自己可以干干净净像个人似的，是不容易找到的事。况且，虽然曹家不打牌，不常请客，没什么零钱，可是做点什么临时的工作也都能得个一毛两毛的。比如太太叫他给小孩儿去买丸药，她必多给他一毛钱，叫他坐车去，虽然明知道他比谁也跑得快。这点钱不算什么，可是使他觉到一种人情，一种体谅，使人心中痛快。祥子遇见过的主人也不算少了，十个倒有九个是能晚给一天工钱，就晚给一天，表示出顶好是白用人，而且仆人根本是猫狗，或者还不如猫狗。曹家的人是个例外，所以他喜欢在这儿。他去收拾院子，浇花，都不等他们吩咐他，而他们每见到他做这些事也必说些好听的话，更趁着这种时节，他们找出些破旧的东西，教他去换洋火，虽然那些东西还都可以用，而他也就自己留下。在这里，他觉出点人味儿。 3. 祥子恰好来到了这个小绿洲；在沙漠中走了这么多日子，他以为这是个奇迹。他一向没遇到过像曹先生这样的人，所以他把这个人看成圣贤	祭灶那天晚上，被孙侦探讹去所有的存款	第七至第十一章

续上表

比较项	背景	地点	描写	结局	备注
第三进	虎妞死去，祥子到新的车厂后	夏宅	1. 这回，比以前所混过的宅门里的事都轻闲；要不是这样，他就不会应下这个事来。他现在懂得选择事情了，有合适的包月才干；不然，拉散座也无所不可，不像原先那样火着心往宅门里去了。 2. 这回他上工的地方是在雍和宫附近。主人姓夏，五十多岁，知书明礼；家里有太太和十二个儿女。最近娶了个姨太太，不敢让家中知道，所以特意的挑个僻静地方另组织了个小家庭。在雍和宫附近的这个小家庭，只有夏先生和新娶的姨太太；此外还有一个女仆，一个车夫——就是祥子。 3. 祥子很喜欢这个事。先说院子吧，院中一共才有六间房，夏先生住三间，厨房占一间，其余的两间作为下房。 4. 别的工作也不多。夏先生早晨到衙门去办公，下午五点才回来，祥子只须一送一接；回到家，夏先生就不再出去，好像避难似的。夏太太倒常出去，可是总在四点左右就回来，好让祥子去接夏先生——接回他来，祥子一天的工作就算交代了。再说，夏太太所去的地方不过是东安市场与中山公园什么的，拉到之后，还有很大的休息时间。这点事儿，祥子闹着玩似的就都作了。 5. 祥子讨厌这位夏先生：成天际弯弯着腰，缩缩着脖，贼似的出入，眼看着脚尖，永远不出声，不花钱，不笑，连坐在车上都像个瘦猴；可是偶尔说一两句话，他会说得极不得人心，仿佛谁都是混账，只有他自己是知书明礼的君子人。 6. 对于那个太太，祥子只把她当作个会给点零钱的女人，并不十分喜欢她。 7. 祥子摸不清她是怎回事。他只觉得她有些可怕，像虎妞那样可怕。不过，虎妞没有她这么年轻，没有她这么美好；所以祥子就更怕她，仿佛她身上带着他所尝受过的一切女性的厉害与毒恶。他简直不敢正眼看她。 8. 他很想辞工不干了。可是，为这点不靠边的事而辞工，又仿佛不像话；吸着“黄狮子”，他自言自语地说：“管别人的闲事干吗?!”	次日晚上，他拉着自己的铺盖，回到厂子去	第二十至第二十一章

续上表

比较项	背景	地点	描写	结局	备注
			9. 这要搁在二年前，祥子决不敢看她这么两眼。现在，他不大管这个了：一来是经过妇女引诱过的，没法再管束自己。二来是他已经渐渐入了“车夫”的辙：一般车夫所认为对的，他现在也看着对；自己的努力与克己既然失败，大家的行为一定是有道理的，他非作个“车夫”不可，不管自己愿意不愿意；与众不同是行不开的。 10. 祥子忽然在这个笑容中看见了虎妞，一个年轻而美艳的虎妞。他木在了那里。他的胆气，希望，恐惧，小心，都没有了，只剩下可以大可以小的一口热气，撑着他的全体。这口气使他进就进，退便退，他已没有主张		

（四）三个秋三个冬

《骆驼祥子》一共二十四章，对于祥子“前三年”的故事，老舍只在第一章进行书写，可谓简省之至。接下来的二十二章，写的都是祥子“后三年”的故事。第二十三章后半部分加上第二十四章，是祥子“又一年”的故事。

祥子“后三年”的故事，理应包含三个春、三个夏、三个秋、三个冬。有意思的是，在一年四季中，老舍似乎最喜欢描写秋和冬。“前三年”祥子第一次买车是在初秋时节（第七章祥子进曹宅之后的心理活动如此交代：“他自己的那辆车是去年秋初买的。一年多了，他现在什么也没有，只有要不出来的三十多块钱，和一些缠绕！他越想越不高兴。”）、第六章祥子和虎妞的私情发生在初秋，以及第二十一章祥子和夏太太的私情发生在“菊花下市的季节”。此外，曹先生的被追踪、祥子的被讹诈、刘四爷的寿诞、和虎妞结婚、虎妞死去、偶遇刘四爷等一系列重要的情节，都发生在冬季。

为了更完整地呈现时序中的情节推进，我们不妨对春、夏、秋、冬四个季节发生的故事做一番梳理，具体参见表 1－10 至表 1－13。

表1－10　春

项目	第一年	第二年	第三年	第四年
事件	被劫	婚后	在新车厂拉车	在新车厂拉车
景物	战争的消息与谣言几乎每年随着春麦一块儿往起长，麦穗与刺刀可以算作北方人的希望与忧惧的象征。祥子的新车刚交半岁的时候，正是麦子需要春雨的时节	春已有了消息，树枝上的鳞苞已显着红肥。但在这个大杂院里，春并不先到枝头上，这里没有一棵花木。在这里，春风先把院中那块冰吹得起了些小麻子坑儿，从秽土中吹出一些腥臊的气味，把鸡毛蒜皮与碎纸吹到墙角，打着小小的旋风。……春到了人间，在这大杂院里只增多了困难。长老了的虱子——特别的厉害——有时爬到老人或小儿的棉花疙瘩外，领略一点春光		冬天过去了，春天的阳光是自然给一切人的衣服，他把棉衣卷巴卷巴全卖了

表 1－11　夏

项目	第一年	第二年	第三年	第四年
事件	逃出军营、卖骆驼、在人和车厂拉车	买了第二辆车后	在新车厂拉车	在新车厂拉车
景物	虽然已到妙峰山开庙进香的时节，夜里的寒气可还不是一件单衫所能挡得住的。 老头儿立住，呆呆的看着那四匹牲口。待了半天："前几天本想和街坊搭伙，把它们送到口外去放青。东也闹兵，西也闹兵，谁敢走啊！在家里拉夏吧，看着就焦心，瞧这些苍蝇！赶明儿天大热起来，再加上蚊子，眼看着好好的牲口活活受罪，真！"老者连连的点头，似乎有无限的感慨与牢骚。 "老者，留下我的三匹，凑成一把儿到口外去放青。欢蹦乱跳的牲口，一夏天在这儿，准教苍蝇蚊子给拿个半死！"祥子几乎是央求了	天是越来越暖和了，脱了棉的，几乎用不着夹衣，就可以穿单裤单褂了；北平没有多少春天。天长得几乎使人不耐烦了，人人觉得困倦。祥子一清早就出去，转转到四五点钟，已经觉得卖够了力气。太阳可是还老高呢。他不愿再跑，可又不肯收车，犹疑不定的打着长而懒的哈欠。 他拉车不止一天了，夏天这也不是头一遭，他不能就这么白白的"泡"一天。 这是一天里最热的时候，又赶上这一夏里最热的一天，可是他决定去跑一趟。 还是热，心里可镇定多了。凉风，即使是一点点，给了人们许多希望。几阵凉风过去，阳光不那么强了，一阵亮，一阵稍暗，仿佛有片飞沙在上面浮动似的。风忽然大起来，那半天没有动作的柳条像猛的得到什么可喜的事，飘洒的摇摆，枝条都像长出一截儿来。一阵风过去，天暗起来，灰尘全飞到半空。尘土落下一些，北面的天边见了墨似的乌云。祥子身上没了汗，向北边看了一眼，把车停住，上了雨布，他晓得夏天的雨是说来就来，不容工夫的	天已很暖，柳枝上已挂满嫩叶，他有时候向阳放着车，低着头自言自语的嘴微动着，有时候仰面承受着阳光，打个小盹；除了必须开口，他简直的不大和人家过话	又到了朝顶进香的时节，天气暴热起来。 天这么一热，似乎把故都的春梦唤醒，到处可以游玩，人人想起点事作，温度催着花草果木与人间享乐一齐往上增长。…… 到处好玩，到处热闹，到处有声有色。夏初的一阵暴热像一道神符，使这老城处处带着魔力。……它污浊，它美丽，它衰老，它活泼，它杂乱，它安闲，它可爱，它是伟大的夏初的北平。 响晴的蓝天，东边高高的一轮红日

表 1－12　秋

项目	第一年	第二年	第三年	第四年
事件	祥子从杨宅辞工后回人和车厂，和虎妞发生关系，进曹宅	婚后，买了第二辆车，大病一场后	虎妞死后，在新车厂拉车	作了小店的照顾主儿
景物	初秋的夜晚，星光叶影里阵阵的小风，祥子抬起头，看着高远的天河，叹了口气。这么凉爽的天，他的胸脯又是那么宽，可是他觉到空气仿佛不够，胸中非常憋闷。地上飞着些寻求情侣的秋萤，也作着星样的游戏。 中秋节后十多天了，天气慢慢凉上来。他算计着得添两件穿的。又是钱！买了衣裳就不能同时把钱还剩下，买车的希望，简直不敢再希望了！即使老拉包月，这一辈子又算怎回事呢	到八月十五，他决定出车…… 自从中秋出车，祥子处处加了谨慎，两场病教他明白了自己并不是铁打的。 半年来的，由秋而冬，他就那么一半对付，一半挣扎，不敢大意，也不敢偷懒，心中憋憋闷闷的，低着头苦奔。低着头，他不敢再像原先那么愣葱似的，什么也不在乎了。至于挣钱，他还是比一般的车夫多挣着些	快到立秋，他又拉上了包月。 菊花下市的时候	入了秋，祥子的病已不允许他再拉车，祥子的信用已丧失得赁不出车来。他作了小店的照顾主儿。夜间，有两个铜板，便可以在店中躺下。白天，他去作些只能使他喝碗粥的劳作

表 1－13　冬

项目	第一年	第二年	第三年	第四年
事件	在曹宅、回人和、和虎妞结婚	虎妞因难产而死	在新车厂拉车	
景物	已经是初冬天气，晚上胡同里叫卖糖炒栗子，落花生之外，加上了低悲的“夜壶呕”。 天是越来越冷了，祥子似乎没觉到。心中有了一定的主意，眼前便增多了光明；在光明中不会觉得寒冷。地上初见冰凌，连便道上的土都凝固起来，处处显出干燥，结实，黑土的颜色已微微发些黄，像已把潮气散尽。特别是在一清早，被大车轧起的上棱上镶着几条霜边，小风尖溜溜的把早霞吹散，露出极高极蓝极爽快的天；祥子愿意早早的拉车跑一趟，凉风飕进他的袖口，使他全身像洗冷水澡似的一哆嗦，一痛快。有时候起了狂风，把他打得出不来气，可是他低着头，咬着牙，向前钻，像一条浮着逆水的大鱼；风越大，他的抵抗也越大，似乎是和狂风决一死战。…… 在冬天，遇上主人有饭局，或听戏，他照例是把电石灯的水筒儿揣在怀里；因为放在车上就会冻上。…… 在虎妞找他的第三天上，曹先生同着朋友去看夜场电影，祥子在个小茶馆里等着，胸前揣着那像块冰似的小筒。天极冷，小茶馆里的门窗都关得严严的，充满了煤气，汗味，与贱臭的烟卷的干烟。饶这么样，窗上还冻着一层冰花。…… 街上越来越热闹了，祭灶的糖瓜摆满了街，走到哪里也可以听到“扶糖来，扶糖”的声音。祥子本来盼着过年，现在可是一点也不起劲，街上越乱，他的心越紧，那可怕的二十七就在眼前了！……	到过新年的时候，她的主意就更多了。 过了年，她无论如何也不准祥子在晚间出去，她不定哪时就生养，她害怕。 灯节左右，虎妞决定教祥子去请收生婆，她已支持不住。 一直闹到月底，连祥子也看出来，这是真到了时候，她已经不像人样了	冬天又来到，从沙漠吹来的黄风一夜的工夫能冻死许多人。听着风声，祥子把头往被子里埋，不敢再起来。直到风停止住那狼嗥鬼叫的响声，他才无可奈何的起来，打不定主意是出去好呢，还是歇一天。他懒得去拿那冰凉的车把，怕那噎得使人恶心的风。狂风怕日落，直到四点多钟，风才完全静止，昏黄的天上透出些夕照的微红。	

续上表

项目	第一年	第二年	第三年	第四年
	祭灶那天下午，溜溜的东风带来一天黑云。 坦平的柏油马路上铺着一层薄雪，被街灯照得有点闪眼。偶尔过来辆汽车，灯光远射，小雪粒在灯光里带着点黄亮，像撒着万颗金砂。……此时此地，令人感到北平仿佛并没有居民，真是一片琼宫玉宇，只有些老松默默的接着雪花。雪已下了寸多厚，祥子低着头走。处处洁白，只有他的身后留着些大黑脚印。 没有地方给他坐，到处是雪。 这个银白的世界，没有他坐下的地方，也没有他的去处；白茫茫的一片，只有饿着肚子的小鸟，与走投无路的人，知道什么叫作哀叹。 他在桥上立了许久，世界像是已经死去，没一点声音，没一点动静，灰白的雪花似乎得了机会，慌乱的，轻快的，一劲儿往下落，要人不知鬼不觉的把世界埋上。 因有雪光，天仿佛亮得早了些。快到年底，不少人家买来鸡喂着，鸡的鸣声比往日多了几倍。处处鸡啼，大有些丰年瑞雪的景况。……雪并没有多么厚，大概在半夜里就不下了；天似乎已晴，可是灰漉漉的看不甚清，连雪上也有一层很淡的灰影似的。一眼，他看到昨夜自己留下的大脚印，虽然又被雪埋上，可是一坑坑的还看得很真。 朝阳的一点光。借着雪，已照明了全城。蓝的天，白的雪，天上有光，雪上有光，蓝白之间闪起一片金花，使人痛快得睁不开眼！		祥子出了曹宅，大概有十一点左右吧，正是冬季一天里最可爱的时候。这一天特别的晴美，蓝天上没有一点云，日光从干凉的空气中射下，使人感到一些爽快的暖气。鸡鸣犬吠，和小贩们的吆喝声，都能传达到很远，隔着街能听到些响亮清脆的声儿，像从天上落下的鹤唳。洋车都打开了布棚，车上的铜活闪着黄光。便道上骆驼缓慢稳当的走着，街心中汽车电车疾驰，地上来往着人马，天上飞着白鸽，整个的老城处处动中有静，乱得痛快，静得痛快，一片声音，万种生活，都覆在晴爽的蓝天下面，到处静静的立着树木	

为了方便理解，我们可以把祥子“后三年”及其第四年的经历用表 1－14 表示。

表 1－14

年次	季节	事件	景物描写	章节
第一年	春	被劫	春麦、春雨	二
	初夏	计划逃走	夜里的寒气	—
	初秋	从杨宅辞工，回人和车厂；和虎妞发生关系；到曹宅拉包月	秋空、秋风、秋星、秋萤	六
	冬	买回闷葫芦罐儿	初冬天气	八
		努力奋斗	越来越冷，地上初见冰凌	—
			年节越来越近，一晃儿已是腊八	—
		被讹	祭灶那天下午，一天黑云	十一
		讹后	白茫茫的一片	十二 十三
第二年	正月初六	虎妞坐上了花轿	—	十五
	元宵节	祥子没法再忍下去了	—	十六
	春	买车	春已有了消息	十七
	夏	拉车	烈日、暴雨	十八
	冬	虎妞死去 祥子卖车	—	十九 二十
第三年	夏	拉散座	天已很暖	二十
	秋	拉上包月（夏宅）	快到立秋	—
		和夏太太发生私情	菊花下市的时候	二十一
	冬	偶遇刘四爷 找到曹先生 小福子死去	—	二十一 二十二 二十三
第四年	春	卖冬衣		二十三
	夏	出卖阮明	暴热	二十四
	秋	不再拉车		二十四

三、合理的类比推理

在《骆驼祥子》的最后一章，作者这样写道：“他为自己努力，也为自己完成了死亡。他等着吸那最后的一口气，他是个还有口气的死鬼，个人主义是他的灵魂。这个灵魂将随着他的身体一齐烂化在泥土中。”

在这里，祥子究竟只是精神上已经死亡还是肉体生命也即将死亡呢？祥子能活得过“后三年”之后的第一个冬天吗？

我们不妨寻找祥子“后三年”之后那一年的生命轨迹，以文本中祥子能否四回人和车厂和能否四进宅门的情节设计来类比推断，回答以上问题。

（一）祥子能否四回人和车厂？

婚后，虎妞对祥子说出她的打算：

> 我告诉你，你不必着急。咱们给它个得乐且乐。你呢，成年际拉车出臭汗，也该漂漂亮亮的玩几天；我呢，当了这么些年老姑娘，也该痛快几天。等到快把钱花完，咱们还是求老头子去。我呢，那天要是不跟他闹翻了，绝走不出来。现在我气都消了，爸爸到底是爸爸。他呢，只有我这么个女儿，你又是他喜爱的人，咱们服个软，给他赔个“不是”，大概也没有过不去的事。这多么现成！他有钱，咱们正当正派的承受过来，一点没有不合理的地方；强似你去给人家当牲口！过两天，你就先去一趟；他也许不见你。一次不见，再去第二次；面子都给他，他也就不能不回心转意了。然后我再去，好歹的给他几句好听的，说不定咱们就能都搬回去。咱们一搬回去，管保挺起胸脯，谁也不敢斜眼看咱们；咱们要是老在这儿忍着，就老是一对黑人儿，你说是不是？

然而，就在虎妞“几次三番的要穿好衣服找爸爸去，心想到而手懒得动”的期间，刘四爷已经把人和车厂卖掉。情况最初是祥子看到的：

> 这一天，可是，收车以后，他故意的由厂子门口过，不为别的，只想看一眼。虎妞的话还在他心中，仿佛他要试验试验有没有勇气回到厂中来，假若虎妞能跟老头子说好了的话；在回到厂子以前，先试试敢走这条街不敢。把帽子往下拉了拉，他老远的就溜着厂子那边，唯恐被熟人看见。远远的看见了厂门的灯光，他心中不知怎的觉得非常的难过。
>
> 眼前就是人和厂了，他在街的那边立住，呆呆的看着那盏极明亮的电灯。看着看着，猛然心里一动。那灯下的四个金字——人和车厂——变了样儿！他不识字，他可是记得头一个字是什么样子：像两根棍儿联在一处，既不是个叉子，又没作成个三角，那么个简单而奇怪的字。由声音找字，那大概就是“人”。这个“人”改了样儿，变成了“仁”——比“人”更奇怪的一个字。他想不出什么道理来。再看东西间——他永远不能忘了的两间屋子——都没有灯亮。

祥子并没有第一时间把这个消息告诉虎妞，而是“慢慢的把人和厂的事打听明白：刘四爷把一部分车卖出去，剩下的全倒给了西城有名的一家车主”。“祥子能猜想得出，老头子的岁数到了，没有女儿帮他的忙，他弄不转这个营业，所以干脆把它收了，自己拿着钱去享福。他到哪里去了呢？祥子可是没有打听出来。”了解清楚后，“他一点没带着感情，简单的告诉了虎妞。”

之后，虎妞到南苑找她的姑妈打听刘四爷的消息，确定自己的“计划算是全盘落了空”，才决定掏出一百块钱给祥子买车。

也就是说，祥子是再也没有机会四回人和车厂了！虎妞死后，他找了一家新的车厂，搬离了大杂院。

（二）能否四进宅门？

虎妞死后，祥子意气消沉了一年左右，在他“后三年”的冬季，也有可能是他生命中的最后一个冬季，他在街上偶遇刘四爷，在和刘四爷的对话中“忽然找到了自己”，激发了生存的意志。“他心中痛快，身上轻松，仿佛把自从娶了虎妞之后所有的倒霉一股拢总都喷在刘四爷身上”，“想起胡同中立着的那块黑影，那个老人，似乎什么也不必再说了，战胜了刘四便是战胜了一切”。他决定“要重打鼓另开张，照旧去努力自强，今天战胜了刘四，永远战胜刘四；刘四的诅咒适足以教祥子更成功，更有希望”。在这种情况之下，“可以投奔的，可依靠的人，在他心中，只有两个。打算努力自强，他得去找这两个——小福子与曹先生”。

他决定“歇一天，把事情都办好，明天开始新的生活”。祥子想把什么事情“都办好”呢？显然，是找到曹先生和小福子。

找曹先生的事情办得很顺利，曹先生不仅答应祥子进宅门来拉车，而且帮祥子安排好了他和小福子的生活。

然而，找小福子的事情十分不妙。到大杂院，祥子扑了一个空，只能到处“见人就问，车口上，茶馆中，杂院里，尽着他的腿的力量走了一天，问了一天，没有消息”，直至走到“白房子”得知“她已作了吊死鬼”。

在寻找小福子的过程中，“他根本不想上曹宅去了。一上曹宅，他就得要强，要强有什么用呢？就这么大咧咧的瞎混吧：没饭吃呢，就把车拉出去；够吃一天的呢，就歇一天，明天再说明天的。这不但是个办法，而且是唯一的办法。攒钱，买车，都给别人预备着来抢，何苦呢？何不得乐且乐呢？”最后的结果是“回到车厂，他懊睡了两天。绝不想上曹宅去了，连个信儿也不必送，曹先生救不了祥子的命”。回应了祥子被孙侦探讹诈之后的心理活动：“曹宅是不能再回去，上哪里去呢？”

四进宅门已无可能，祥子还能上哪里去呢？

“他吃，他喝，他嫖，他赌，他懒，他狡猾，因为他没了心，他的心被人家摘了去。他只剩下那个高大的肉架子，等着溃烂，预备着到乱死岗子去。”“他要吃口好的，喝口好的，不必存着冬衣，更根本不预备着再看见冬天；今天快活一天吧，明天就死！管什么冬天不冬天呢！不幸，到了冬天，自己还活着，那就再说吧。”“他为自己努力，也为自己完成了死亡。他等着吸那最后的一口气，他是个还有口气的死鬼，个人主义是他的灵魂。这个灵魂将随着他的身体一齐烂化在泥土中。”如此，作者虽然没有直接描写祥子的死，但想必，祥子最终难以逃脱在第四年冬季死去的命运。

第四节　一落到底的情节发展之势

在《骆驼祥子》第一章，祥子刚出场的时候，他是北平城里的一位高等车夫。对此，作者这样写道：

> 祥子，在与“骆驼”这个外号发生关系以前，是个比较有自由的洋车夫，这就是说，他是属于年轻力壮，而且自己有车的那一类：自己的车，自己的生活，都在自己手里，高等车夫。

对于祥子从18岁初进北平打工到三年后成为一个高等车夫的过程，作者采用追述的手法进行介绍。应该说，当他“凡是以卖力气就能吃饭的事”“几乎全作过了”“不久他就看出来，拉车是件更容易挣钱的事”的时候，他就以“高等车夫”作为自己的榜样和目标：

> 看着那高等的车夫，他计划着怎样杀进他的腰去，好更显出他的铁扇面似的胸，与直硬的背；扭头看看自己的肩，多么宽，多么威严！杀好了腰，再穿上肥腿的白裤，裤脚用鸡肠子带儿系住，露出那对“出号”的大脚！是的，他无疑的可以成为最出色的车夫；傻子似的他自己笑了。

当然，祥子之所以想成为一个高等车夫，是因为拉车所多出来的一些“不知道在什么时候与地点就会遇到一些多于所希望的报酬”的“变化与机会”，“不完全出于偶然，而必须人与车都得漂亮精神，有货可卖才能遇到识货的人”。

经过三年的苦苦奋斗，祥子做到了！“整整的三年，他凑足了一百块钱！”第三年的初秋时节，祥子买回了自己生命中的第一辆车，进入他职业生涯的高峰。

遗憾的是，不过半年左右，祥子就从高峰上坠落下来，并且一直往下滑落，到了第二十三章，他已经沦为一个低等车夫：

> 祥子，多么体面的祥子，变成个又瘦又脏的低等车夫。脸，身体，衣服，他都不洗，头发有时候一个多月不剃一回。他的车也不讲究了，什么新车旧车的，只要车份儿小就好。拉上买卖，稍微有点甜头，他就中途倒出去。坐车的不答应，他会瞪眼，打起架来，到警区去住两天才不算一回事！独自拉着车，他走得很慢，他心疼自己的汗。及至走上帮儿车，要是高兴的话，他还肯跑一气，专为把别人落在后边。在这种时候，他也很会掏坏，什么横切别的车，什么故意拐硬弯，什么别扭着后面的车，什么抽冷子搡前面的车一把，他都会。原先他以为拉车是拉着条人命，

一不小心便有摔死人的危险。现在，他故意的耍坏；摔死谁也没大关系，人都该死！

再到最后一章，祥子已经不再拉车。“入了秋，祥子的病已不允许他再拉车，祥子的信用已丧失得赁不出车来”。虽然没有做乞丐和贼人，但他已经成为“小店的照顾主儿”，就“等着吸那最后的一口气”。

关于他堕落与沉沦的过程，人们常常用他“三起三落”的自述来概括：

> 车，车，车是自己的饭碗。买，丢了；再买，卖出去；三起三落，像个鬼影，永远抓不牢，而空受那些辛苦与委屈。

细读全文会发现，“一起一落”之后，祥子其实没有真正“起”过，而是一直在滑落，所谓的“二起”和“三起”，不过是滑落中的挣扎罢了。也就是说，祥子只有在作者追述中的“一起”时期真的积极向上，奋发有为，努力追求美好生活，而“一落”之后的全书主体内容，其实是祥子不断滑落的堕落史和沉沦史。作品中情节发展的路径就是祥子不断滑落的过程，具体参见图 1－7。

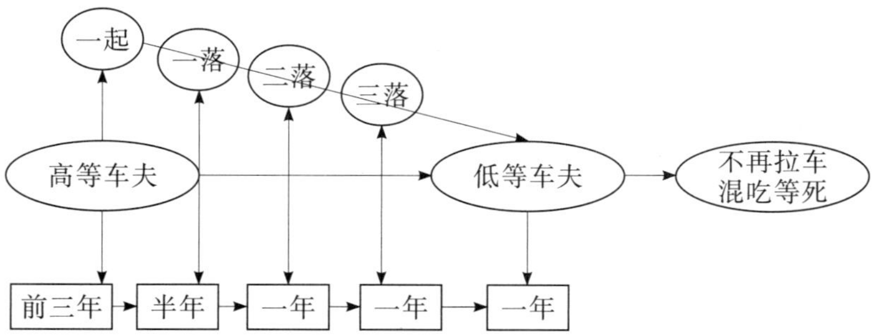

图 1－7　《骆驼祥子》情节发展图

一、“一起”阶段：奋斗

《骆驼祥子》第一章第二部分追述了祥子成为高等车夫的过程，从他确立买车的梦想开始，他便一直意志坚定、行为决绝。他一方面苦练车技，把自己练成了一个出类拔萃、专业名贵的车夫，另一方面坚信凭借自己年轻力壮、吃苦耐劳、省吃俭用和严格自律，一定可以实现买车的梦想。

对待车，他极其敏感、在意，也极其爱惜：“像他赁的那辆——弓子软，铜活地道，雨布大帘，双灯，细脖大铜喇叭——值一百出头。”

对待买车的梦想：“他的眼并没有花，心并没有乱，他老想着远远的一辆车，可以使他自由，独立，像自己的手脚的那么一辆车。”“他下了决心，一千天，一万天也好，他得买车！”

为了买车，他一方面拼命挣钱，一方面省吃俭用，拼命攒钱：“风里雨里的咬牙”

“不怕吃苦”；“饭里茶里的自苦”“省吃俭用的一年二年，即使是三四年，他必能自己打上一辆车，顶漂亮的车”；最后终于“赚出那辆车”。

关于买上车的信念：“他的聪明和努力都足以使他的志愿成为事实”“看着自己的青年的肌肉，他以为这只是时间的问题，这是必能达到的一个志愿与目的，绝不是梦想”“只要他自己肯咬牙，事儿就没有个不成。他对自己起下了誓，一年半的工夫，他——祥子——非打成自己的车不可！是现打的，不要旧车见过新的。”

他有买上车的基础。一是他的身体条件好：“他的身量与筋肉都发展到年岁前边去；二十来的岁，他已经很大很高，虽然肢体还没被年月铸成一定的格局，可是已经像个成人了——一个脸上身上都带出天真淘气的样子的大人。”二是他的拉车能力强：“他晓得自己的跑法很好看。跑法是车夫的能力与资格的证据。……他的腿长步大，腰里非常的稳，跑起来没有多少响声，步步都有些伸缩，车把不动，使座儿觉到安全，舒服。说站住，不论在跑得多么快的时候，大脚在地上轻蹭两蹭，就站住了；他的力气似乎能达到车的各部分。脊背微俯，双手松松拢住车把，他活动，利落，准确；看不出急促而跑得很快，快而没有危险。就是在拉包车的里面，这也得算很名贵的。”三是他的行为习惯好：“没有一般洋车夫的可以原谅而不便效法的恶习”“他不吃烟，不喝酒，不赌钱，没有任何嗜好，没有家庭的累赘”。四是他有好的德性和坚定的意志：“祥子是这样的一个人：在新的环境里还能保持着旧的习惯。……在车厂子里，他不闲着，把汗一落下去，他就找点事儿作。他去擦车，打气，晒雨布，抹油……用不着谁支使，他自己愿意干，干得高高兴兴，仿佛是一种极好的娱乐。厂子里靠常总住着二十来个车夫；收了车，大家不是坐着闲谈，便是蒙头大睡；祥子，只有祥子的手不闲着。初上来，大家以为他是向刘四爷献殷勤，狗事巴结人；过了几天，他们看出来他一点没有卖好讨俏的意思，他是那么真诚自然，也就无话可说了。”“他的脚脖子肿得像两条瓠子似的，再也抬不起来。他忍受着，不管是怎样的疼痛。”“只要他的主意打定，他便随着心中所开开的那条路儿走；假若走不通的话，他能一两天不出一声，咬着牙，好似咬着自己的心！”

终于，他做到了，他买回了自己的第一辆车。

他十分热爱他的车：“他自己的车，弓子软得颤悠颤悠的，连车把都微微的动弹；车厢是那么亮，垫子是那么白，喇叭是那么响；……”

他的身体越来越好，身体益发强壮的祥子拉着自己的车，“这么大的人，拉上那么美的车”，过了半年充满希望的生活。“那辆车也真是可爱，拉过了半年来的，仿佛处处都有了知觉与感情，祥子的一扭腰，一蹲腿，或一直脊背，它都就马上应和着，给祥子以最顺心的帮助，他与它之间没有一点隔膜别扭的地方。”就这样，他与他的车之间彼此“应和”，相互“顺心”，“没有一点隔膜别扭的地方”。半年之后，“他的希望更大了：照这样下去，干上二年，至多二年，他就又可以买辆车，一辆，两辆……他也可以开车厂子了！”

祥子“一起”期间的生活状态可见表 1－15。

表 1-15　祥子“一起”期间生活状态

<table>
<tr><th rowspan="3">时期</th><th colspan="2">车</th><th colspan="4">买车</th><th colspan="5">买上车</th></tr>
<tr><th rowspan="2">待车</th><th rowspan="2">拉车</th><th rowspan="2">梦想</th><th colspan="3">条件</th><th rowspan="2">信念</th><th colspan="4">基础</th></tr>
<tr><th>挣钱</th><th>花钱</th><th>攒钱</th><th>好身体</th><th>好车技</th><th>好习惯</th><th>好德性</th></tr>
<tr><td>买车前</td><td>喜爱</td><td>喜欢</td><td>坚持</td><td>拼命</td><td>俭省</td><td>拼命</td><td>自信</td><td>√</td><td>√</td><td>√</td><td>√</td></tr>
<tr><td>买车后</td><td>珍爱</td><td>喜欢</td><td>买更多的车</td><td>拼命</td><td>俭省</td><td>拼命</td><td>自信</td><td>√</td><td>√</td><td>√</td><td>√</td></tr>
</table>

二、“二起”阶段：何不乐乐眼前呢?

（一）买车：唯一的坚守

对于车，祥子仍然情有独钟。“一起”之后，“他只关心他的车，他的车能产生烙饼与一切吃食，它是块万能的田地，很驯顺的随着他走，一块活地，宝地”。“一落”之后，祥子念念不忘的也是他的车：

> 他的车，几年的血汗挣出来的那辆车，没了！自从一拉到营盘里就不见了！以前的一切辛苦困难都可一眨眼忘掉，可是他忘不了这辆车！
>
> 吃苦，他不怕；可是再弄上一辆车不是随便一说就行的事；至少还得几年的工夫！过去的成功全算白饶，他得重打鼓另开张打头儿来！

祥子带着三匹骆驼逃出军营之后，在夜色中一路奔逃，直到想到卖骆驼买车的好主意，才恢复了精神：“想到骆驼与洋车的关系，他的精神壮了起来，身上好似一向没有什么不舒服的地方。假若他想到拿这三匹骆驼能买到一百亩地，或是可以换几颗珍珠，他也不会这样高兴。”

回到人和车厂后，他向刘四爷表达了省钱再买新车的愿望。事实上，生活回归拉车正轨之后，“他恨不得马上就能再买上辆新车，越着急便越想着原来那辆”。

买车的愿望，如书中所言，仍然是他的“宗教”，是他活着的目标和价值：

> 即使今天买上，明天就丢了，他也得去买。这是他的志愿，希望，甚至是宗教。不拉着自己的车，他简直像是白活。他想不到作官，发财，置买产业；他的能力只能拉车，他的最可靠的希望是买车；非买上车不能对得起自己。他一天到晚思索这回事，计算他的钱，设若一旦忘了这件事，他便忘了自己，而觉得自己只是个会跑路的畜生，没有一点起色与人味。

为了早日买上车，祥子仍然拼命挣钱和拼命省钱：

> 可是，他还是不敢去动它们。他必须能多剩一个就去多剩一个，非这样不能早

早买上自己的车。

他还是得不吃烟不喝酒，爽性连包好茶叶也不便于喝。在茶馆里，像他那么体面的车夫，在飞跑过一气以后，讲究喝十个子儿一包的茶叶，加上两包白糖，为是补气散火。当他跑得顺"耳唇"往下滴汗，胸口觉得有点发辣，他真想也这么办；这绝对不是习气，作派，而是真需要这么两碗茶压一压。只是想到了，他还是喝那一个子儿一包的碎末。有时候他真想责骂自己，为什么这样自苦；可是，一个车夫而想月间剩下俩钱，不这么办怎成呢？他狠了心。买上车再说，买上车再说！有了车就足以抵得一切！

对花钱是这样一把死拿，对挣钱祥子更不放松一步。没有包月，他就拉整天，出车早，回来得晚，他非拉过一定的钱数不收车，不管时间，不管两腿，有时他硬连下去，拉一天一夜。

但是，此时的祥子对将来的信念、"要强"的意志、自律的心愿已经不再像"一起"阶段那么坚定了：

要强又怎样呢，这个世界并不因为自己要强而公道一些，凭着什么把他的车白白抢去呢？即使马上再弄来一辆，焉知不再遇上那样的事呢？他觉得过去的事像个噩梦，使他几乎不敢再希望将来。有时候他看别人喝酒吃烟跑土窑子，几乎感到一点羡慕。要强既是没用，何不乐乐眼前呢？他们是对的。他，即使先不跑土窑子，也该喝两盅酒，自在自在。烟，酒，现在仿佛对他有种特别的诱惑力，他觉得这两样东西是花钱不多，而必定足以安慰他；使他依然能往前苦奔，而同时能忘了过去的苦痛。

为了尽快买上车，祥子开始不管不顾自己的形象：

从前，他不肯抢别人的买卖，特别是对于那些老弱残兵；以他的身体，以他的车，去和他们争座儿，还能有他们的份儿？现在，他不大管这个了，他只看见钱，多一个是一个，不管买卖的苦甜，不管是和谁抢生意；他只管拉上买卖，不管别的，像一只饿疯的野兽。拉上就跑，他心中舒服一些，觉得只有老不站住脚，才能有买上车的希望。一来二去的骆驼祥子的名誉远不及单是祥子的时候了。有许多次，他抢上买卖就跑，背后跟着一片骂声。

在杨宅工作四天后辞工，更是让祥子困惑于"以自己的体格，以自己的忍性，以自己的要强，会让人当作猪狗，会维持不住一个事情"，让祥子"渺茫的觉到一种无望，恐怕自己一辈子不会再有什么起色了"。

跟虎妞发生关系之后，尽管祥子拉上曹宅的包月，过上比较稳定的生活，但心里始终不痛快：

无缘无故的丢了车，无缘无故的又来了这层缠绕，他觉得他这一辈子大概就这么完了，无论自己怎么要强，全算白饶。……他不敢再像从前那样自信了。他的身

> 量，力气，心胸，都算不了一回事；命是自己的，可是教别人管着；教些什么顶混账的东西管着。
>
> 又是钱！买了衣裳就不能同时把钱还剩下，买车的希望，简直不敢再希望了！即使老拉包月，这一辈子又算怎回事呢？

因为心里有事，祥子不小心把曹先生摔伤。之后，他提出“辞事，让工钱”，这“在祥子看就差不多等于自杀。可是责任，脸面，在这时候似乎比命还重要，因为摔的不是别人，而是曹先生”。这时候的祥子，尚能把责任和脸面看得很重，只不过一经高妈劝止，他又恢复了金钱至上的态度。“他觉得高妈的话有理。什么也是假的，只有钱是真的。省钱买车；挂火当不了饭吃！”“他没再提辞工的事。虽然好几天总觉得不大好意思，可是高妈的话得到最后的胜利。”

综上，“一落”之后的祥子，在“二起”阶段前期，只有“红着心想买车”、红着心想攒钱的热跟“一起”阶段是一样的，而其他方面已经在滑落之中。

（二）买车：看看那个老头子

及至虎妞找上门来，祥子开始自暴自弃和自我怀疑：“洋车夫的命当如此，就如同一条狗必定挨打受气，连小孩子也会无缘无故的打它两棍子。这样的一条命，要它干吗呢？豁上就豁上吧！”虽然内心也有一个声音对自己说：“不，他不能为那点缠绕而毁坏了自己，不能从此破了酒戒。事情的确是不好办，但是总有个缝子使他钻过去。即使完全无可脱逃，他也不应当先自己往泥塘里滚；他得睁着眼，清清楚楚的看着，到底怎样被别人把他推下去。”最后还是“摸住酒碗，吞了一大口！”

过去，他认为“自己是头顶着天，脚踩着地，无牵无挂的一条好汉”；现在，他发现自己是孤苦伶仃的一个人，并因此“感到一点向来没有过的恐惧”“这点恐惧使他开始怀疑自己”“原先，他以为拉车是他最理想的事，由拉车他可以成家立业。现在他暗暗摇头了。不怪虎妞欺侮他，他原来不过是个连小水筒也不如的人！”

就在这种情况下，祥子在小茶馆见到了小车夫小马儿以及他的祖父，一个拥有自己的车，境遇却极其悲惨的老车夫。祥子“心中感到一种向来没有过的难受。在小马儿身上，他似乎看见了自己的过去；在老者身上，似乎看到了自己的将来！”

> 他要静静的独自想一想。那一老一少似乎把他的最大希望给打破——老者的车是自己的呀！自从他头一天拉车，他就决定买上自己的车，现在还是为这个志愿整天的苦奔；有了自己的车，他以为，就有了一切。哼，看看那个老头子！他不肯要虎妞，还不是因为自己有买车的愿望？买上车，省下钱，然后一清二白的娶个老婆；哼，看看小马儿！自己有了儿子，未必不就是那样。

此后的祥子，陷入深深的矛盾之中。一方面只要“一想到那个老者与小马儿，祥子就把一切的希望都要放下，而想乐一天是一天吧，干吗成天际咬着牙跟自己过不去呢?!穷人的命，他似乎看明白了，是枣核儿两头尖：幼小的时候能不饿死，万幸；到老了能不饿死，很难。只有中间的一段，年轻力壮，不怕饥饱劳碌，还能像个人儿似的。在这一段里，该快活快活的时候还不敢去干，地道的傻子；过了这村便没有这店！这么一想，他连虎妞的那回事儿都不想发愁了”。另一方面他的闷葫芦罐儿又在鼓舞着它：“不，不能随便；只差几十块钱就能买上车了，不能前功尽弃；至少也不能把罐儿里那点积蓄瞎扔了，那么不容易省下来的！还是得往正路走，一定。”遗憾的是，在这种情况下，虎妞给他“二十七”的限定成为了可恨的纠缠。

这是一种多么尴尬的两难境遇：放下希望，自甘堕落，便不在乎娶了虎妞；恢复希望，努力要强，便为虎妞所苦。这就是“二起”后期的祥子。

（三）遭遇“二落”

被孙侦探讹去全部存款，是祥子奋斗道路上的“二落”。如上所述，闷葫芦罐儿是祥子这一阶段唯一的希望，是祥子一路滑落过程中唯一拉扯他向上的力量，但就在祭灶日的深夜，闷葫芦罐儿被孙侦探砸碎。

无路可走、无处可去的祥子，不仅不想买车，甚至把拉车，把自己一向引以为傲的好车技、好身体全都否定掉：“当仆人去，不在行；伺候人，不会；洗衣裳作饭，不会！什么也不行，什么也不会，自己只是个傻大黑粗的废物！”

总体上说，“二起”阶段的祥子，虽然一直在要强和放弃之间挣扎，但他实际上正一步一步地在挣扎中往下滑落，从坚守买车的信念，到开始向往及时行乐的生活，逐渐放弃做人的良知，再到买车的信念也开始动摇，自我怀疑、自我放弃的意愿强烈，仅仅用一个存钱罐子来支撑自己，乃至遭遇“二落”，不要说买车，连拉车的工作和自己的好身体都被自己否定了。

“二起”阶段祥子的生活状态可见表1－16。

表1－16　祥子“二起”阶段生活状态

时期	车		买车				买上车				
	待车	拉车	梦想	条件			信念	基础			
				挣钱	花钱	攒钱		好身体	好车技	好习惯	好德性
前期	在意曹宅崭新黑漆的车	喜欢	坚持	拼命	俭省	拼命	自信	√	摔跤	烟酒的诱惑	什么都是假的，只有钱是真的
后期	在意老车夫的破车	喜欢	矛盾	拼命	俭省	拼命	怀疑	傻大黑粗的废物	什么也不行，什么也不会	该快活快活的时候还不敢去干，地道的傻子	

跟“一起”阶段相比，祥子对车的向往依然如故，但买车的梦想和买上车的信念已经动摇。虽然，他对挣钱、花钱和攒钱的态度也一如既往，但值得注意的是，钱一方面成为他活着的目的和要强的支撑，另一方面也在蒙蔽着他的眼睛和心灵，荼毒着他的纯真天性。总体上说，祥子已经处在滑落的过程中。

三、“三起”阶段

（一）能干活的死人

“二落”之后的祥子，虽然回到人和车厂，“有吃就吃，有喝就喝，有活儿就作，手脚不闲着”，但“他好像是死了心，什么也不想，给它个混一天是一天”，颇有些行尸走肉的样子了。

> 他可也觉出来，自己无论如何也不会很高兴。虽然不肯思索，不肯说话，不肯发脾气，但是心中老堵一块什么，在工作的时候暂时忘掉，只要有会儿闲工夫，他就觉出来这块东西……心中堵着这块东西，他强打精神去作事，为是把自己累得动也不能动，好去闷睡。把夜里的事交给梦，白天的事交给手脚，他仿佛是个能干活的死人。他扫雪，他买东西，他去定煤气灯，他刷车，他搬桌椅，他吃刘四爷的犒劳饭，他睡觉，他什么也不知道，口里没话，心里没思想，只隐隐的觉到那块海绵似的东西！

直到跟虎妞结婚成家，祥子也一直处于木然、被动的状态：

> 他仿佛忘了自己，而傻傻乎乎的看着一切，听着一切，连自己好似也不认识了。……新旧的器物合在一处，使他想起过去，又担心将来。一切任人摆布，他自己既像个旧的，又像是个新的，一个什么摆设，什么奇怪的东西；他不认识了自己。

（二）买车是惯性，拉车是本能

祥子“三起”的开端应该是他与虎妞结婚。娶虎妞并非祥子所愿，祥子对自己的亲事原本有自己的打算：“他来自乡间，虽然一向没有想到娶亲的事，可是心中并非没有个算计；假若他有了自己的车，生活舒服了一些，而且愿意娶亲的话，他必定到乡下娶个年轻力壮，吃得苦，能洗能作的姑娘。”

然而，由于虎妞精心设计的骗局，由于虎妞怀孕的谎言，由于虎妞的强势和自己的无奈，祥子不得不在被动、木然的状态下与虎妞成婚，因此在祥子的内心，对虎妞充满了仇恨：

想起虎妞，设若当个朋友看，她确是不错；当个娘们看，她丑，老，厉害，不要脸！就是想起抢去他的车，而且几乎要了他的命的那些大兵，也没有像想起她这么可恨可厌！她把他由乡间带来的那点清凉劲儿毁尽了，他现在成了个偷娘们的人！

在车厂子的时候，他常帮她的忙，现在越看她越讨厌，他永远没恨人像恨她这么厉害，他说不上是为了什么。有气，可是不肯发作，全圈在心里；既不能和她一刀两断，吵架是没意思的。在小屋里转转着，他感到整个的生命是一部委屈。

他恨不能双手掐住她的脖子，掐！掐！掐！一直到她翻了白眼！把一切都掐死，而后自己抹了脖子。他们不是人，得死；他自己不是人，也死；大家不用想活着！

不过，在祥子看来，既然已经结为夫妻，用对方的钱也就是理所当然的事情。“自从虎妞到曹宅找他，他就以为娶过她来，用她的钱买上车，自己去拉。虽然用老婆的钱不大体面，但是他与她的关系既是种有口说不出的关系，也就无可如何了。”他没想到虎妞“还有这么一招”，来自不同阶层、带着不同习气、对生活各有打算的两个人生活在一起，祥子意识到：

赶到别人给你钱呢，你就非接受不可；接受之后，你就完全不能再拿自己当个人，你空有心胸，空有力量，得去当人家的奴隶：作自己老婆的玩物，作老丈人的奴仆。一个人仿佛根本什么也不是，只是一只鸟，自己去打食，便会落到网里。吃人家的粮米，便得老老实实的在笼儿里，给人家啼唱，而随时可以被人卖掉！

这就是祥子心中他和虎妞的关系。

既然在家庭生活中没有爱，没有奋斗的动力，那么，祥子在“三起”阶段对买车和拉车的执着更多是一种惯性和一种谋食的本能。

在虎妞让他去做买卖的时候，他表示：“我不会！赚不着钱！我会拉车，我爱拉车！”说话时连头上的筋都跳了起来。正月十七那天，他不顾虎妞的阻挡，自主去拉车，虽然“准知道家里有个雷等着他呢，可是他很镇定；他下了决心，不跟她吵，不跟她闹，倒头就睡，明天照旧出来拉车，她爱怎样怎样！”面对虎妞的挑衅，他坚决地说：“拉车，买上自己的车，谁拦着我，我就走，永不回来了！”

等到虎妞明白刘四爷已经靠不上，她的如意算盘落了空时，她决定买一辆车给祥子拉。此时的祥子，明知道买一辆车未必能带来美好的生活前景，但还是想：

过去所受的辛苦，无非为是买上车。现在能再买上，那还有什么可说呢？自然，一辆车而供给两个人儿吃，是不会剩下钱的；这辆车有拉旧了的时候，而没有再置买新车的预备，危险！可是，买车既是那么不易，现在能买上也就该满意了，何必想到那么远呢！

（三）不断地希望着

事实上，婚后的祥子，身体已经大不如前了。婚后第一次出去拉车，他就觉出点“以前未曾有过的毛病，腿肚子发紧，胯骨轴儿发酸”“他晓得自己的病源在哪里，可是为安慰自己，他以为这大概也许因为二十多天没拉车，把腿撂生了；跑过几趟来，把腿蹓开，或者也就没事了”。在六月的烈日和暴雨下拉了个买卖之后，祥子卧床不起，一病就是两个月。中秋重新出车之后，祥子还是常常面临身体不好的窘境：

> 痢疾虽然已好，他的肚子可时时的还疼一阵。有时候腿脚正好溜开了，想试着步儿加点速度，肚子里绳绞似的一拧，他缓了步，甚至于忽然收住脚，低着头，缩着肚子，强忍一会儿。独自拉着座儿还好办，赶上拉帮儿车的时候，他猛孤仃的收住步，使大家莫名其妙，而他自己非常的难堪。自己才二十多岁，已经这么闹笑话，赶到三四十岁的时候，应当怎样呢？这么一想，他轰的一下冒了汗！

然而，虎妞怀孕了，这回是真的。这件事情把现实的生活压力带给祥子。在病中，他“越躺着越起急，有时候他趴在枕头上，有泪无声的哭。他知道自己不能去挣钱，那么一切花费就都得由虎妞往外垫；多咱把她的钱垫完，多咱便全仗着他的一辆车子；凭虎妞的爱花爱吃，他供给不起，况且她还有了孕呢！”在病中，他还在“心里计算：自己拉，每天好歹一背拉总有五六毛钱的进项。房钱，煤米柴炭，灯油茶水，还先别算添衣服，也就将够两个人用的，还得处处抠搜，不能像虎妞那么满不在乎。现在，每天只进一毛多钱的车租，得干赔上四五毛，还不算吃药。假若病老不好，该怎办呢？”他开始意识到，“拉车这条路是死路”“好也不行，歹也不行，这条路上只有死亡，而且说不定哪时就来到，自己一点也不晓得”。想到这里，他的心情“由忧愁改为颓废，嗐，干它的去，起不来就躺着，反正是那么回事！他什么也不想了，静静的躺着”。但现实的压力和不能闲着的本能使得“他又忍不下去了，想马上起来，还得去苦奔；道路是死的，人心是活的，在入棺材以前总是不断的希望着”。

虎妞的产期临近，祥子的生命中有了崭新的体验：

> 生命的延续不过是生儿养女，祥子心里不由得有点喜欢，即使一点也不需要一个小孩，可是那个将来到自己身上，最简单而最玄妙的“爸”字，使铁心的人也得要闭上眼想一想，无论怎么想，这个字总是动心的。祥子，笨手笨脚的，想不到自己有什么好处和可自傲的地方；一想到这个奇妙的字，他忽然觉出自己的尊贵，仿佛没有什么也没关系，只要有了小孩，生命便不会是个空的。同时，他想对虎妞尽自己所能的去供给，去伺候，她现在已不是“一”个人；即使她很讨厌，可是在这件事上她有一百成的功劳。

遗憾的是，命运再一次捉弄了祥子，虎妞难产而死，祥子不得不卖车处理丧事。虎妞的生命、代表着新希望的孩子、共同经营了一年的家……想到这一切，祥子的“泪一串串的流下来”：

> 到城里来了几年，这是他努力的结果，就是这样，就是这样！他连哭都哭不出声来！车，车，车是自己的饭碗。买，丢了；再买，卖出去；三起三落，像个鬼影，永远抓不牢，而空受那些辛苦与委屈。

综上，在祥子的“三起”阶段，一连遭受命运打击的祥子本已如行尸走肉，加上对虎妞的仇恨和对婚姻的抵触，以及对现实越来越清醒的认识，其买车和拉车的坚持不过是出于惯性和本能，并非为了美好的前途。后来虽然被生命延续的希望所鼓舞，但无奈身体越来越差，所谓的“三起”其实是一种令人哭笑不得的尴尬，甚至不过是一种滑落。虎妞难产而死，把祥子带入“三落”的境遇。

祥子“三起”阶段的生活状态可见表 1－17。

表 1－17　祥子“三起”阶段生活状态

时期	车		买车				买上车				
				条件				基础			
	待车	拉车	梦想	挣钱	花钱	攒钱	信念	好身体	好车技	好习惯	好德性
买车前		赁车拉	买上自己的车				用老婆的钱不大体面	觉出点以前未曾有过的毛病			
买车后	在意二强子的车：骨力硬棒，但颜色丧气	拉车这条路是条死路	买回二强子的车，祥子只好等着拉车，没说什么，也不便说什么，因为钱不是他自己的	多挣钱的雄心并没完全忘掉；至于挣钱，他还是比一般的车夫多挣着些。钱进得太少	一天一个干净	想也不敢想了	没有再置买新车的预备，危险	病鬼	高等的车夫	该拉就拉，他始终没染上恶习	心中憋憋闷闷的，低着头苦奔

四、“三落”之后

（一）变成另外一个人

“三落”之后，祥子带着剩下的三十几块钱再一次从头开始，开始了大幅度滑落的过程。

拉车的光荣不再：

他似乎看透了拉车是怎回事，不再想从这里得到任何的光荣与称赞。

买车的梦想不再：

那三十多块钱，他可不敢动。弄了块白布，他自己笨手笨脚地拿个大针把钱缝在里面，永远放在贴着肉的地方，不想花，也不想再买车，只是带在身旁，作为一种预备——谁知道将来有什么灾患呢！病，意外的祸害，都能随时的来到自己身上，总得有个预备。人并不是铁打的，他明白过来。

良好的习惯不再：

烟卷可是已吸上了瘾。一坐在车上，他的大手便向脚垫下面摸去。点着了支烟，他极缓慢的吸吐，眼随着烟圈儿向上看，呆呆的看着，然后点点头，仿佛看出点意思来似的。

美好的德性不再：和主雇家的姨太太发生奸情，染上性病回车厂后，“平日最怕最可耻的一件事，现在他打着哈哈似的泄露给大家——他撒不出尿来了！”

病过去之后，他几乎变成另一个人。身量还是那么高，可是那股正气没有了，肩头故意的往前松着些，耷拉着嘴，唇间叼着支烟卷。有时候也把半截烟放在耳朵上夹着，不为那个地方方便，而专为耍个飘儿。他还是不大爱说话，可是要张口的时候也勉强的要点俏皮，即使说得不圆满利落，好歹是那么股子劲儿。心里松懈，身态与神气便吊儿郎当。

对待车的珍爱态度不再：

对于车，他不再那么爱惜了。买车的心既已冷淡，对别人家的车就漠不关心。车只是辆车，拉着它呢，可以挣出嚼谷与车份便算完结了一切；不拉着它呢，便不用交车份，那么只要手里有够吃一天的钱，就无须往外拉它。人与车的关系不过如此。

他开始混同于一般的车夫，吸着烟、喝点酒，“快乐一会儿，而后混天地黑的睡个大觉”，自怜、自私、懒惰、脾气大，因为“老鸦是一边黑的，他不希望独自成为白毛儿的”。

（二）小福子成了吊死鬼

祥子在“后三年”的冬季偶遇刘四爷，吐出一口恶气之后，一度被激发生活的斗志，仿佛又看到光明的未来：

> 街灯发着寒光，祥子心中觉得舒畅的发热，处处是光，照亮了自己的将来。

他决定改掉不良习惯，重新奋发有为：

> 半天没吸烟了，不想再吸，从此烟酒不动，祥子要重打鼓另开张，照旧去努力自强，今天战胜了刘四，永远战胜刘四；刘四的诅咒适足以教祥子更成功，更有希望。

这也许可以算得上祥子生命中的“四起”，这时的他甚至觉得“心一变，马上身子也强起来，不成问题！”

祥子找到曹先生，向曹先生倾吐了心事，由曹先生做好了安排，他更是觉得“心要跳出来，一直飞到空中去，与白鸽们一同去盘旋！”因为“祥子的什么都有了：事情，工钱，小福子，在几句话里美满的解决了一切，想也没想到呀！”在祥子的想象中，只要见到小福子，“以前的一切可以一笔勾销，从此另辟一个天地”。“他不能仅为自己的吃喝努力，他必须把她从那间小屋救拔出来，而后与他一同住在一间干净暖和的屋里，像一对小鸟似的那么快活，体面，亲热！”

然而，祥子到大杂院扑了空，当天晚上“烟酒又成了他的朋友。不吸烟怎能思索呢？不喝醉怎能停止住思索呢？”第二天，听了小马儿的祖父的一番话，“他根本不想上曹宅去了。一上曹宅，他就得要强，要强有什么用呢？就这么大咧咧的瞎混吧；没饭吃呢，就把车拉出去；够吃一天的呢，就歇一天，明天再说明天的。这不但是个办法，而且是唯一的办法”。

得知小福子已经吊死，祥子走到坟地，“他的泪一串一串的往下落。什么也没有了，连小福子也入了土！他是要强的，小福子是要强的，他只剩下些没有作用的泪，她已作了吊死鬼！一领席，埋在乱死岗子，这就是努力一世的下场头！”

显然，“四起”只是昙花一现的念头，转眼便落了空。此后的一年，祥子到处借钱，甚至春天卖衣服换钱，夏天出卖阮明换钱，就这样过着混吃等死的日子，只是“几乎每次喝醉他必到小福子吊死的树林里去落泪；哭完，他就在白房子里住下。酒醒过来，钱净了手，身上中了病。他并不后悔；假若他也有后悔的时候，他是后悔当初他干吗那么要强，那么谨慎，那么老实。该后悔的全过去了，现在没有了可悔的事”。

就这样，“体面的，要强的，好梦想的，利己的，个人的，健壮的，伟大的”祥子成为了“堕落的，自私的，不幸的”末路鬼。

综上，与祥子在“一起”阶段的执着努力和实际成果相比较，他的“二起”和“三起”其实很难成立。所谓“二起”，不过是由存钱罐里的钱支撑着的买车的愿望，同时却被虎妞的纠缠、老车夫的悲惨生活等更为强大的向下的力量往下拉扯。所谓“三起”，不过是对拉车和买车的某种本能表达，而且是在哀莫大于心死的状态下的表达。尽管“生儿养女，祥子心里不由得有点喜欢”，但“他一点主意也没有，成天际晕晕乎乎的，不知怎样才好。有时候欣喜，有时候着急，有时候烦闷，有时候为欣喜而又要惭愧，有时候为着急而又要自慰，有时候为烦闷而又要欣喜，感情在他心中绕着圆圈，把个最简单的人闹得不知道了东西南北”。反倒是在“三落”之后，在被刘四爷激活了生存的意志之后，祥子产生了想要“找回原来的自己，那个无牵无挂，纯洁，要强，处处努力的祥子”的愿望和“必能找回”原来的自己的信心。可惜这样的“四起”只是昙花一现，转眼之间老车夫的话、小福子的死又把他推向了地狱。总之，祥子所走过的道路，其实是一条不断往下滑落的道路。

第二章　品读：品味语言，鉴赏描写

语言和语言表达中的描写属于文本的形式范畴。文学是语言文字的艺术，是审美的意识形态。小说正是以生动形象的语言和丰富精妙的描写来体现文学的审美属性、作者的审美追求和文本的美学风格。同时，小说的人物、情节、环境甚至主旨等内容要素也在语言和描写中得以呈现。因此，阅读小说文本的第二阶段，应该针对文本语言和描写进行“品读”，进一步理解文本内容，在品读中提高审美鉴赏能力，养成迁移表达能力。

小说文本的语言由作者语言和人物语言构成，作者用语言来讲述故事，人物用语言来表达自己，这种表达又可以分为内心独白和人物对话两种。不管是作者语言还是人物语言，往往都是个性化的，并且文本风格和人物个性往往也都通过个性化的语言得以实现。就《骆驼祥子》而言，因为作者老舍是老北平城人，所以书中有很多老北平城里通用的方言和俗话，如“炸了酱”“放了鹰”“不论秧子”“今儿个就是今儿个”等，地地道道，原汁原味，朴素简洁，呈现出一派浓郁的古都风情、市井气息。书中主人公祥子从乡下进城，在北平生活一段时间后，“对北平的俏皮话儿，他知道不少，只是说不利落；别人说，他懂得，他自己说不上来”。同时，老舍大量运用典雅的成语，加之他在英国开始创作，在创作语言上受到英国作品的影响，常常创造性地融入欧化句法。《骆驼祥子》一书因此在语言上既俗白又典雅，有一种特殊的艺术魅力，较为典型地代表了老舍小说的体式风格。

所谓描写，就是“用生动形象的语言把人物或景物具体描绘出来的一种手法”，小说文本中的描写亦是如此，一般是针对人物和环境进行。小说中的人物有主要人物、次要人物和人物群像。其中，次要人物和人物群像构成人物所处社会环境中的人际外环境。针对人物的描写有外貌、神态、动作、语言和心理诸种。小说中的环境可分为时空大环境和处所小环境、心理内环境和人际外环境，其中时空大环境包括自然环境和社会环境，处所小环境和人际外环境则都属于社会环境，针对环境的描写，可分解为对这些不同方面的描写。具体参见图 2－1。

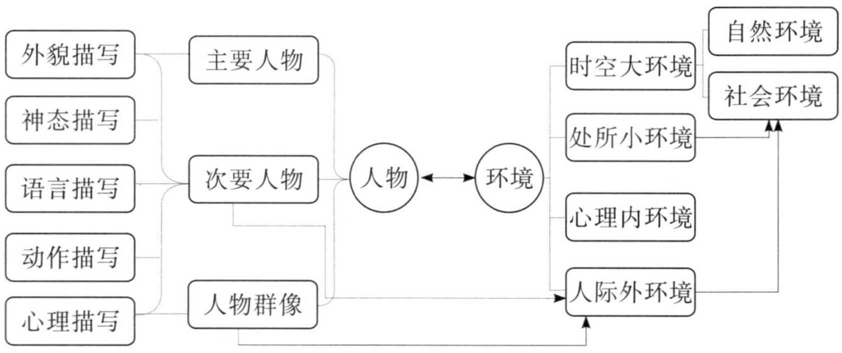

图 2－1　小说中的描写示意图

在本章中，我们就针对祥子的语言描写、社会环境中的处所描写、自然环境描写，以及细节描写进行品鉴和分析。

第一节 无语与有言——特别的表达

语言描写是塑造人物的主要方法，《骆驼祥子》一书的作者老舍是功底深厚、文笔老到的语言艺术家，《骆驼祥子》一书不仅叙述语言独具魅力，人物语言也极富神韵。书中连主人公祥子之外的其他人物在语言上都非常有个性，如杨宅诸人的冷酷和锋利、虎妞的蛮横和粗蛮、高妈的玲珑与周全、曹先生的沉着与稳重、刘四爷的暗藏心机、小福子的欲语无言等，都给读者留下了深刻的印象。

有意思的是，《骆驼祥子》的主人公祥子却是一个不爱说话也“不会说话”的人，这一点作者在作品的第一章即做了介绍：

他确乎有点像一棵树，坚壮，沉默，而又有生气。他有自己的打算，有些心眼，但不好向别人讲论。在洋车夫里，个人的委屈与困难是公众的话料，“车口儿”上，小茶馆中，大杂院里，每人报告着形容着或吵嚷着自己的事，而后这些事成为大家的财产，像民歌似的由一处传到一处。祥子是乡下人，口齿没有城里人那么灵便；设若口齿伶俐是出于天才，他天生来的不愿多说话，所以也不愿学着城里人的贫嘴恶舌。他的事他知道，不喜欢和别人讨论。因为嘴常闲着，所以他有工夫去思想，他的眼仿佛是老看着自己的心。只要他的主意打定，他便随着心中所开的那条路儿走；假若走不通的话，他能一两天不出一声，咬着牙，好似咬着自己的心！

对于祥子的不爱说话和“不会说话”的表现，作品中还有多处提及：

至于讲价争座，他的嘴慢气盛，弄不过那些老油子们。知道这个短处，他干脆不大到“车口儿”上去；哪里没车，他放在哪里。（第一章）

他平常很不喜欢说话，……（第二章）

因此，祥子的沉默与不合群，一变变成了贵人语迟。（第五章）

他的嘴没有那么便利。（第十三章）

祥子没有个便利的嘴，想要说的话很多，可是一句也不到舌头上来。他呆呆的立在那里，直着脖子咽吐沫。（第十四章）

原先他就不喜欢说话，现在更不爱开口了。……除了必须开口，他简直的不大和人家过话。（第二十章）

以上所引语句中画线的部分，直接刻画了祥子拙于言辞的形象特征。正因为祥子是个不爱说话和“不会说话”的人，作者在塑造祥子的形象时，大量运用外貌描写、神态描写、心理描写和动作描写。然而，祥子毕竟是《骆驼祥子》一书的主人公，书中的语言描写也基本与祥子有关。“于无声处听惊雷”“言为心声”，关注和研究祥子特别的话语表达，是走进祥子内心世界的重要路径。

一、祥子的无语

朱光潜先生在《谈美》的开篇专门谈到“无言之美”。他指出：“文学之所以美，不仅在有尽之言，而尤在无穷之意。推广地说，美术作品之所以美，不是只美在已表现的一部分，尤其是美在未表现而含蓄无穷的一大部分……”所谓“未表现而含蓄无穷的一大部分”即艺术上的留白。显然，艺术作品中的留白让欣赏者更有想象的空间，更能吸引欣赏者的品咂和琢磨，这种“此时无声胜有声”“于无声处听惊雷”的状态，亦即美学上的无言之美。在《骆驼祥子》中，祥子常常处于无语的状态，不管是无话可说还是无言以对，不管是有口难言还是欲言又止，都饱藏着祥子或滚烫炽烈、或冰冷淡漠的情感活动和心灵律动，都体现了作者塑造人物形象的艺术匠心和美感追求。

（一）无话可说

《骆驼祥子》中的祥子，常常处于无话可说的状态，书中对于他“没说什么”“没话可说”的表述也时有出现。

在杨宅拉包月时，“祥子生在北方的乡间，最忌讳随便骂街。可是他不敢打张妈，因为好汉不和女斗；也不愿还口。……祥子成了挨骂的藤牌”。（第五章）

从杨宅辞工回到人和车厂当晚，“怕什么有什么，祥子心里的惭愧与气闷凝成一团，登时立住了脚，呆在了那里。说不出话来，他傻看着虎姑娘”。找好了曹宅的工作，祥子向虎妞辞行，面对虎妞的责难，“祥子又没的说了”。（第六章）

在曹宅，祥子“对高妈有相当的佩服，觉得这个女人比一般的男子还有心路与能力，她的话是抄着根儿来的。他不敢赶上她去闲谈，但在院中或门口遇上她，她若有工夫说几句，他就很愿意听她说。她每说一套，总够他思索半天的，所以每逢遇上她，他会傻傻乎乎的一笑，使她明白他是佩服她的话，她也就觉到点得意，即使没有工夫，也得扯上几句”。（第八章）

同为下人，高妈爽快利落，能说会道，而且时时处处能为祥子着想。对待高妈如何处置钱的建议，“祥子用不着说什么，他的神气已足表示他很佩服高妈的话”。不过“及至独自一盘算，他觉得钱在自己手里比什么也稳当”“祥子没说什么，等高妈走了，对自己点了点头，似乎是承认自己的一把死拿值得佩服，心中怪高兴的”。（第八章）

在茶馆，听着拉包月的车夫们闲谈，“他没法，也不会，把自己的话有头有尾的说给大家听；他只能由别人的话中吸收些生命的苦味”。老车夫昏倒在茶馆时，“祥子始终没言语，呆呆的立在那里”。老车夫和孙子小马儿离开时，“祥子呆呆的立在门外，看着这一老一少和那辆破车。……大家又说笑起来，他觉得发乱”。（第十章）

在曹宅隔壁王先生家的车夫老程的房间，“祥子进去，把铺盖放在地上，就势儿坐在上面，又没了话”“坐在那儿，说不出什么来，心中可是感激，亲热”。（第十二章）

回到人和车厂，对待刘四爷和虎妞的安排，“祥子一声不出，把话听明白就走”。“祥子没言语，也没生气。他好像是死了心，什么也不想，给它个混一天是一天。有吃就吃，有喝就喝，有活儿就作，手脚不闲着，几转就是一天，自己顶好学拉磨的驴，一问三不知，只会拉着磨走。”“虽然不肯思索，不肯说话，不肯发脾气，但是心中老堵一块什么，在工作的时候暂时忘掉，只要有会儿闲工夫，他就觉出来这块东西——绵软，可是老那么大；没有什么一定的味道，可是噎得慌，像块海绵似的。”在宿舍，“晚上没话和大家说，因为本来没话可说”。（第十三章）

在刘四爷的寿诞上，当刘家父女争吵起来，“祥子没有个便利的嘴，想要说的话很多，可是一句也不到舌头上来。他呆呆的立在那里，直着脖子咽唾沫”。“祥子没话可说，只好赶紧离开这里；无论如何，斗嘴他是斗不过他们的。”在虎妞让他说话时，“祥子直挺挺的立在那里，没有一句话可说”。（第十四章）“他没话可说，只能立在那里，等个水落石出。”（第十五章）

成家以后，面对虎妞的蛮横，“祥子又没了话”。（第十五章）

祥子决定出去拉车后，听到一个四十多岁的高个子车夫关于“干咱们这一行的，别成家，真的”的言论时，“祥子点了点头，没说出话来”。回家后面对虎妞一连串的抱怨，“祥子一声没出”“祥子还是没有话说”。（第十六章）

在烈日和暴雨下拉客人，“拉到了，坐车的连一个铜板也没多给。祥子没说什么，他已顾不过命来”。（第十八章）

虎妞死后，面对小福子的父亲二强子的挑衅，“祥子不愿还口，只静静的等着他反攻”。搬离大杂院后，祥子住进了重新找的车厂，“原先他就不喜欢说话，现在更不爱开口了。……除了必须开口，他简直的不大和人家过话”。（第二十章）

向曹先生说起小福子时，“他心中乱开了：许多不同的感情凝成了一团，又忽然要裂开，都要往外跑；他没了话”。（第二十二章）

走向堕落和沉沦的祥子“又恢复了他的静默寡言。一声不出的，他吃，他喝，他掏坏。言语是人类彼此交换意见与传达感情的，他没了意见，没了希望，说话干吗呢？除了讲价儿，他一天到晚老闭着口；口似乎专为吃饭喝茶与吸烟预备的。连喝醉了他都不出声，他会坐在僻静的地方去哭”。（第二十三章）

最后，完全沉沦和堕落的祥子“似乎也没有听见。打锣的过去给了他一锣锤，他翻了翻眼，朦胧的向四外看一下。没管打锣的说了什么，他留神的在地上找，看有没有值得拾起来的烟头儿”。（第二十四章）

从不说什么但很有主意，到不说什么也不想什么，祥子的“无话可说”里既有他的个性和弱点，也有他的无奈和沉沦。

（二）无言以对

面对虎妞，祥子常常无言以对。

从兵营逃回北平城后，祥子走进人和车厂，当时刘家父女正在吃晚饭。作者写道：

> 看见他进来，虎妞把筷子放下了：
>
> “祥子！你让狼叼了去，还是上非洲挖金矿去了？”
>
> “哼！”祥子没说出什么来。（第四章）

在这里，虎妞的反应和祥子的回应都大有深意，预示着两人关系的发展，暗示着两人关系的状况。

及至祥子逃也似的到曹宅拉包月后，虎妞还是找上门来，“他僵不吃的立起来，随着她往北走，还是找不到话说，浑身都有些发木，像刚被冻醒了似的”“他没话可说”“‘不……’祥子想说‘不用打一巴掌揉三揉’，可是没有想齐全；对北平的俏皮话儿，他知道不少，只是说不利落；别人说，他懂得，他自己说不上来”“祥子没言语”。（第九章）

两人成家后的第二天，无比憋闷的祥子出去闲逛了半天后回来，面对虎妞的不满：

> “啊，以后出去，言语一声！别这么大咧咧的甩手一走！”
>
> 他没言语。
>
> “会哼一声不会？不会，我教给你！”
>
> 他哼了一声，没法子！（第十五章）

祥子决定出去赁车来拉后，第一次回到人和车厂，在门前逗留许久，以至于回家晚了。面对虎妞的责难：

> “又这么晚！”她的脸上没有一点好气儿。“告诉你吧，这么着下去我受不了！你一出去就是一天，我连窝儿不敢动，一院子穷鬼，怕丢了东西。一天到晚连句话都没地方说去，不行，我不是木头人。你想主意得了，这么着不行！”
>
> 祥子一声没出。
>
> “你说话呀！成心逗人家的火是怎么着？你有嘴没有？有嘴没有？”她的话越说越快，越脆，像一挂小炮似的连连的响。
>
> 祥子还是没有话说。（第十六章）

六月十五那天，给小福子提供卖淫场地的虎妞催着祥子出去拉车，她说：“你当在家里就好受哪？屋子里一到晌午连墙都是烫的！”祥子“一声没出，喝了瓢凉水，走了出去”。（第十八章）

面对虎妞，祥子是一以贯之的“无言以对”，充分表明他在与虎妞关系中的被动和无奈。

（三）难言之隐

从杨宅回到人和车厂的一连两个晚上，祥子和虎妞发生了关系。带着这样一种不清不白的关系上了曹宅，祥子感觉生命中多了一层缠绕。祥子决定和虎妞一刀两断，却意识到不可能，因为“这种事是永远洗不清的，像肉上的一块黑瘢”。同时，祥子担心“刘四爷拿着他的那点钱”。这些缠绕使他希望暗淡，前路迷茫，“觉得他这一辈子大概就这么完了”“他不敢再像从前那样自信了”。

“他颇想向曹先生要个主意，可是怎么说呢？对虎姑娘的那一段是对谁也讲不得的。”（第七章）和虎妞的关系对于祥子来说是不能对人说起的难言之隐。

这时候的祥子在执着于买车梦想的同时，对娶亲的事情也有自己的算计：“到乡下娶个年轻力壮，吃得苦，能洗能作的姑娘。”虎妞不仅在他的算计之外，而且又老又丑又厉害，还是个“不要脸”的“破货”。娶她“无论从哪方面想，他都觉着憋气。想想她的模样，他只能摇头。不管模样吧，想想她的行为；哼！就凭自己这样要强，这样规矩，而娶那么个破货，他不能再见人，连死后都没脸见父母！谁准知道她肚子里的小孩是他的不是呢？不错，她会带过几辆车来；能保准吗？刘四爷并非是好惹的人！即使一切顺利，他也受不了，他能干得过虎妞？她只须伸出个小指，就能把他支使得头晕眼花，不认识了东西南北。他晓得她的厉害！要成家，根本不能要她，没有别的可说的！要了她，便没了他，而他又不是看不起自己的人！没办法！”“可是，说真的，自己并没有什么过错。一切都是她布置好的；单等他来上套儿。”祥子认为虎妞是在欺侮他，但“更让他难过的是没地方去诉诉委屈。他没有父母兄弟，没有朋友。平日，他觉得自己是头顶着天，脚踩着地，无牵无挂的一条好汉。现在，他才明白过来，悔悟过来，人是不能独自活着的”。（第十一章）

值得关注的是，故事发展到后面，虎妞死后，祥子在夏宅和夏太太有了奸情并染上了性病，而“平日最怕最可耻的一件事，现在他打着哈哈似的泄露给大家——他撒不出尿来了！”（第二十一章）

另外，大杂院里的小福子的经历并不光彩，被父亲二强子卖给一个军人，被军官遗弃后回到大杂院被迫卖淫为生，但祥子愿意把他和小福子的事情告诉曹先生和老车夫。在曹先生担心小福子是否可靠时，“祥子的脸红起来，吭哧了半天才说出来：‘她没法子才作那个事，我敢下脑袋，她很好！她……’”

对待不正当关系的态度前后不同，可以看出祥子的变化。体面的、要强的祥子变得不知羞耻，不爱惜自己的身体。对虎妞与对小福子的态度的不同，是因为后者唤起了祥子心中的热与爱，而这种热力和爱意，本来是拯救祥子的最后一根稻草，遗憾的是，弱小如小福子，除了被黑暗的时代、不合理的社会、悲惨的命运吞没，似乎没有其他的路可走。

（四）欲言又止

祥子也有很想说话的时候。遭遇劫难、受了委屈、面临窘境，他都有倾诉的欲望，却往往欲说还休，憋了回去。

从杨宅辞工的祥子非常难过，虽然“明知道上工辞工是常有的事，此处不留爷，自有留爷处。可是，他是低声下气的维持事情，舍着脸为是买上车，而结果还是三天半的事儿，跟那些串惯宅门的老油子一个样，他觉着伤心”。在这种情况下，祥子碰到了虎妞，在虎妞劝他喝酒时，“祥子一肚子的怨气，无处发泄；遇到这种戏弄，真想和她瞪眼。可是他知道，虎姑娘一向对他不错，而且她对谁都是那么直爽，他不应当得罪她。既然不肯得罪她，再一想，就爽性和她诉诉委屈吧。自己素来不大爱说话，可是今天似乎有千言万语在心中憋闷着，非说说不痛快。这么一想，他觉得虎姑娘不是戏弄他，而是坦白的爱护他。他把酒盅接过来，喝干。一股辣气慢慢的，准确的，有力的，往下走，他抻长了脖子，挺直了胸，打了两个不十分便利的嗝儿”。他的话随着这口酒吞进了肚子，第二口酒下肚之后，“刚才他想对她诉诉委屈，此刻又忘了”。（第六章）

被孙侦探抢走了辛辛苦苦存下的钱，祥子找到老程的屋子里去，老程请他吸烟，“把一支烟烧完，祥子还是想不出道理来，他像被厨子提在手中的鸡，只知道缓一口气就好，没有别的主意。他很愿意和老程谈一谈，可是没话可说，他的话不够表现他的心思的，他领略了一切苦处，他的口张不开，像个哑巴。买车，车丢了；省钱，钱丢了；自己一切的努力只为别人来欺侮！谁也不敢招惹，连条野狗都得躲着，临完还是被人欺侮得出不来气！”（第十二章）

按照虎妞的设计，祥子应该在刘四爷寿诞当日回人和车厂拜寿。对于祥子来说，这是一种欺侮、一种胁迫，本来就没想出应对的方法，没想遭了劫，还有愧于曹先生，祥子除了人和车厂，没有别的去处，“他没别的办法，只好去投降！”带着“心中的委屈，羞愧，与无可如何”“祥子没有想什么，只管扛着铺盖往前走。一气走到了人和车厂。他不敢站住，只要一站住，他知道就没有勇气进去。他一直的走进去，脸上热得发烫。他编好了一句话，要对虎妞说：‘我来了，瞧着办吧！怎办都好，我没了法儿！’及至见了她，他把这句话在心中转了好几次，始终说不出来，他的嘴没有那么便利”。（第十三章）

办完了虎妞的丧事，回到家里呆坐的祥子“猛一抬头，看见了她，泪极快的又流下来。此时，就是他看见只狗，他也会流泪；满心的委屈，遇见个活的东西才想发泄；他想跟她说说，想得到一些同情。可是。话太多，他的嘴反倒张不开了”。当小福子羞涩地说出“我想……”之时，祥子“只能点头，他真想过去抱住她，痛痛快快的哭一场，把委屈都哭净，而后与她努力同心的再往下苦奔。在她身上，他看见了一个男人从女子所能得的与所应得的安慰。他的口不大爱说话，见了她，他愿意随便的说；有她听着，他

的话才不至于白说；她的一点头，或一笑，都是最美满的回答，使他觉得真是成了‘家’”。（第二十章）

在《骆驼祥子》中，祥子不时的无话可说和无言以对，大量的难言之隐和欲言又止，就像美术作品中的留白，具有更为动人的艺术效果，正如朱光潜所说："拿美术来表现思想和情感，与其尽量流露，不如稍有含蓄；与其吐肚子把一切都说出来，不如留一大部分让欣赏者自己去领会。因为在欣赏者的头脑里所生的印象和美感，有含蓄比较尽量流露的还要更加深刻。换句话说，说出来的越少，留着不说的越多，所引起的美感就越大越深越真切。"①

二、祥子的话语

作为唯一的主人公，作品的男一号，在《骆驼祥子》一书中，祥子免不了有诸多的话语表达。对于拙于表达的祥子来说，这些话语弥足珍贵。正如汉代扬雄在《法言·问神》中所说："故言，心声也。"祥子的每一句话，都或直接呈现、或曲折反映了他的性格特征，或直接、或婉曲地表达了他的心声。

（一）被动表达

祥子虽然不爱说话也"不会说话"，嘴慢气盛不合群，但毕竟在社会中生存，免不了和人打交道。在《骆驼祥子》中，很少主动和人说话的祥子，在别人问起他的情况以及在跟虎妞共同生活时，不得已还是要被动表达。

在第四章，祥子从军营逃出，在一天"天还没黑，刘家父女正在吃晚饭"的时候回到人和车厂，对于被劫的境遇，"祥子一边吃，一边把被兵拉去的事说了一遍"。此后一段时间，江湖上盛传他发了邪财，对他"另眼看待""理该赶着他去拉拢"，天天追问他是如何发财的，祥子无奈之下，才作出了回应：

> "得了，祥子！说说，说说你怎么发的财？"这样的话，祥子天天听到。他一声不响。直到逼急了，他的那块疤有点发红了，才说："发财，妈的我的车哪儿去了？"（第五章）

祥子被孙侦探讹走了辛辛苦苦挣回、攒下准备买车的存款，对于这样令他痛苦而又难堪的遭遇，他不得不告诉曹宅隔壁王宅的车夫、好心收留了他一夜的同行老程，以及风风火火准备婚事、追问他三十多块钱的去处的虎妞：

> 想了想，祥子不好意思不都告诉给老程了。结结巴巴的，他把昨夜晚的事说了

① 朱光潜．无言之美［M］．2版．北京：北京大学出版社，2015：8，13.

一遍，虽然很费力，可是说得不算不完全。（第十三章）

祥子没法不说实话了，把曹宅的事都告诉了她。（第十五章）

虎妞和祥子的畸形婚恋关系是《骆驼祥子》中的重要内容，早在祥子拉车挣钱奔着买第一辆车的“前三年”，虎妞对祥子就与众不同：“虎妞更喜欢这个傻大个儿，她说什么，祥子老用心听着，不和她争辩；别的车夫，因为受尽苦楚，说话总是横着来；她一点不怕他们，可是也不愿多搭理他们；她的话，所以，都留给祥子听。”

“后三年”祥子第一次回人和车厂时，虎妞叫祥子一起吃饭，“仿佛是招待个好朋友”，而“心中忽然感觉到一点说不出来的亲热”。在祥子早出晚归地拼命拉车时，虎妞表示了关心，祥子却并不领情。

虎姑娘已经嘱咐他几回了：“你这家伙要是这么干，吐了血可是你自己的事！”

他很明白这是好话，可是因为事不顺心，身体又欠保养，他有点肝火盛。稍微棱棱着点眼：“不这么奔，几儿能买上车呢？”（第五章）

从杨宅辞工回来，祥子二回人和车厂，他原本“想轻手蹑脚的进去，别教虎姑娘看见；正因为她平日很看得起他，所以不愿头一个就被她看见他的失败”。在虎妞的诱惑下，他第一次喝酒，只因为“一肚子的怨气，无处发泄；遇到这种戏弄，真想和她瞪眼。可是他知道，虎姑娘一向对他不错，而且她对谁都是那么直爽，他不应当得罪她。既然不肯得罪她，再一想，就爽性和她诉诉委屈吧。自己素来不大爱说话，可是今天似乎有千言万语在心中憋闷着，非说说不痛快。这么一想，他觉得虎姑娘不是戏弄他，而是坦白的爱护他”。

由此可见，祥子跟虎妞的关系基础是不错的，很遗憾虎妞无耻而又蛮横地破坏了这种关系。正如祥子所想：“想起虎妞，设若当个朋友看，她确是不错；当个娘们看，她丑，老，厉害，不要脸！就是想起抢去他的车，而且几乎要了他的命的那些大兵，也没有像想起她这么可恨可厌！她把他由乡间带来的那点清凉劲儿毁尽了，他现在成了个偷娘们的人！”

等到祥子被讹，不得已三回人和车厂，并被动和虎妞结婚之后，祥子的被动表达大多和车有关：

“赁给我辆车！”祥子低着头看鞋头上未化净的一些雪。（第十三章）

愣了好久，他说出一句来：“我不能这么闲着！”

“我不愿意闲着！”他只说了这么一句，为是省得费话与吵嘴。

“我不会！赚不着钱！我会拉车，我爱拉车！”祥子头上的筋都跳了起来。（第十五章）

“拉车去了！”他似睡似醒的说，嗓子里仿佛堵着点什么。

“我不能闲着！”

祥子真挂了火，他不能还不说出心中的话，不能再忍：“拉车，买上自己的车，谁拦着我，我就走，永不回来了！”

“老头要咱们，我也还得去拉车！”祥子愿把话说到了家。

“两辆车一天进上三毛钱，不够吃的！赁出一辆，我自己拉一辆，凑合了！”祥子说得很慢，可是很自然；听说买车，他把什么都忘了。（第十六章）

可怜的祥子，虽然明知道“拉车这条路是死路”，知道“一辆车而供给两个人儿吃，是不会剩下钱的；这辆车有拉旧了的时候，而没有再置买新车的预备，危险”。可是，拉车和买车已成为他生命中的本能，成为他抵抗生活的唯一方式，正如他所想：“可是，买车既是那么不易，现在能买上也就该满意了，何必想到那么远呢！”

（二）主动发话

在《骆驼祥子》中，祥子主动发话的情况特别少。除了第一次买车时主动拍出钱来、卖骆驼时主动跟乡下老者打招呼、被讹后主动向隔壁车夫老程求助等，祥子还有几次特别动人的主动发话。

第一次是在第二章，祥子意识到危险之后：

他平常很不喜欢说话，可是这阵儿他愿意跟光头的矮子说几句，街上清静得真可怕。“抄土道走吧？马路上——”

第二次是在第五章，祥子面对杨宅一家人的蛮横：

祥子的脸忽然紫了，挺了挺腰，好像头要顶住房梁，一把抓起那张毛票，摔在太太的胖脸上：“给我四天的工钱！”

这时的祥子，尽管特别希望能够维持住事情，好尽快买上车，但不愿意“让人当作猪狗”，不愿意“低声下气的维持事情”，是一个有梦想更有血气的汉子。

第三次是在第六章，跟虎妞发生关系后，祥子偶遇曹先生，说好到曹宅拉包月。回到人和车厂后：

愣了半天，他迟迟顿顿的说：“我又找好了事，后天上工。人家自己有车……”

……

“我愿意去拉车！”祥子找不出别的辩驳。

……

祥子青筋蹦跳的坐下。“我那点钱呢？”

……

祥子又没的说了，低着头掏了半天，把两天的车租掏出来，放在桌上：“两天的。”

充分表现了祥子想要摆脱虎妞控制、主宰自己生活的意愿。

第四次是在第十章，在小茶馆里，老车夫因又冷又饿“出溜”在地：

> 祥子始终没言语，呆呆的立在那里。听到老车夫说肚子里空，他猛的跑出去，飞也似又跑回来，手里用块白菜叶儿托着十个羊肉馅的包子。一直送到老者的眼前，说了声：“吃吧！”

祥子不善言谈却行动敏捷，有“讷于言而敏于行”的君子之风，更可贵的是，其天性中的善良和淳朴散发着煜煜之光。

第五次是在第十四章，刘家父女争吵，刘四爷说祥子是“臭拉车的”之时：

> 祥子把笤帚扔了，直起腰来，看准了刘四，问：“说谁呢？”

正在埋头干活的祥子，随时准备着为自己的尊严而战。

第六次是在第十五章，婚后的祥子主动对虎妞说：

> “商量商量好不好？”他还是蹲在那里。
>
> ……
>
> “先商量商量！”祥子决定不让步。既不能跺脚一走，就得想办法作事，先必得站一头儿，不能打秋千似的来回晃悠。

第七次是在第二十章，虎妞死后，祥子虽然不愿意承担小福子一家人的责任，但还是主动对小福子说：

> 祥子找好车厂，回来取铺盖，看见她的眼已哭肿。他不会说什么，可是设尽方法想出这么两句：“等着吧！等我混好了，我来！一定来！”

第八次是在第二十三章，为了寻找小福子，“祥子在街上丧胆游魂的走，遇见了小马儿的祖父”“祥子喝了他一碗茶，把心中的委屈也对他略略说了几句”“他把小福子的事也告诉了老人，他把老人当作了真的朋友”。

此外，值得关注的还有祥子的自言自语，书中数次写到这样的细节：

> 独坐在屋中的时候，他的眼发着亮光，去盘算怎样省钱，怎样买车；嘴里还不住的嘟囔，像有点心病似的。（第八章）

> 他的闷葫芦罐是不会冤人的！晚间无事的时候，他盯坑儿看着这个只会吃钱而不愿吐出来的瓦朋友，低声的劝告：“多多的吃，多多的吃，伙计！多咱你吃够了，我也就行了！”（第八章）

> 愁到了无可如何，他抱着那个瓦罐儿自言自语的嘀咕：“爱怎样怎样，反正这点钱是我的！谁也抢不了去！有这点钱，祥子什么也不怕！招急了我，我会跺脚一跑，有钱，腿就会活动！”（第十一章）

孤苦的祥子，省钱和买车成为他生命的支撑。由此，他把瓦罐当作了最好的朋友。

（三）来回重复

仔细揣摩和品鉴老舍对祥子的语言描写，会发现多处的来回重复。如买车时的激动：

祥子的脸通红，手哆嗦着，拍出九十六块钱来：“我要这辆车！”

祥子把钱又数了一遍：“我要这辆车，九十六！”（第一章）

如卖骆驼时的急切，祥子一连说了四次“留下”，三次“给多少是多少”：

“老者，留下我的三匹，凑一把儿吧？”

“老者，留下我的三匹，凑成一把儿到口外去放青。欢蹦乱跳的牲口，一夏天在这儿，准教苍蝇蚊子给拿个半死！”祥子几乎是央求了。

“留下吧，给多少是多少；我把它们出了手，好到城里去谋生！”

“干脆就留下吧，瞧着办得了！”祥子是那么诚恳，弄得老头子有点不好意思了。

“给多少是多少！”祥子想不出别的话。他明白老者的话很实在，可是不愿意满世界去卖骆驼——卖不出去，也许还出了别的毛病。

祥子心中也凉了些，二三十块？离买车还差得远呢！可是，第一他愿脆快办完，第二他不相信能这么巧再遇上个买主儿。“老者，给多少是多少！”（第三章）

如被虎妞纠缠时，祥子陷入巨大的羞愧，陷入摆脱无门、退避不及的无助和无奈，以至于一连说了四次“别嚷”：

“别嚷！”祥子似乎把全身的力量都放在唇上，爆裂出这两个字，音很小，可是极有力。

……

“别嚷！”祥子唯恐高妈在门里偷着听话儿。“别嚷！这边来！”他一边说一边往马路上走。

……

“别嚷行不行？”祥子躲开她一步。

如被孙侦探纠缠时，祥子急于摆脱的心情溢于言表：

“有事吗？”祥子又要去按电铃。

……

“我有事！”祥子的头上忽然冒了汗，心里发着狠儿说：“躲他还不行呢，怎能往里请呢！”

……

“有事吗？我忙！”祥子不能再听这些闲盘儿。（第十一章）

祥子见到高妈后，对于被孙侦探讹诈的事情无话可说，只好连着说：“你走吧！”祥子好容易找到了一句话，“走吧！”（第十二章）在老程房间，祥子叫醒老程，当着他的面清点自己的“财物”，说了数次“你醒明白了？”（第十二章）被讹之后，祥子还能够为他人着想，还特别在意自己的清白。

和虎妞结婚后，祥子一再说“商量商量”，一再说“不愿意闲着”，一再说“买车”和“拉车”，以拉车为例：

> “我不会！赚不着钱！我会拉车，我爱拉车！”祥子头上的筋都跳了起来。
>
> “拉车去了！”他似睡似醒的说，嗓子里仿佛堵着点什么。
>
> 祥子真挂了火，他不能还不说出心中的话，不能再忍：“拉车，买上自己的车，谁拦着我，我就走，永不回来了！”
>
> “老头要咱们，我也还得去拉车！”祥子愿把话说到了家。

（四）尽情倾诉

最后，我们必须关注祥子想要“四起”时对曹先生的尽情倾诉。祥子倾诉的愿望不止一次，从杨宅辞工后见到虎妞，“自己素来不大爱说话，可是今天似乎有千言万语在心中憋闷着，非说说不痛快”。虎妞死后，祥子见到小福子，“他想跟她说说，想得到一些同情。可是。话太多，他的嘴反倒张不开了”。于是，在整本书中，祥子的尽情倾诉仅有一次，对这一细节，作者做了详尽的描写：

> 祥子的泪要落下来。他不会和别人谈心，因为他的话都是血作的，窝在心的深处。镇静了半天，他想要把那片血变成简单的字，流泻出来。一切都在记忆中，一想便全想起来，他得慢慢的把它们排列好，整理好。他是要说出一部活的历史，虽然不晓得其中的意义，可是那一串委屈是真切的，清楚的。
>
> 曹先生看出他正在思索，轻轻的坐下，等着他说。
>
> 祥子低着头愣了好大半天，忽然抬头看看曹先生，仿佛若是找不到个人听他说，就不说也好似的。
>
> “说吧！”曹先生点了点头。
>
> 祥子开始说过去的事，从怎么由乡间到城里说起。本来不想说这些没用的事，可是不说这些，心中不能痛快，事情也显着不齐全。他的记忆是血汗与苦痛砌成的，不能随便说着玩，一说起来也不愿掐头去尾。每一滴汗，每一滴血，都是由生命中流出去的，所以每一件事都有值得说的价值。
>
> 进城来，他怎样做苦工，然后怎样改行去拉车。怎样攒钱买上车，怎样丢了……一直说到他现在的情形。连他自己也觉着奇怪，为什么他能说得这么长，而且说得这么畅快。事情，一件挨着一件，全像由心中跳出来。事情自己似乎会找到

相当的字眼，一句挨着一句，每一句都是实在的，可爱的，可悲的。他的心不能禁止那些事往外走，他的话也就没法停住。没有一点迟疑，混乱，他好像要一口气把整个的心都拿出来。越说越痛快，忘了自己，因为自己已包在那些话中，每句话中都有他，那要强的，委屈的，辛苦的，堕落的，他。说完，他头上见了汗，心中空了，空得舒服，像晕倒过去而出了凉汗那么空虚舒服。（第二十二章）

是的，祥子确实说出了一部活的历史，对口齿笨拙的祥子来说，他所经历的种种事情仿佛是自己找到了恰当的字眼，组成完整的语句，自己从祥子的嘴里往外走。

本来他以为自己“对曹先生说了真实的话，他将要对小福子说些更知心的话，跟谁也不能说的话都可以对她说”，但“他不能仅为自己的吃喝努力，他必须把她从那间小屋救拔出来，而后与他一同住在一间干净暖和的屋里，像一对小鸟似的那么快活，体面，亲热”只是虚幻的空想，“他又恢复了他的静默寡言。一声不出的，他吃，他喝，他掏坏。言语是人类彼此交换意见与传达感情的，他没了意见，没了希望，说话干吗呢?”

在彻底的静默中，悲剧徐徐落幕。

综上，祥子在书中的无语与有言可用表 2－1 表示，而祥子的经历和情感、追求和退却、抗争和失落，均在以下无语与有言的特别方式中，进行着他特别的表达。

表 2－1　祥子的无语与有言

无语	有言
无话可说	被动表达
无言以对	主动发话
难言之隐	来回重复
欲言又止	尽情倾诉

第二节　无定与有止——特定的处所

研究文本的社会环境，人物的处所无疑是最好的抓手，因为时空大环境中的社会环境往往比较浩大空茫，而处所作为时空大环境的投影和折射，真实而又真切地反映着社会环境，既是社会环境的重要内容，也是时空大环境的镜子。

《骆驼祥子》中的祥子在北平务工七年，一直过着居无定所的生活。前三年，他在人和车厂和宅门交替居住：“因为没有家小，他一向是住在车厂里，虽然并不永远拉厂子里的车。”买上新车之后的半年，情况也基本如此：“祥子找到了包月，就去住宅门；掉了事而又去拉散座，便住在人和厂。”故此，祥子从军营逃出来后，自然也是往人和车厂去：“他的铺盖还在西安门大街人和车厂呢，自然他想奔那里去。”

后三年里的头一年，祥子还是在人和车厂和宅门之间轮流居住，书中写到的宅门有杨宅和曹宅。第二年，祥子先在虎妞的安排下，到冯先生的天顺煤厂短暂过渡。和虎妞结婚以后，他们在大杂院的两间小屋里安了家，从正月初六到年底虎妞死去的差不多一年时间，祥子在这里过着相对稳定却十分痛苦的生活。第三年，祥子在新车厂和宅门（夏宅）之间轮流居住，间或还到白房子栖身。年底时祥子本来打算投奔曹先生，再一次奋起，但终究还是被命运摁倒在底层。这种情况一直稀里糊涂地持续到第四年的秋季，“入了秋，祥子的病已不允许他再拉车，祥子的信用已丧失得赁不出车来。他作了小店的照顾主儿”。具体处所转换参见图 2－2。

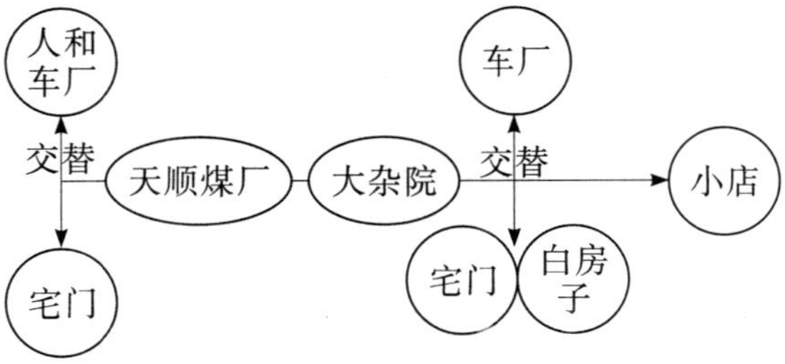

图 2－2　祥子的处所小环境图

如此，人和车厂、宅门、大杂院和白房子是祥子在北平城里的栖止之所，加上茶馆和车口等公共区域，一起构成时空大背景之下祥子的处所小环境。在老舍的笔下，祥子的栖所是怎样的面貌呢？我们不妨一一看来。

一、人和车厂

人和车厂位于西安门大街，车厂有六十多辆车，至坏的也是七八成新的，老板刘四爷不存破车，显然是个很要强的人。刘四爷虽然是个已快七十岁的老人了，但他是个有“字号”的人，人和车厂也是洋车界的权威。在祥子心目中，他就是最体面的人物黄天霸。请看书中对他的描写和介绍：

他的模样：

> 刘四爷是虎相。快七十了，腰板不弯，拿起腿还走个十里二十里的。两只大圆眼，大鼻头，方嘴，一对大虎牙，一张口就像个老虎。个子几乎与祥子一边儿高，头剃得很亮，没留胡子。

他的经历：

> 年轻的时候他当过库兵，设过赌场，买卖过人口，放过阎王账。干这些营生所应有的资格与本领——力气，心路，手段，交际，字号等等——刘四爷都有。在前清的时候，打过群架，抢过良家妇女，跪过铁索。跪上铁索，刘四并没皱一皱眉，

没说一个饶命。官司教他硬挺了过来，这叫作“字号”。出了狱，恰巧入了民国，巡警的势力越来越大，刘四爷看出地面上的英雄已成了过去的事儿，即使李逵武松再世也不会有多少机会了。他开了个洋车厂子。

他管理车厂的本事：

土混混出身，他晓得怎样对付穷人，什么时候该紧一把儿，哪里该松一步儿，他有善于调动的天才。车夫们没有敢跟他耍骨头的。他一瞪眼，和他哈哈一笑，能把人弄得迷迷忽忽的，仿佛一脚蹬在天堂，一脚蹬在地狱，只好听他摆弄。……车租，他的比别家的大，可是到三节他比别家多放着两天的份儿。人和厂有地方住，拉他的车的光棍儿，都可以白住——可是得交上车份儿，交不上账而和他苦腻的，他扣下铺盖，把人当个破水壶似的扔出门外。大家若是有个急事急病，只须告诉他一声，他不含忽，水里火里他都热心的帮忙，这叫作“字号”。(第四章)

对人和车厂的环境，作者在第六章中做了描写：

人和厂的前脸是三间铺面房，当中的一间作为柜房，只许车夫们进来交账或交涉事情，并不准随便来回打穿堂儿，因为东间与西间是刘家父女的卧室。西间的旁边有一个车门，两扇绿漆大门，上面弯着一根粗铁条，悬着一盏极亮的，没有罩子的电灯，灯下横悬着铁片涂金的四个字——“人和车厂”。车夫们出车收车和随时来往都走这个门。门上的漆深绿，配着上面的金字，都被那只白亮亮的电灯照得发光；出来进去的又都是漂亮的车，黑漆的黄漆的都一样的油汪汪发光，配着雪白的垫套，连车夫们都感到一些骄傲，仿佛都自居为车夫中的贵族。由大门进去，拐过前脸的西间，才是个四四方方的大院子，中间有棵老槐。东西房全是敞脸的，是存车的所在；南房和南房后面小院里的几间小屋，全是车夫的宿舍。

人和车厂三间铺面房的西间，是虎妞的卧室。虎妞是个三十七八岁的老姑娘，她长得跟刘四爷一样虎头虎脑的，在帮助父亲办事方面是一把好手。

对待祥子，人和车厂十分优待，祥子即使“不拉刘四爷的车”，也“能住在人和厂”，以至于“有人猜测，祥子必和刘老头子是亲戚；更有人说，刘老头子大概是看上了祥子，而想给虎妞弄个招门纳婿的‘小人’”。

实际上，刘四爷并没有这样的打算，这一点虎妞看得很清楚，所以她对祥子说：“他是拴车的，你是拉车的，他不肯往下走亲戚。”“其实呢，刘老头子的优待祥子是另有笔账儿。……在车厂子里，他不闲着，把汗一落下去，他就找点事儿作。他去擦车，打气，晒雨布，抹油……用不着谁支使，他自己愿意干，干得高高兴兴，仿佛是一种极好的娱乐。厂子里靠常总住着二十来个车夫；收了车，大家不是坐着闲谈，便是蒙头大睡；祥子，只有祥子的手不闲着。初上来，大家以为他是向刘四爷献殷勤，狗事巴结人；过了几天，他们看出来他一点没有卖好讨俏的意思，他是那么真诚自然，也就无话可说了。

刘老头子没有夸奖过他一句，没有格外多看过他一眼；老头子心里有数儿。他晓得祥子是把好手，即使不拉他的车，他也还愿意祥子在厂子里。”

而虎妞与刘四爷不同，她是真的看上了祥子这个傻大个儿。“她说什么，祥子老用心听着，不和她争辩；别的车夫，因为受尽苦楚，说话总是横着来；她一点不怕他们，可是也不愿多搭理他们；她的话，所以，都留给祥子听。”

虎妞为什么喜欢祥子？其间的原因不难揣测。一是祥子年轻力壮身体好，能满足她膨胀的身体欲望。二是祥子老实本分好欺负，能任由她来控制。三是祥子能吃苦耐劳，又要强有心气，能帮上她很多忙。

刘四爷为什么不愿意成全虎妞和祥子？其间的原因也不难揣测。一方面是自私自利地为自己打算：“想想看吧，本来就没有儿子，不能火火炽炽的凑起个家庭来；姑娘再跟人一走！自己一辈子算是白费了心机！祥子的确不错，但是提到儿婿两当，还差得多呢；一个臭拉车的！自己奔波了一辈子，打过群架，跪过铁索，临完教个乡下脑袋连女儿带产业全搬了走？没那个便宜事！就是有，也甭想由刘四这儿得到！刘四自幼便是放屁崩坑儿的人！”另一方面是看不上祥子：“我不能都便宜了个臭拉车的！”

“我是干什么的，你也不打听打听！”“我往外掏坏的时候还没有你呢，哼！”刘四的自私和狠毒从这些话语中可见一斑。

如此一来，我们不难发现，作为祥子暂时性住处的人和车厂，是一个不折不扣的金钱追逐之所，是利益的集散之地。在有利可图的时候，人和车厂可以向祥子敞开大门，为祥子提供栖身之所；在无利可图，或者说，在威胁到刘四爷的利益的时候，刘四爷不仅二话不说地向祥子关闭车厂大门，甚至无情无义地把女儿赶出了大门。最后，刘四爷变卖资产，带着钱去四处享乐，更可见金钱、利益、享乐主义的人生态度是如何异化父女关系，异化人伦亲情。

综上，人和车厂这一处所小环境能够给我们以下两方面的启示：一是祥子的梦想是拼命拉车挣钱，省吃俭用攒钱，能够买回一辆又一辆车，最后能够像刘四爷一样开车厂。然而，从刘四爷身上，我们能够看出，在那个时代，在那种人们期待发邪财的社会环境中，一个什么样的人才能够当上车厂老板。勤苦如祥子，朴实如祥子，当车厂老板的梦想不可能实现。二是对利益的追逐、对社会等级的关注大于对子女幸福的关注，这种畸变和异化的家庭关系正是畸变和异化的时代的产物。

二、宅门

祥子正月初六和虎妞结婚后，虎妞一直不允许祥子拉车，“不许祥子有任何主张”。闲到元宵节，祥子没法再忍下去，决定“不吃她的好东西，也就不伺候着她玩。他决定这么办，不能再让步；她愿出钱买车呢，好；她不愿意，他会去赁车拉。一声没出，他想好就去赁车了”。正月十七那天，祥子开始去拉车，一个同伴自言自语地说了这番话，“混他妈的一辈子，连个媳妇都摸不着！人家他妈的宅门里，一人搂着四五个娘们！”

是的，宅门是上等社会的住所，是车夫们理想的工作之所。

祥子自开始拉车，就希望能够到宅门拉包月。前三年，“包车确是拉上了，而且谨慎小心的看着事情；不幸，世上的事并不是一面儿的。他自管小心他的，东家并不因此就不辞他”。后三年，他到过三个宅门：杨宅、曹宅和夏宅，也都碰上了各种各样不顺心的事情。

第五章，祥子到杨宅拉包月，只干了四天就愤然辞工。

杨宅的情况十分复杂：

杨先生是上海人，杨太太是天津人，杨二太太是苏州人。一位先生，两位太太，南腔北调的生了不知有多少孩子。

杨宅的工作任务十分繁重：

一清早，大太太坐车上市去买菜。回来，分头送少爷小姐们上学，有上初中的，有上小学的，有上幼稚园的，学校不同，年纪不同，长相不同，可是都一样的讨厌，特别是坐在车上，至老实的也比猴子多着两手儿。把孩子们都送走，杨先生上衙门。送到衙门，赶紧回来，拉二太太上东安市场或去看亲友。回来，接学生回家吃午饭。吃完，再送走。

不仅如此，祥子还要完成拉车这一本职工作之外的任务：

送学生回来，祥子以为可以吃饭了，大太太扯着天津腔，叫他去挑水。杨宅的甜水有人送，洗衣裳的苦水归车夫去挑。这个工作在条件之外，祥子为对付事情，没敢争论，一声没响的给挑满了缸。放下水桶，刚要去端饭碗，二太太叫他去给买东西。……买东西回来，大太太叫他打扫院子。杨宅的先生，太太，二太太，当出门的时候都打扮得极漂亮，可是屋里院里整个的像个大垃圾堆。祥子看着院子直犯恶心，所以只顾了去打扫，而忘了车夫并不兼管打杂儿。院子打扫清爽，二太太叫他顺手儿也给屋中扫一扫。祥子也没驳回，使他惊异的倒是凭两位太太的体面漂亮，怎能屋里脏得下不去脚！把屋子也收拾利落了，二太太把个刚到一周岁的小泥鬼交给了他。他没了办法。卖力气的事儿他都在行，他可是没抱过孩子。他双手托着这位小少爷，不使劲吧，怕滑溜下去，用力吧，又怕给伤了筋骨，他出了汗。他想把这个宝贝去交给张妈——一个江北的大脚婆子。找到她，劈面就被她骂了顿好的。

杨宅对下人极其刻薄：

大太太和二太太一向是不和的，可是在家政上，二位的政见倒一致，其中的一项是不准仆人闲一会儿，另一项是不肯看仆人吃饭。……杨宅用人，向来是三五天一换的，先生与太太们总以为仆人就是家奴，非把穷人的命要了，不足以对得起那点工钱。……一进他那间小屋，他心中一凉，又不困了。一间门房，开了两个门，中间隔着一层木板。张妈住一边，他住一边。屋中没有灯，靠街的墙上有个二尺来宽的小窗户，恰好在一只街灯底下，给屋里一点亮。屋里又潮又臭，地上的土有个铜板厚，靠墙放着份铺板，没有别的东西。他摸了摸床板，知道他要是把头放下，就得把脚蹬在墙上；把脚放平，就得半坐起来。他不会睡元宝式的觉。想了半天，他把铺板往斜里拉好，这样两头对着屋角，他就可以把头放平，腿奄拉着点先将就一夜。

更不顺心的是，杨宅一家人极其粗蛮，动辄骂成一团，而祥子“最忌讳随便骂街”。刚开始，祥子误以为头一天是恰巧赶上宅里这么忙，于是自己掏腰包买了几个烧饼吃。“过了两天，祥子的心已经凉到底”。第四天，家里来了女客，祥子多了很多活计，他误以为可以得到赏钱，却看出大太太的小气精明。于是，他愤怒地辞工离去。

第二十章，祥子到夏宅拉包月，从“快到立秋”干到“菊华下市的时候”，却因和夏太太发生私情而离开。

夏宅的主人姓夏，五十多岁，知书明礼，家里有太太和十二个儿女。夏宅是夏先生为新近偷娶的姨太太安置的小家庭，因为“不敢让家中知道，所以特意的挑个僻静地方另组织了个小家庭”“在雍和宫附近的这个小家庭，只有夏先生和新娶的姨太太；此外还有一个女仆，一个车夫——就是祥子”。

夏宅的院子不大，“几乎两三笤帚就由这头扫到那头，非常的省事”。夏宅的工作不多，“夏先生早晨到衙门去办公，下午五点才回来，祥子只须一送一接；回到家，夏先生就不再出去，好像避难似的。夏太太倒常出去，可是总在四点左右就回来，好让祥子去接夏先生——接回他来，祥子一天的工作就算交代了。再说，夏太太所去的地方不过是东安市场与中山公园什么的，拉到之后，还有很大的休息时间。这点事儿，祥子闹着玩似的就都作了”。因此，祥子很喜欢这个事。

遗憾的是，“夏先生的手很紧，一个小钱也不肯轻易撒手”“夏先生一生的使命似乎就是鞠躬尽瘁的把所有的精力与金钱全敬献给姨太太；此外，他没有任何生活与享受。他的钱必须借着姨太太的手才会出去，他自己不会花，更说不到给人——据说，他的原配夫人与十二个儿女住在保定，有时候连着四五个月得不到他的一个小钱”。

祥子很讨厌这位气质猥琐、不通人情的夏先生，也不喜欢夏太太，甚至还有些怕她，“仿佛她身上带着他所尝受过的一切女性的厉害与毒恶。他简直不敢正眼看她”。

在祥子眼中，夏太太虽然跟小福子差不多的年纪，却跟虎妞一样的习性和做派。夏先生要靠着壮阳药才能满足夏太太的淫欲。一天，“她很快的转过身来，向他一笑。祥子忽然在这个笑容中看见了虎妞，一个年轻而美艳的虎妞。他木在了那里。他的胆气，希望，恐惧，小心，都没有了，只剩下可以大可以小的一口热气，撑着他的全体。这口气使他进就进，退便退，他已没有主张”。

在夏宅，他还想到了曾经拉过包月的其他宅门故事，“他这才明白过来，先前在一个宅门里拉车，老爷的三姨太太和大少爷不甚清楚，经老爷发觉了以后，大少爷怎么几乎把老爷给毒死；他先前以为大少爷太年轻不懂事，现在他才明白过来那个老爷怎么该死”。

第七章，祥子到曾经工作过的曹宅拉包月，“曹宅是在他所混过的宅门里，顶可爱的”。从初秋到冬天的祭灶日，祥子找到了“沙漠中的小绿洲”，虽然被虎妞纠缠，但还是努力地向着买车的目标往前奔。可惜，一次意外的被跟踪和被讹诈改变了这一切。

曹宅的情况很简单，“家中人口不多，只有一位太太，和一个小男孩”。

曹宅对下人非常友好，“曹先生与曹太太都非常的和气，拿谁也当个人对待”“曹宅处处很干净，连下房也是如此；曹宅的饭食不苦，而且绝不给下人臭东西吃”。

其实，曹宅的工钱并不比别处多，除了三节的赏钱也没有很多零钱，但吃住都合适，工作又不累，“祥子，连祥子，也不肯专在钱上站着了”。毕竟，“在这里，他觉出点人味儿”。

在祥子心目中，曹先生就是孔圣人，曹宅就是一个奇迹。其实，在作者看来，“曹先生并不怎么高明”，只不过“按着自己的理想来布置自己的工作与家庭；虽然无补于社会，可是至少也愿言行一致，不落个假冒为善”“他的家庭是沙漠中的一个小绿洲，只能供给来到此地的一些清水与食物，没有更大的意义”。

综上，杨宅让我们看到了不合理的婚姻制度下畸变的家庭生活和不平等的社会制度下扭曲的人际关系。夏宅让我们看到了藏在一个“知书明礼”的人背后腐朽糜烂的生活方式。而曹先生，一个着力于建设美好家庭、追求美好社会的人却被告发、被跟踪，一方面让我们看到一个有志于革命事业的年轻人内心深处的阴暗面积之大、行为选择的破坏性之强，另一方面也折射出那个时代的政治高压和人性黑暗。

三、大杂院

大杂院，顾名思义，就是“大而杂的院子”。在北平城，大杂院是底层老百姓的居住之地。在《骆驼祥子》的第七章，祥子想要摆脱虎妞的纠缠，曾经想过“马上就去娶亲，这样必定能够断了虎妞的念头”“可是凭着拉车怎能养家呢？他晓得大杂院中的苦哥儿们，男的拉车，女的缝穷，孩子们捡煤核，夏天在土堆上拾西瓜皮啃，冬天全去赶粥厂”。而祥子是一个对生活有梦想、对人生有追求的人，他“不能受这个”。

然而，祥子没能摆脱虎妞的纠缠，更讽刺的是，跟虎妞结婚之后，他还住进了大杂院：

虎妞在毛家湾一个大杂院里租到两间小北房；马上找了裱糊匠糊得四白落地；

求冯先生给写了几个喜字，贴在屋中。……屋里，摆着虎妞原有的桌椅与床；火炉与菜案却是新的；屋角里插着把五色鸡毛的掸子。他认识那些桌椅，可是对火炉，菜案，与鸡毛掸子，又觉得生疏。新旧的器物合在一处，使他想起过去，又担心将来。（第十五章）

祥子新家所在的大杂院是怎么样的呢？从冬天到春天，再到夏天，作者对祥子所住的大杂院做了详尽的介绍。

冬天：

大杂院里有七八户人家，多数的都住着一间房；一间房里有的住着老少七八户。这些人有的拉车，有的作小买卖，有的当巡警，有的当仆人。各人有各人的事，谁也没个空闲，连小孩子们也都提着小筐，早晨去打粥，下午去拾煤核。只有那顶小的孩子才把屁股冻得通红的在院里玩耍或打架。炉灰尘土脏水就都倒在院中，没人顾得去打扫，院子当中间儿冻满了冰，大孩子拾煤核回来拿这当作冰场，嚷闹着打冰出溜玩。顶苦的是那些老人与妇女。老人们无衣无食，躺在冰凉的炕上，干等着年轻的挣来一点钱，好喝碗粥，年轻卖力气的也许挣得来钱，也许空手回来，回来还要发脾气，找着缝儿吵嘴。老人们空着肚子得拿眼泪当作水，咽到肚中去。那些妇人们，既得顾着老的，又得顾着小的，还得敷衍年轻挣钱的男人。她们怀着孕也得照常操作，只吃着窝窝头与白薯粥；不，不但要照常工作，还得去打粥，兜揽些活计——幸而老少都吃饱了躺下，她们得抱着个小煤油灯给人家洗，作，缝缝补补。屋子是那么小，墙是那么破，冷风从这面的墙缝钻进来，一直的从那面出去，把所有的一点暖气都带了走。她们的身上只挂着些破布，肚子盛着一碗或半碗粥，或者还有个六七个月的胎。她们得工作，得先尽着老的少的吃饱。她们浑身都是病，不到三十岁已脱了头发，可是一时一刻不能闲着，从病中走到死亡；死了，棺材得去向“善人”们募化。那些姑娘们，十六七岁了，没有裤子，只能围着块什么破东西在屋中——天然的监狱——帮着母亲做事，赶活。要到茅房去，她们得看准了院中无人才敢贼也似的往外跑；一冬天，她们没有见过太阳与青天。那长得丑的，将来承袭她们妈妈的一切；那长得有个模样的，连自己也知道，早晚是被父母卖出，“享福去”！（第十六章）

春天：

春已有了消息，树枝上的鳞苞已显着红肥。但在这个大杂院里，春并不先到枝头上，这里没有一棵花木。……杂院里的人们，四时都有苦恼。那老人们现在才敢出来晒晒暖；年轻的姑娘们到现在才把鼻尖上的煤污减去一点，露出点红黄的皮肤来；那些妇女们才敢不甚惭愧的把孩子们赶到院中去玩玩；那些小孩子们才敢扯着张破纸当风筝，随意的在院中跑，而不至把小黑手儿冻得裂开几道口子。但是，粥厂停了锅，放赈的停了米，行善的停止了放钱；把苦人们仿佛都交给了春风与春光！正是春麦刚绿如小草，陈粮缺欠的时候，粮米照例的涨了价钱。天又加长，连老人们也不能老早的就躺下，去用梦欺骗着饥肠。春到了人间，在这大杂院里只增多了困难。长老了的虱子——特别的厉害——有时爬到老人或小儿的棉花疙瘩外，领略一点春光！（第十七章）

夏天：

到了六月，大杂院里在白天简直没什么人声。……孩子都出去，男人也都出去，妇女们都赤了背在屋中，谁也不肯出来；不是怕难看，而是因为院中的地已经晒得烫脚。……直到太阳快落，男人与孩子们才陆续的回来，……大家都受了一天的热，红着眼珠，没有好脾气；肚子又饿，更个个急叉白脸。一句话不对路，有的便要打孩子，有的便要打老婆；即使打不起来，也骂个痛快。……那吃不上饭的，当已无处去当，卖已无处去卖——即使有东西可当或卖——因为天色已黑上来。男的不管屋中怎样的热，一头扎在炕上，一声不出，也许大声的叫骂。女的含着泪向大家去通融，不定碰多少钉子，才借到一张二十枚的破纸票。攥着这张宝贝票子，她出去弄点杂合面来，勾一锅粥给大家吃。

杂院里的人们并顾不得欣赏这雨后的晴天。小福子屋的后檐墙塌了一块，姐儿三个忙着把炕席揭起来，堵住窟窿。院墙塌了好几处，大家没工夫去管，只顾了收拾自己的屋角：有的台阶太矮，水已灌到屋中，大家七手八脚的拿着簸箕破碗往外淘水。有的倒了山墙，设法去填堵。有的屋顶漏得像个喷壶，把东西全淋湿，忙着往出搬运，放在炉旁去烤，或搁在窗台上去晒。……房子破，房子可以砸死人，没人管。他们那点钱，只能租这样的屋子；破，危险，都活该！（第十八章）

大杂院的生活刚开始时，虎妞很高兴，因为老姑娘终于结了婚。虎妞还觉得很得意，因为“她是唯一的有吃有穿，不用着急，而且可以走走逛逛的人。她高扬着脸，出来进去，既觉出自己的优越，并且怕别人沾惹她，她不理那群苦人。……她是来享受，她不能，不肯，也不愿，看别人的苦处”。

到了春天，“虎妞看着院中将化的冰，与那些破碎不堪的衣服，闻着那复杂而微有些热气的味道，听着老人们的哀叹与小儿哭叫，心中凉了半截。在冬天，人都躲在屋里，脏东西都冻在冰上；现在，人也出来，东西也显了原形，连碎砖砌的墙都往下落土，似乎预备着到了雨天便塌倒。满院花花绿绿，开着穷恶的花，比冬天要更丑陋着好几倍。哼，单单是在这时候，她觉到她将永远住在此地；她那点钱有花完的时候，而祥子不过是个拉车的”。（第十七章）甚至最后，虎妞死在了“小孩的生与母亲的死已被大家习惯的并为一谈”的大杂院。

综上，在祥子曾经栖居过的几个处所，作者对大杂院着墨最多，因为大杂院集中呈现了穷人的苦难，正如作者所说："一场雨，也许多添几个妓女或小贼，多有些人下到监狱去；大人病了，儿女们作贼作娼也比饿着强！雨下给富人，也下给穷人；下给义人，也下给不义的人。其实，雨并不公道，因为下落在一个没有公道的世界上。"

四、白房子

白房子是北平城的下等妓院，是旧社会的毒疮。卖苦力的车夫不适宜成家过日子，不如"犯了劲上白房子"，明知道可能"长上杨梅大疮"，也只能认命！对此，高个子车夫说得很到位：

> "我告诉你一句真的，干咱们这行儿的，别成家，真的！"看大家都把耳朵递过来，他放小了点声儿："一成家，黑天白日全不闲着，玩完！瞧瞧我的腰，整的，没有一点活软气！还是别跑紧了，一咬牙就咳嗽，心口窝辣蒿蒿的！甭说了，干咱们这行儿的就得他妈的打一辈子光棍儿！连他妈的小家雀儿都一对一对儿的，不许咱们成家！还有一说，成家以后，一年一个孩子，我现在有五个了！全张着嘴等着吃！车份大，粮食贵，买卖苦，有什么法儿呢！不如打一辈子光棍，犯了劲上白房子，长上杨梅大疮，认命！一个人，死了就死了！这玩意儿一成家，连大带小，好几口儿，死了也不能闭眼！"

或许正因为如此，小马儿的祖父说："拉车的壮实小伙子要是有个一两天不到街口上来，你去找吧，不是拉上包月，准在白房子趴着呢；咱们拉车人的姑娘媳妇要是忽然不见了，总有七八成也是上那儿去了。咱们卖汗，咱们的女人卖肉，我明白，我知道！"

前三年，祥子对白房子敬而远之：

> 像他那个岁数的小伙子们，即使有人管着，哪个不偷偷的跑"白房子"？祥子始终不肯随和，一来他自居为要强的人，不能把钱花在娘儿们身上；二来他亲眼得见那些花冤钱的傻子们——有的才十八九岁——在厕所里头顶着墙还撒不出尿来。最后，他必须规规矩矩，才能对得起将来的老婆，因为一旦要娶，就必娶个一清二白的姑娘，所以自己也得像那么回事儿。（第六章）

白房子其实不过是北平西直门外的几间矮屋。因为寻找小福子的缘故，祥子第一次来到这里。借着祥子的眼睛，作者老舍对白房子进行了描画：

> 一出了关厢，马上觉出空旷，树木削瘦的立在路旁，枝上连只鸟也没有。灰色的树木，灰色的土地，灰色的房屋，都静静的立在灰黄色的天下；从这一片灰色望过去，看见那荒寒的西山。铁道北，一片树林，林外几间矮屋，祥子算计着，这大概就是白房子了。看看树林，没有一点动静；再往北看，可以望到万牲园外的一些水地，高低不平的只剩下几棵残蒲败苇。……他大着胆往屋子那边走，屋门上都挂

着草帘子，新挂上的，都黄黄的有些光泽。他听人讲究过，这里的妇人，在夏天，都赤着背，在屋外坐着，招呼着行人。那来照顾她们的，还老远的要唱着窑调，显出自己并不是外行。

屋子里什么也没有，只有那个妇人和一铺小炕，炕上没有席，可是炕里烧着点火，臭气烘烘的非常的难闻。炕上放着条旧被子，被子边儿和炕上的砖一样，都油亮油亮的。（第二十三章）

此后，祥子成了白房子的常客："几乎每次喝醉他必到小福子吊死的树林里去落泪；哭完，他就在白房子里住下。酒醒过来，钱净了手，身上中了病。他并不后悔；假若他也有后悔的时候，他是后悔当初他干吗那么要强，那么谨慎，那么老实。"因为"晚上能有人陪伴着他，使他麻醉，使他不怕，是理想的去处；白房子是这样的理想地方"。

这应该是祥子生命中的最后一个秋季了，"入了秋，祥子的病已不允许他再拉车，祥子的信用已丧失得赁不出车来"。最后，"他作了小店的照顾主儿。夜间，有两个铜板，便可以在店中躺下。白天，他去作些只能使他喝碗粥的劳作"。

在北平漂泊无定、居无定所的祥子，被时代的大潮裹挟着，被社会的黑暗裹挟着，被命运的残酷裹挟着，在车厂、宅门、大杂院、白房子之间流离辗转，让疲惫的身心得到短暂的安顿，让痛苦的精神得到片刻的止歇。这些特定的处所为祥子提供了栖止之所，但终究不是祥子的归处。在这些处所，在这座城市，在这个时代，祥子不过是匆匆过客，却为我们留下了一个永恒的背影。

第三节　无心与有情——特异的自然

一日有晨昏变化，一年有四季流转，大化流行，生生不息，大自然始终按照天道规律在运行。人是自然之子，其生命节律和自然同频共振。人在自然中生活，在改造自然中推进文明的进程，又无时无刻不受到自然的影响。正因为如此，在小说作品中，作家常常通过对自然环境的描写来渲染气氛、烘托心境、暗示情节发展，甚至暗示社会环境，从而突出或深化作品主题。其实，无论是渲染、烘托，还是暗示、深化，环境都是人物活动的舞台或背景，是人物形象的代言或象征。自然本无心，但在人物的经历和命运中，自然不仅有声有色，而且有感有情。法国著名作家维克多·雨果曾说过一句十分精辟的话："自然是善良的慈母，同时也是冷酷的屠夫。"在《骆驼祥子》一书中，自然的无心和有情也在人物的命运中得到了细致而又独到的刻画。

一、流转的四季与恶劣的天气

四季流转，天行有常，这原本是自然规律，然而对于在大自然、在社会底层讨生活的贫苦大众来说，春秋两季和煦但短暂、夏季酷热而多雨、冬季漫长且严寒，在严峻的生存压力下，碰上恶劣的天气，大自然纯然像一个“冷酷的屠夫”，要将底层老百姓置于死地。

（一）春季

春天对祥子来说其实不是一个好季节，因为正是在春季，他连人带车被大兵捉了去。作者虽然没有对春天的景象进行直接描写，但“战争的消息与谣言几乎每年随着春麦一块儿往起长，麦穗与刺刀可以算作北方人的希望与忧惧的象征。祥子的新车刚交半岁的时候，正是麦子需要春雨的时节。春雨不一定顺着人民的盼望而降落，可是战争不管有没有人盼望总会来到”的表达已经交代了事件发生的时间背景。“不大关心战争怎样的毁坏田地，也不大注意春雨的有无”“只关心他的车”的祥子“就是在这个情形下”把车拉出了城，遭遇他进城拉车后的第一次劫难。虽然这只是“三起三落”中的一落，但这一落对他来说，打击是巨大的，留下的心理创伤是深重的。甚至可以说，在这一劫之后，他基本上就一蹶不振、一落到底了。

下一个春天，婚后的祥子好不容易再次买回一辆自己的车，似乎迎来了他生命中的又一个春天，而且，虎妞在一处大杂院里找到并建设了他们的婚房，婚姻固然颇不如意，但好歹安了一个家。“虎妞虽然厉害，但是没了她怎能成个家呢?”更何况，买车的喜悦冲淡了对虎妞的厌憎：“祥子心中很高兴。假若这个主意能实现，他算是又拉上了自己的车。虽然是老婆给买的，可是慢慢的攒钱，自己还能再买车。直到这个时候，他才觉出来虎妞也有点好处，他居然向她笑了笑，一个天真的，发自内心的笑，仿佛把以前的困苦全一笔勾销，而笑着换了个新的世界，像换一件衣服那么容易，痛快!”“过去所受的辛苦，无非为是买上车。现在能再买上，那还有什么可说呢?”令人遗憾的是，虎妞给祥子买的是二强子的二手车，一辆被祥子认为“不吉祥的车”，因为它是“以女儿换来，而因打死老婆才出手的车!”“拉出这辆车去，大家都特别注意，有人竟自管它叫作‘小寡妇’。祥子心里不痛快。他变着法儿不去想它，可是车是一天到晚的跟着自己，他老毛毛咕咕的，似乎不知哪时就要出点岔儿。有时候忽然想起二强子，和二强子的遭遇，他仿佛不是拉着辆车，而是拉着口棺材似的。在这辆车上，他时时看见一些鬼影，仿佛是”。

这是祥子的两个春天，失车和买车，祥子的命运看似得到补偿，获得平衡，但一切都不在他的把握之中，一切都不能自主。“命是自己的，可是教别人管着；教些什么顶混账的东西管着”“他觉得像掉在个陷阱里，手脚而且全被夹子夹住，绝没法儿跑”“他还记得初拉车的时候，模仿着别人，见小巷就钻，为是抄点近儿，而误入了罗圈胡同；绕了个圈儿，又绕回到原处。现在他又入了这样的小胡同，仿佛是：无论走哪一头儿，结果是一样的”。

对于大杂院里的穷苦朋友来说，春天更不是一个好季节。北方的春季很短，用《骆驼祥子》一书的原话来说，就是“北平没有多少春天”。春天有温暖的阳光，“春天的阳光是自然给一切人的衣服”，于是祥子才能“把棉衣卷巴卷巴全卖了”。这原本是多么值得期待的季节啊，大杂院里的“老人们现在才敢出来晒晒暖；年轻的姑娘们到现在才把鼻尖上的煤污减去一点，露出点红黄的皮肤来；那些妇女们才敢不甚惭愧的把孩子们赶到院中去玩玩；那些小孩子们才敢扯着张破纸当风筝，随意的在院中跑，而不至把小黑手儿冻得裂开几道口子”。

然而，阳光并没有把春天的美好带到大杂院，“春已有了消息，树枝上的鳞苞已显着红肥。但在这个大杂院里，春并不先到枝头上，这里没有一棵花木。在这里，春风先把院中那块冰吹得起了些小麻子坑儿，从秽土中吹出一些腥臊的气味，把鸡毛蒜皮与碎纸吹到墙角，打着小小的旋风”。并且，由于春天的到来，“粥厂停了锅，放赈的停了米，行善的停止了放钱；把苦人们仿佛都交给了春风与春光！正是春麦刚绿如小草，陈粮缺欠的时候，粮米照例的涨了价钱”，加上“天又加长，连老人们也不能老早的就躺下，去用梦欺骗着饥肠”。于是，“春到了人间，在这大杂院里只增多了困难”，只有那些“长老了的虱子——特别的厉害——有时爬到老人或小儿的棉花疙瘩外，领略一点春光!”

虎妞怎么样呢？她正月初六搬进这个大杂院，那是冬天，“她可以在炉旁取暖，听着外边的风声，虽然苦闷，可是总还有点‘不出去也好’的自慰”“现在，火炉搬到檐下，在屋里简直无事可作”。于是，借着虎妞的眼睛，我们看到“院里又是那么脏臭，连棵青草也没有”“院中将化的冰，与那些破碎不堪的衣服”，闻到“那复杂而微有些热气的味道”，听到“老人们的哀叹与小儿哭叫”，心也不由跟虎妞一样“凉了半截”。是啊，“在冬天，人都躲在屋里，脏东西都冻在冰上；现在，人出来了，东西也显了原形，连碎砖砌的墙都往下落土，似乎预备着到了雨天便塌倒。满院花花绿绿，开着穷恶的花，比冬天要更丑陋着好几倍”。

在这个春季，作者聚焦大杂院，对穷苦百姓的生活做了细致的描写。到下一个春天，办完了虎妞后事的祥子搬离了大杂院。最后的那个春天，祥子“把棉衣卷巴卷巴全卖了”，因为“他要吃口好的，喝口好的，不必存着冬衣，更根本不预备着再看见冬天；今天快活一天吧，明天就死！管什么冬天不冬天呢！不幸，到了冬天，自己还活着，那就再说吧。原先，他一思索，便想到一辈子的事；现在，他只顾眼前”。

显然，对于祥子和他的穷哥儿们来说，即便是温暖的春天，也如“冷酷的屠夫”一般。

（二）夏季

祥子在初夏逃出军营，逃回北平城，并在城郊的乡下，把从军营里牵出来的三匹骆驼卖给了一个财主。书中对这个初夏的景象没有进行直接描写，但通过财主和祥子的对话，作者交代了这一细节的时间背景：“东也闹兵，西也闹兵，谁敢走啊！在家里拉夏吧，看着就焦心，瞧这些苍蝇！赶明儿天大热起来，再加上蚊子，眼看着好好的牲口活活受罪，真！”“欢蹦乱跳的牲口，一夏天在这儿，准教苍蝇蚊子给拿个半死！”

下一个夏季，祥子在大杂院度过。对于大杂院里的穷人们来说，夏季理应要好过很多。然而，在老舍的笔下，大杂院里穷人们的夏季生活也十分艰苦，“到了六月，大杂院里在白天简直没什么人声。孩子们抓早儿提着破筐去拾所能拾到的东西；到了九点，毒花花的太阳已要将他们的瘦脊背晒裂，只好拿回来所拾得的东西，吃些大人所能给他们的食物”“孩子都出去，男人也都出去，妇女们都赤了背在屋中，谁也不肯出来；不是怕难看，而是因为院中的地已经晒得烫脚”“直到太阳快落，男人与孩子们才陆续的回来，这时候院中有了墙影与一些凉风，而屋里圈着一天的热气，像些火笼”“大家都受了一天的热，红着眼珠，没有好脾气；肚子又饿，更个个急赤白脸。一句话不对路，有的便要打孩子，有的便要打老婆；即使打不起来，也骂个痛快。这样闹哄，一直到大家都吃过饭”。还有吃不上饭的人家，“男的不管屋中怎样的热，一头扎在炕上，一声不出，也许大声的叫骂。女的含着泪向大家去通融，不定碰多少钉子，才借到一张二十枚的破纸票。攥着这张宝贝票子，她出去弄点杂合面来，勾一锅粥给大家吃”。

一旦碰上和书中六月十五那天一样恶劣的天气，祥子和大杂院同伴们的日子就要受到严峻的考验。一是烈日，“六月十五那天，天热得发了狂。太阳刚一出来，地上已像下了火。一些似云非云，似雾非雾的灰气低低的浮在空中，使人觉得憋气。一点风也没有”。二是暴雨，“云还没铺满了天，地上已经很黑，极亮极热的晴午忽然变成黑夜了似的。风带着雨星，像在地上寻找什么似的，东一头西一头的乱撞。北边远处一个红闪，像把黑云掀开一块，露出一大片血似的。风小了，可是利飕有劲，使人颤抖。一阵这样的风过去，一切都不知怎好似的，连柳树都惊疑不定的等着点什么。又一个闪，正在头上，白亮亮的雨点紧跟着落下来，极硬的砸起许多尘土，土里微带着雨气。大雨点砸在祥子的背上几个，他哆嗦了两下。雨点停了，黑云铺匀了满天。又一阵风，比以前的更厉害，柳枝横着飞，尘土往四下里走，雨道往下落；风，土，雨，混在一处，连成一片，横着竖着都灰茫茫冷飕飕，一切的东西都被裹在里面，辨不清哪是树，哪是地，哪是云，四面八方全乱，全响，全迷糊。风过去了，只剩下直的雨道，扯天扯地的垂落，看不清一条条的，只是那么一片，一阵，地上射起了无数的箭头，房屋上落下万千条瀑布。几分钟，天地已分不开，空中的河往下落，地上的河横流，成了一个灰暗昏黄，有时又白亮亮的，一个水世界”。

对于这一个夏季的烈日和暴雨，作者浓墨重彩地进行了精彩描写，“白亮亮的雨点”“极硬的砸起许多尘土”“直的雨道”“扯天扯地的垂落”“地上射起了无数的箭头，房屋上落下万千条瀑布”。这些句子，这些形象，这些画面，会在读者心里留下强烈的印象。不仅是烈日和暴雨，连烈日和暴雨之间的风，作者都写得极其细腻、极有层次感。

先是一点凉风：

刚走了几步，他觉到一点凉风，就像在极热的屋里由门缝进来一点凉气似的。他不敢相信自己；看看路旁的柳枝，的确是微微的动了两下。街上突然加多了人，铺户中的人争着往外跑，都攥着把蒲扇遮着头，四下里找："有了凉风！有了凉风！凉风下来了！"大家几乎要跳起来嚷着。路旁的柳树忽然变成了天使似的，传达着上天的消息："柳条儿动了！老天爷，多赏点凉风吧！"

接着是一阵大风：

几阵凉风过去，阳光不那么强了，一阵亮，一阵稍暗，仿佛有片飞沙在上面浮动似的。风忽然大起来，那半天没有动作的柳条像猛的得到什么可喜的事，飘洒的摇摆，枝条都像长出一截儿来。一阵风过去，天暗起来，灰尘全飞到半空。尘土落下一些，北面的天边见了墨似的乌云。

然后是一阵疾风：

又是一阵风，黑云滚似的已遮黑半边天。地上的热气与凉风搀和起来，夹杂着腥臊的干土，似凉又热；南边的半个天响晴白日，北边的半个天乌云如墨，仿佛有什么大难来临，一切都惊慌失措。车夫急着上雨布，铺户忙着收幌子，小贩们慌手忙脚的收拾摊子，行路的加紧往前奔。又一阵风。风过去，街上的幌子，小摊，与行人，仿佛都被风卷了走，全不见了，只剩下柳枝随着风狂舞。

"拿冬与夏相比"，祥子原本"总以为冬天更可怕"，然而，祥子婚后身体逐渐变得虚弱，"他没想到过夏天这么难受。在城里过了不止一夏了，他不记得这么热过"。经历了惨烈的日和暴虐的雨之后，"祥子病了。大杂院里的病人并不止于他一个"。毕竟雨看似公道地"下给富人，也下给穷人；下给义人，也下给不义的人"，但"其实，雨并不公道，因为下落在一个没有公道的世界上"。

对于"雨的并不公道"，作者巧妙地对清新、美丽的自然景象和脏污、丑陋的现实图景进行描写，在强烈的对比中给读者巨大的视觉冲击和心灵冲击：

到四点多钟，黑云开始显出疲乏来，绵软无力的打着不甚红的闪。一会儿，西边的云裂开，黑的云峰镶上金黄的边，一些白汽在云下奔走；闪都到南边去，曳着几声不甚响亮的雷。又待了一会儿，西边的云缝露出来阳光，把带着雨水的树叶照成一片金绿。东边天上挂着一双七色的虹，两头插在黑云里，桥背顶着一块青天。虹不久消散了，天上已没有一块黑云，洗过了的蓝空与洗过了的一切，像由黑暗里刚生出一个新的，清凉的，美丽的世界。连大杂院里的水坑上也来了几个各色的蜻蜓。可是，除了孩子们赤着脚追逐那些蜻蜓，杂院里的人们并顾不得欣赏这雨后的晴天。小福子屋的后檐墙塌了一块，姐儿三个忙着把炕席揭起来，堵住窟窿。院墙塌了好几处，大家没工夫去管，只顾了收拾自己的屋角：有的台阶太矮，水已灌到屋中，大家七手八脚的拿着簸箕破碗往外淘水。有的倒了山墙，设法去填堵。有的屋顶漏得像个喷壶，把东西全淋湿，忙着往出搬运，放在炉旁去烤，或搁在窗台上去晒。

再下一个夏季，经历了三起三落之后的祥子性情已然大变：

他的神气很像风暴后的树，静静的立在阳光里，一点不敢再动。原先他就不喜欢说话，现在更不爱开口了。天已很暖，柳枝上已挂满嫩叶，他有时候向阳放着车，低着头自言自语的嘴微动着，有时候仰面承受着阳光，打个小盹；除了必须开口，他简直的不大和人家过话。

到了作品的最后一章，作者再一次写到夏初的景象，描相又描魂、画皮又画骨地书写了“到处好玩，到处热闹，到处有声有色”的夏初的北平城：

天这么一热，似乎把故都的春梦唤醒，到处可以游玩，人人想起点事作，温度催着花草果木与人间享乐一齐往上增长。

夏初的一阵暴热像一道神符，使这老城处处带着魔力。它不管死亡，不管祸患，不管困苦，到时候它就施展出它的力量，把百万的人心都催眠过去，作梦似的唱着它的赞美诗。它污浊，它美丽，它衰老，它活泼，它杂乱，它安闲，它可爱，它是伟大的夏初的北平。

而祥子“在这么热闹的时节”，却是“独自低着头在德胜门城根慢慢的走”，准备到白房子去花掉他出卖阮明换来的六十块钱。“走到了西城根，他加紧了脚步，一条偷吃了东西的狗似的，他溜出了西直门。晚上能有人陪伴着他，使他麻醉，使他不怕，是理想的去处；白房子是这样的理想地方”，准备让自己的灵魂随着身体“一齐烂化在泥土中”。

就这样，夏季以它的酷烈和暴虐，成为祥子和他的穷哥儿们生活中“冷酷的屠夫”。

（三）秋季

对于祥子来说，秋季也许是个美好的季节。一是在进城务工三年后的一个初秋，他登上了人生的巅峰——买回了他梦寐以求的第一辆车。买车之于他人生的重要性是不言而喻的，以至于他把买车的日子当作了他的生日：“他忽然想起来，今年是二十二岁。因为父母死得早，他忘了生日是在哪一天。自从到城里来，他没过一次生日。好吧，今天买上了新车，就算是生日吧，人的也是车的，好记，而且车既是自己的心血，简直没什么不可以把人与车算在一块的地方。”这是一种难得的美好感受。此处，作者没有对时令进行描写，不过第七章在曹宅拉包月的祥子有一段心理活动：“一年多了，他现在什么也没有，只有要不出来的三十多块钱，和一些缠绕！他越想越不高兴。”就是在这一段心理活动中，作者巧妙地透露了祥子买车的季候："他自己的那辆车是去年秋初买的。"二是冬日或秋月下的乡间生活代表着他对美好生活的回忆和想象。书中，曹宅的安宁生活让祥子吐露心声："当在乡间的时候，他常看到老人们在冬日或秋月下，叼着竹管烟袋一声不响的坐着，他虽年岁还小，不能学这些老人，可是他爱看他们这样静静的坐着，必是——他揣摩着——有点什么滋味。现在，他虽是在城里，可是曹宅的清静足以让他想起乡间来，他真愿抽上个烟袋，咂摸着一点什么滋味。"

然而，生活是复杂的，秋季也是复杂的，并不只有一种感受。相信大家都记得那一个"初秋的夜晚，星光叶影里阵阵的小风"，从杨宅辞工的"祥子抬起头，看着高远的天河，叹了口气""不知道往哪里去好"的祥子"自然是回人和厂"。已是夜深时分，"大概有十一点多了"，他虽年轻力壮，但一向颇能自律，"假若他有了自己的车，生活舒服了一些，而且愿意娶亲的话，他必定到乡下娶个年轻力壮，吃得苦，能洗能作的姑娘。像他那个岁数的小伙子们，即使有人管着，哪个不偷偷的跑'白房子'？祥子始终不肯随和，一来他自居为要强的人，不能把钱花在娘儿们身上；二来他亲眼得见那些花冤钱的傻子们——有的才十八九岁——在厕所里头顶着墙还撒不出尿来。最后，他必须规规矩矩，才能对得起将来的老婆，因为一旦要娶，就必娶个一清二白的姑娘，所以自己也得像那么回事儿。"

但今晚的落寞沮丧，让祥子受到了虎妞的诱惑，明明"觉出在哪儿似乎有些不对的地方"，但"又舍不得出去""她的脸是离他那么近，她的衣裳是那么干净光滑，她的唇是那么红，都使他觉到一种新的刺激。她还是那么老丑，可是比往常添加了一些活力，好似她忽然变成另一个人，还是她，但多了一些什么。他不敢对这点新的什么去详细的思索，一时又不敢随便的接受，可也不忍得拒绝。他的脸红起来。好像为是壮壮自己的胆气，他又喝了口酒。刚才他想对她诉诉委屈，此刻又忘了。红着脸，他不由得多看了她几眼。越看，他心中越乱；她越来越显出他所不明白的那点什么，越来越有一点什么热辣辣的力量传递过来，渐渐的她变成一个抽象的什么东西。他警告着自己，须要小心；可是他又要大胆。他连喝了三盅酒，忘了什么叫作小心。迷迷糊糊的看着她，他不知为什么觉得非常痛快，大胆；极勇敢的要马上抓到一种新的经验与快乐。平日，他有点怕她；现在，她没有一点可怕的地方了。他自己反倒变成了有威严与力气的，似乎能把她当作个猫似的，拿到手中"。于是，他获得了新的经验！遗憾的是，这份经验并不纯然就是快乐，它还带给祥子很大的困扰，一方面，"她把他由乡间带来的那点清凉劲儿毁尽了，他现在成了个偷娘们的人！"另一方面，"不管怎样的愤恨，怎样的讨厌她，她似乎老抓住了他的心，越不愿再想，她越忽然的从他心中跳出来，一个赤裸裸的她，把一切丑陋与美好一下子，整个的都交给了他，像买了一堆破烂那样，碎铜烂铁之中也有一二发光的有色的小物件，使人不忍得拒绝。他没和任何人这样亲密过，虽然是突如其来，虽然是个骗诱，到底这样的关系不能随便的忘记，就是想把它放在一旁，它自自然然会在心中盘绕，像生了根似的”。

第二个秋季，祥子习惯了和虎妞的婚后生活，在烈日和暴雨下拉车得病之后，卧床歇息了两个月之久，直到中秋才再次出车。“半年来的，由秋而冬，他就那么一半对付，一半挣扎，不敢大意，也不敢偷懒，心中憋憋闷闷的，低着头苦奔。”

第三个秋季，祥子到夏宅拉包月，夏太太“虽然长得美，打扮得漂亮，可是他不知为何一看见她便想起虎妞来；她的身上老有些地方像虎妞——不是那些衣服，也不是她的模样，而是一点什么态度或神味，祥子找不到适当的字来形容。只觉得她与虎妞是，用他所能想出的字，一道货。她很年轻，至多也就是二十二三岁，可是她的气派很老到，绝不像个新出嫁的女子，正像虎妞那样永远没有过少女的腼腆与温柔。她烫着头，穿着高跟鞋，衣服裁得正好能帮忙她扭得有棱有角的。连祥子也看得出，她虽然打扮得这样入时，可是她没有一般的太太们所有的气度。但是她又不像是由妓女出身。祥子摸不清她是怎回事。他只觉得她有些可怕，像虎妞那样可怕。不过，虎妞没有她这么年轻，没有她这么美好；所以祥子就更怕她，仿佛她身上带着他所尝受过的一切女性的厉害与毒恶。他简直不敢正眼看她”。

祥子对夏太太动了心思。“这要搁在二年前，祥子绝不敢看她这么两眼。现在，他不大管这个了：一来是经过妇女引诱过的，没法再管束自己。二来是他已经渐渐入了‘车夫’的辙：一般车夫所认为对的，他现在也看着对；自己的努力与克己既然失败，大家的行为一定是有道理的，他非作个‘车夫’不可，不管自己愿意不愿意；与众不同是行不开的。那么，拾个便宜是一般的苦人认为正当的，祥子干吗见便宜不捡着呢？他看了这个娘们两眼，是的，她只是个娘们！假如她愿意呢，祥子没法拒绝。”祥子陷入对奸情的希冀与惧怕中。“忽然希冀，忽然惧怕，他心中像发了疟疾。这比遇上虎妞的时候更加难过；那时候，他什么也不知道，像个初次出来的小蜂落在蛛网上；现在，他知道应当怎样的小心，也知道怎样的大胆，他莫名其妙的要往下淌，又清清楚楚的怕掉下去！”

于是，某一个午后，当她向他转身一笑的时候，“祥子忽然在这个笑容中看见了虎妞，一个年轻而美艳的虎妞。他木在了那里。他的胆气，希望，恐惧，小心，都没有了，只剩下可以大可以小的一口热气，撑着他的全体。这口气使他进就进，退便退，他已没有主张”。事后，祥子拉着铺盖回到厂子里，带着性病。治病花了他十几块钱，还并没有除根，对待自己的身体，祥子已经“全不拿它当作一回事”“病过去之后，他几乎变成另一个人。身量还是那么高，可是那股正气没有了，肩头故意的往前松着些，耷拉着嘴，唇间叼着支烟卷。有时候也把半截烟放在耳朵上夹着，不为那个地方方便，而专为要个飘儿。他还是不大爱说话，可是要张口的时候也勉强的要点俏皮，即使说得不圆满利落，好歹是那么股子劲儿。心里松懈，身态与神气便吊儿郎当”。

最后，“入了秋，祥子的病已不允许他再拉车，祥子的信用已丧失得赁不出车来。他作了小店的照顾主儿”“他等着吸那最后的一口气，他是个还有口气的死鬼，个人主义是他的灵魂。这个灵魂将随着他的身体一齐烂化在泥土中”。

所谓“天凉好个秋”“离人心上秋”，祥子不识字，也没有这份诗情画意，但是秋季带给他的收获转眼成空，留下来的仍然是纠结、缠绕、病痛，是苦难，秋季在他生命中扮演的角色还是“冷酷的屠夫”。

（四）冬季

北平的冬天漫长又严寒，作者在冬天的物候和人事上着墨也最多。回到北平城后的第一个冬季，祥子从曹宅到人和车厂、从人和车厂到天顺煤厂、从天顺煤厂到大杂院，从被虎妞纠缠，到被恶人孙侦探讹诈骗，再到与刘四爷闹翻和同虎妞结婚，经历了非常复杂的人生变故，对此，作者做了十分详尽的描写。不过，对冬天的景致描写，主要集中于祥子在曹宅拉包月期间。从初冬祥子买回存钱的闷葫芦罐，到“天是越来越冷了”“地上初见冰凌，连便道上的土都凝固起来，处处显出干燥，结实，黑土的颜色已微微发些黄，像已把潮气散尽”，再到“街上慢慢有些年下的气象了。在晴明无风的时候，天气虽是干冷，可是路旁增多了颜色：年画，纱灯，红素蜡烛，绢制的头花，大小蜜供，都陈列出来”“年节越来越近了，一晃儿已是腊八”一直写到祭灶当天和次日。其中，用笔最多、描写最见功力的当属风之貌和雪之景。

关于风，想必读者对这一段描写印象深刻：

> 风吹弯了路旁的树木，撕碎了店户的布幌，揭净了墙上的报单，遮昏了太阳，唱着，叫着，吼着，回荡着；忽然直驰，像惊狂了的大精灵，扯天扯地的疾走；忽然慌乱，四面八方的乱卷，像不知怎好而决定乱撞的恶魔；忽然横扫，乘其不备的袭击着地上的一切，扭折了树枝，吹掀了屋瓦，撞断了电线。

当时，虽然“天是越来越冷了”，但“祥子似乎没觉到”，因为他“心中有了一定的主意，眼前便增多了光明；在光明中不会觉得寒冷”。说来有趣，祥子的这份光明不过是因为买回了一个储钱的闷葫芦罐。

天气寒冷，“特别是在一清早，被大车轧起的土棱上镶着几条霜边，小风尖溜溜的把早霞吹散，露出极高极蓝极爽快的天”，而“祥子愿意早早的拉车跑一趟，凉风飕进他的袖口，使他全身像洗冷水澡似的一哆嗦，一痛快”“有时候起了狂风，把他打得出不来气，可是他低着头，咬着牙，向前钻，像一条浮着逆水的大鱼；风越大，他的抵抗也越大，似乎是和狂风决一死战。猛的一股风顶得他透不出气，闭住口，半天，打出一个嗝，仿佛是在水里扎了一个猛子。打出这个嗝，他继续往前奔走，往前冲进，没有任何东西能阻止住这个巨人；他全身的筋肉没有一处松懈，像被蚂蚁围攻的绿虫，全身摇动着抵御。这一身汗！等到放下车，直一直腰，吐出一口长气，抹去嘴角的黄沙，他觉得他是无敌的；看着那裹着灰沙的风从他面前扫过去，他点点头。……他刚从风里出来，风并没能把他怎样了！胜利是祥子的”。

然而，虎妞来找他了。那一夜，“御河的水久已冻好，静静的，灰亮的，坦平的，坚固的，托着那禁城的红墙。禁城内一点声响也没有，那玲珑的角楼，金碧的牌坊，丹朱的城门，景山上的亭阁，都静悄悄的好似听着一些很难再听到的声音。小风吹过，似一种悲叹，轻轻的在楼台殿阁之间穿过，像要道出一点历史的消息”。

关于雪，同样有一段让人难以忘记的描写，先是天上下雪，“天上落着稀疏的雪花”“雪花落了不多，变成了小雪粒，唰唰的轻响，落白了地”，然后是人间染雪，“香光炮影之中夹着密密的小雪，热闹中带出点阴森的气象”，接下来是大地披雪，“坦平的柏油马路上铺着一层薄雪，被街灯照得有点闪眼”“偶尔过来辆汽车，灯光远射，小雪粒在灯光里带着点黄亮，像撒着万颗金砂。快到新华门那一带，路本来极宽，加上薄雪，更教人眼宽神爽，而且一切都仿佛更严肃了些”。故都皇城一派庄严，“‘长安牌楼’，新华门的门楼，南海的红墙，都戴上了素冠，配着朱柱红墙，静静的在灯光下展示着故都的尊严。此时此地，令人感到北平仿佛并没有居民，真是一片琼宫玉宇，只有些老松默默的接着雪花”。

对于穷苦人来说，“冬天，他们整个的是在地狱里，比鬼多了一口活气，而没有鬼那样清闲自在；鬼没有他们这么多的吃累！像条狗似的死在街头，是他们最大的平安自在；冻死鬼，据说，脸上有些笑容！”在曹宅拉包月的祥子认为自己“正在年轻力壮，受得起辛苦，不怕冷，不怕风；晚间有个干净的住处，白天有件整齐的衣裳，所以他觉得自己与他们并不能相提并论”，故而“没工夫为他们忧虑思索”。但很快，祥子就搬进了大杂院，大杂院的“屋子是那么小，墙是那么破，冷风从这面的墙缝钻进来，一直的从那面出去，把所有的一点暖气都带了走”。孕妇们的“身上只挂着些破布，肚子盛着一碗或半碗粥，或者还有个六七个月的胎。她们得工作，得先尽着老的少的吃饱。她们浑身都是病，不到三十岁已脱了头发，可是一时一刻不能闲着，从病中走到死亡；死了，棺材得去向‘善人’们募化”。年轻的“那些姑娘们，十六七岁了，没有裤子，只能围着块什么破东西在屋中——天然的监狱——帮着母亲作事，赶活。要到茅房去，她们得看准了院中无人才敢贼也似的往外跑；一冬天，她们没有见过太阳与青天”。

第二个冬季，虎妞“带着个死孩子，断了气”。第三个冬季，“冬天又来到，从沙漠吹来的黄风一夜的工夫能冻死许多人”，祥子“直到四点多钟，风才完全静止，昏黄的天上透出些夕照的微红”时才“强打精神，把车拉出来”，天黑以后，他终于在鼓楼前“抢着个座儿”，拉的居然是两年不见的刘四爷。意外的相遇莫名激发了祥子的斗志，“他心中痛快，身上轻松，仿佛把自从娶了虎妞之后所有的倒霉一股拢总都喷在刘四爷身上。忘了冷，忘了张罗买卖，他只想往前走，仿佛走到什么地方他必能找回原来的自己，那个无牵无挂，纯洁，要强，处处努力的祥子”“祥子要重打鼓另开张，照旧去努力自强，今天战胜了刘四，永远战胜刘四；刘四的诅咒适足以教祥子更成功，更有希望。一口恶气吐出，祥子从此永远吸着新鲜的空气。看看自己的手脚，祥子不还是很年轻么？

祥子将要永远年轻，叫虎妞死，刘四死，而祥子活着，快活的，要强的，活着——恶人都会遭报，都会死，那抢他车的大兵，不给仆人饭吃的杨太太，欺骗他压迫他的虎妞，轻看他的刘四，诈他钱的孙侦探，愚弄他的陈二奶奶，诱惑他的夏太太……都会死，只有忠诚的祥子活着，永远活着！”第二天，他去往曹宅，倾诉了一切委屈和困苦，安顿好了他和小福子的生活，这时的冬日确乎就像“善良的慈母”。看看作者笔下的这一天，这个时辰：“大概有十一点左右吧，正是冬季一天里最可爱的时候。这一天特别的晴美，蓝天上没有一点云，日光从干凉的空气中射下，使人感到一些爽快的暖气。鸡鸣犬吠，和小贩们的吆喝声，都能传达到很远，隔着街能听到些响亮清脆的声儿，像从天上落下的鹤唳。洋车都打开了布棚，车上的铜活闪着黄光。便道上骆驼缓慢稳当的走着，街心中汽车电车疾驰，地上来往着人马，天上飞着白鸽，整个的老城处处动中有静，乱得痛快，静得痛快，一片声音，万种生活，都覆在晴爽的蓝天下面，到处静静的立着树木。”

事实上，这一幕对祥子来说就如海市蜃楼，实际情况是：小福子死了。在寻找小福子的途中，祥子“一出了关厢，马上觉出空旷，树木削瘦的立在路旁，枝上连只鸟也没有。灰色的树木，灰色的土地，灰色的房屋，都静静的立在灰黄色的天下；从这一片灰色望过去，看见那荒寒的西山”。在祥子得知小福子的死讯后，周围景色更加凄怆，“阳光本来很微弱，松林中就更暗淡。他坐在地上，地上有些干草与松花。什么声音也没有，只有树上的几个山喜鹊扯着长声悲叫”。

冬季到底是冷酷的，春季居然是冷酷的，夏季常常是冷酷的，秋季其实也是冷酷的，正如书中所说：“杂院里的人们，四时都有苦恼。”对于祥子和他的穷邻居来说，流转的四季俱为“冷酷的屠夫”，何况时不时还会碰上那些极度恶劣的天气呢？

二、天上日月星与地下树草花

一年之间，四季流转；一日之内，朝晖夕阴。古语云：“三才者，天地人。三光者，日月星。”人生天地之间，得日月星光照耀，与花草树木同在，“骆驼祥子”自然也不例外。作为自然环境中的重要部分，《骆驼祥子》对天上日月星与地下树草花的描写和呈现也颇值得关注和研究。与大的季候和天象相比，日月星和树草花或许不再是“善良的慈母”或“冷酷的屠夫”，而是心的陪伴，是人的象征。

（一）日月星之光

在《骆驼祥子》中，作者是如何描写日月星的呢？

我们先来看看作者笔下的太阳。

朝阳：

灰天上透出些红色，地与远树显着更黑了；红色渐渐的与灰色融调起来，有的地方成为灰紫的，有的地方特别的红，而大部分的天色是葡萄灰的。又待了一会儿，红中透出明亮的金黄来，各种颜色都露出些光；忽然，一切东西都非常的清楚了。跟着，东方的早霞变成一片深红，头上的天显出蓝色。红霞碎开，金光一道一道的射出，横的是霞，直的是光，在天的东南角织成一部极伟大光华的蛛网：绿的田，树，野草，都由暗绿变为发光的翡翠。老松的干上染上了金红，飞鸟的翅儿闪起金光，一切的东西都带出笑意。

烈日：

阳光也更厉害了许多：没人敢抬头看太阳在哪里，只觉得到处都闪眼，空中，屋顶上，墙壁上，地上，都白亮亮的，白里透着点红；由上至下整个的像一面极大的火镜，每一条光都像火镜的焦点，晒得东西要发火。在这个白光里，每一个颜色都刺目，每一个声响都难听，每一种气味都混含着由地上蒸发出来的腥臭。街上仿佛已没了人，道路好像忽然加宽了许多，空旷而没有一点凉气，白花花的令人害怕。

夕阳：

太阳平西了，河上的老柳歪歪着，梢头挂着点金光。河里没有多少水，可是长着不少的绿藻，像一条油腻的长绿的带子，窄长，深绿，发出些微腥的潮味。河岸北的麦子已吐了芒，矮小枯干，叶上落了一层灰土。河南的荷塘的绿叶细小无力的浮在水面上，叶子左右时时冒起些细碎的小水泡。东边的桥上，来往的人与车过来过去，在斜阳中特别显着匆忙，仿佛都感到暮色将近的一种不安。这些，在祥子的眼中耳中都非常的有趣与可爱。只有这样的小河仿佛才能算是河；这样的树，麦子，荷叶，桥梁，才能算是树，麦子，荷叶与桥梁。因为它们都属于北平。

一直坐到太阳平西，湖上的蒲苇与柳树都挂上些金红的光闪，祥子才立起来，顺着城根往西走。骗钱，他已作惯；出卖人命，这是头一遭。何况他听阮明所说的还十分有理呢？城根的空旷，与城墙的高峻，教他越走越怕。偶尔看见垃圾堆上有几个老鸦，他都想绕着走开，恐怕惊起它们，给他几声不祥的啼叫。

从“带出笑意”的朝阳，“令人害怕”的烈日，或“有趣与可爱”或“不祥”的夕阳可以看出，太阳的光辉和祥子的心情相互呼应、密切相关。

太阳如此，月亮也不例外。

《骆驼祥子》中对月色的描写，集中在虎妞到曹宅找祥子的那一夜：“街上非常的清静，天上有些灰云遮住了月，地上时时有些小风，吹动着残枝枯叶，远处有几声尖锐的猫叫。”“这时，风把灰云吹裂开一块，露出月光，二人已来到街的北头。”“桥上几乎没有了行人，微明的月光冷寂的照着桥左右的两大幅冰场，远处亭阁暗淡的带着些黑影，静静的似冻在湖上，只有顶上的黄瓦闪着点儿微光。树木微动，月色更显得微茫；白塔却高耸到云间，傻白傻白的把一切都带得冷寂萧索，整个的三海在人工的雕琢中显出北地的荒寒。到了桥头上，两面冰上的冷气使祥子哆嗦了一下，他不愿再走。平日，他拉着车过桥，把精神全放在脚下，唯恐出了错，一点也顾不得向左右看。现在，他可以自由的看一眼了，可是他心中觉得这个景色有些可怕：那些灰冷的冰，微动的树影，惨白的高塔，都寂寞的似乎要忽然的狂喊一声，或狂走起来！就是脚下这座大白石桥，也显着异常的空寂，特别的白净，连灯光都有点凄凉。他不愿再走，不愿再看，更不愿再陪着她；他真想一下子跳下去，头朝下，砸破了冰，沉下去，像个死鱼似的冻在冰里。”“灰云又把月光掩住；灯更亮了，桥上分外的白，空，冷。”“风更大了些，天上的灰云已经散开，月很小，散着寒光。”“还是睡不着，掀开被看看，窗纸被院中的月光映得发青，像天要亮的样子。”

月色下灰冷的冰、惨白的塔、黑色的影，无不显示出“北地的荒寒”，这皆因祥子的“整个的生命似乎都立在这点难受上；别的，什么也没有”。

和太阳、月亮相比，星星则是灵动的、活泼的，甚至是顽皮的。

祥子从军营逃出的那夜，“什么响动也没有，只有天上的星伴着自己的心跳”“天是那么黑，心中是那么急，即使他会看看星，调一调方向，他也不敢从容的去这么办；星星们——在他眼中——好似比他还着急，你碰我，我碰你的在黑空中乱动”。

祥子和虎妞发生私情的那一夜，“屋内灭了灯。天上很黑。不时有一两个星刺入了银河，或划进黑暗中，带着发红或发白的光尾，轻飘的或硬挺的，直坠或横扫着，有时也点动着，颤抖着，给天上一些光热的动荡，给黑暗一些闪烁的爆裂。有时一两个星，有时好几个星，同时飞落，使寂静的秋空微颤，使万星一时迷乱起来。有时一个单独的巨星横刺入天角，光尾极长，放射着星花；红，渐黄；在最后的挺进，忽然狂悦似的把天角照白了一条，好像刺开万重的黑暗，透进并逗留一些乳白的光。余光散尽，黑暗似晃动了几下，又包合起来，静静懒懒的群星又复了原位，在秋风上微笑。地上飞着些寻求情侣的秋萤，也作着星样的游戏”。

不同于流转的四季，尤其是四季中那些极其恶劣的天气，可以决定祥子和穷苦大众的生存境遇，可以在他们的生命和生活中扮演“善良的慈母”或“冷酷的屠夫”。日月星往往和祥子同着情感、共着呼吸，它们的哭笑和苦乐，它们在祥子的生命中扮演何种角色，往往由祥子的现实际遇而定。

（二）树草花之喻

花草树木既是自然之子，也是自然环境的一部分，在人们的生活中随处可见，为人们的生活增光添彩。但在经典作家的笔下，花草树木绝非普通的自然景物而已，除了寻常描写之外，作者往往把自己对笔下人物的理解，甚至把想要表达的题旨寄托在它们身上。细考深究《骆驼祥子》中对花草树木的描写，会发现作者极具匠心地用花草树木表现了主旨，并喻指了几位主要人物。

在书中，把花草树木纯粹只是作为景物来描写的大体只有几处。

一处是初夏的一个夜晚，祥子连夜逃回北平城时所见的树和草：“田亩远树已都在普遍的灰暗中有了形状”“地与远树显着更黑了”“绿的田，树，野草，都由暗绿变为发光的翡翠。老松的干上染上了金红，飞鸟的翅儿闪起金光，一切的东西都带出笑意”。

还有临近北平城时所见的柳树和水草：“太阳平西了，河上的老柳歪歪着，梢头挂着点金光。河里没有多少水，可是长着不少的绿藻，像一条油腻的长绿的带子，窄长，深绿，发出些微腥的潮味。”

再一处是盛夏的一个白日，阮明即将被处决、故事临近结束时，故都的繁华景象：“天这么一热，似乎把故都的春梦唤醒，到处可以游玩，人人想起点事作，温度催着花草果木与人间享乐一齐往上增长。南北海里的绿柳新蒲，招引来吹着口琴的少年，男男女女把小船放到柳荫下，或荡在嫩荷间，口里吹着情歌，眉眼也会接吻。公园里的牡丹芍药，邀来骚人雅士，缓步徘徊，摇着名贵的纸扇；走乏了，便在红墙前，绿松下，饮几杯足以引起闲愁的清茶，偷眼看着来往的大家闺秀与南北名花。就是那向来冷静的地方，也被和风晴日送来游人，正如送来蝴蝶。崇效寺的牡丹，陶然亭的绿苇，天然博物院的桑林与水稻，都引来人声伞影；甚至于天坛，孔庙，与雍和宫，也在严肃中微微有些热闹。好远行的与学生们，到西山去，到温泉去，到颐和园去，去旅行，去乱跑，去采集，去在山石上乱画些字迹。寒苦的人们也有些地方去，护国寺，隆福寺，白塔寺，土地庙，花儿市，都比往日热闹：各种的草花都鲜艳的摆在路旁，一两个铜板就可以把‘美’带到家中去。”

其他还有几处写到了树，有村外的树：“远处有个村子，不小的一个村子，村外的柳树像一排高而绿的护兵，低头看着那些矮矮的房屋，屋上浮着些炊烟。”有城里的树：“整个的老城处处动中有静，乱得痛快，静得痛快，一片声音，万种生活，都覆在晴爽的蓝天下面，到处静静的立着树木。”有烈日下的树：“街上的柳树，像病了似的，叶子挂着层灰土在枝上打着卷；枝条一动也懒得动的，无精打采的低垂着。”有狂风中的树：“风忽然大起来，那半天没有动作的柳条像猛的得到什么可喜的事，飘洒的摇摆，枝条都像长出一截儿来。”有暴雨下的树：“又一阵风，比以前的更厉害，柳枝横着飞，尘土往四下里走，雨道往下落；风，土，雨，混在一处，连成一片，横着竖着都灰茫茫冷飕飕，一切的东西都被裹在里面，辨不清哪是树，哪是地，哪是云，四面八方全乱，全响，全迷糊。”有郊外的树：“树木削瘦的立在路旁，枝上连只鸟也没有。灰色的树木，灰色的土地，灰色的房屋，都静静的立在灰黄色的天下；从这一片灰色望过去，看见那荒寒的西山。铁道北，一片森林。林外几间矮屋，祥子算计着，这大概就是白房子了。看看树林，没有一点动静；再往北看，可以望到万牲园外的一些水地，高低不平的只剩下几棵残蒲败苇。”有坟地的树：“走到一块坟地，四四方方的种着些松树，树当中有十几个坟头。阳光本来很微弱，松林中就更暗淡。”

值得关注的是，作者在把花草树木作为自然景物来描写的过程中，以写实的笔触呈现了社会等级的差异。大宅门里有花有树："他去收拾院子，浇花……""院子很小，靠着南墙根有棵半大的小枣树，树尖上挂着十几个半红的枣儿"。大杂院里却一片荒芜："但在这个大杂院里，春并不先到枝头上，这里没有一棵花木""院里又是那么脏臭，连棵青草也没有""满院花花绿绿，开着穷恶的花……"同时，作者还以或直接或隐曲的方式用它们喻指了书中几个主要人物。

一是直接用树喻指祥子，并用树的变化形象地表现祥子的变化。在《骆驼祥子》第一章，作者介绍祥子时写道："他就很像一棵树，上下没有一个地方不挺脱的""他确乎有点像一棵树，坚壮，沉默，而又有生气"。第十八章，作者再一次用树的一部分，即树叶来比喻祥子："抱着火，烤了一阵，他哆嗦得像风雨中的树叶。"到了第二十章，祥子成为经历了风雨雷暴之后的树："他的神气很像风暴后的树，静静的立在阳光里，一点不敢再动。"

二是作者含蓄地用草喻指了小福子。在《骆驼祥子》第十七章，小福子出场时，作者对她有一段外貌描写："小福子长得不难看。虽然原先很瘦小，可是自从跟了那个军官以后，很长了些肉，个子也高了些。圆脸，眉眼长得很匀调，没有什么特别出色的地方，可是结结实实的并不难看。上唇很短，无论是要生气，还是要笑，就先张了唇，露出些很白而齐整的牙来。那个军官就是特别爱她这些牙。露出这些牙，她显出一些呆傻没主意的样子，同时也仿佛有点娇憨。"并评价道："这点神气使她——正如一切贫而不难看的姑娘——像花草似的，只要稍微有点香气或颜色，就被人挑到市上去卖掉。"此处，作者把"一切贫而不难看的姑娘"比作"花草"。而花草之中，草显而易见更为低贱、卑微，更符合小福子的身份和命运。正因为如此，当作者在后文中多次把草和小福子关联在一起的时候，他以草喻人的用意便不难揣摩了。第二十二章，祥子回大杂院寻找小福子，渴望和她一起"另辟一个天地"，和她"一同住在一间干净暖和的屋里，像一对小鸟似的那么快活，体面，亲热"。"走到了地方，他满身是汗。见了那个破大门，好像见了多年未曾回来过的老家：破门，破墙，门楼上的几棵干黄的草，都非常可爱。""门楼上的几棵干黄的草"为何"非常可爱"呢？因为在祥子的心目中，它代表着小福子。大杂院里原本"那么脏臭，连棵青草也没有"，但因为有小福子，他"好像见了多年未曾回来过的老家"。第二十三章，祥子到白房子寻找小福子，得知小福子已经"吊死在树林里了"，这时的他"晃晃悠悠的走出来。走到一块坟地，四四方方的种着些松树，树当中有十几个坟头。阳光本来很微弱，松林中就更暗淡""他坐在地上，地上有些干草与松花。什么声音也没有，只有树上的几个山喜鹊扯着长声悲叫"。此时，小福子已经"一领席，埋在乱死岗子"。此景，只剩下坟地上的"干草与松花"。此后，"几乎每次喝醉他必到小福子吊死的树林里去落泪"，这些"没有作用的泪"恐怕只能流给这跟小福子一样卑贱的枯死了的"干草"吧。

三是作者写到了三种花：第一种是自然之花，第二种是人工种养之花，第三种是人工制作之花。第一种自然之花只在全书的最后出现：“温度催着花草果木与人间享乐一齐往上增长。”人们“上山的上山，逛庙的逛庙，看花的看花……”第二种人工种养之花在大宅门的院子里出现过：“他去收拾院子，浇花……”“菊花下市的时候，夏太太因为买了四盆花……”第三种人工制作之花既出现在热闹的年市上：“年画，纱灯，红素蜡烛，绢制的头花，大小蜜供，都陈列出来……”也出现在两位女性的头上，新婚的虎妞：“她已把红袄脱去，又穿上平日的棉裤棉袄，头上可是戴着一小朵绒作的红花，花上还有个小金纸的元宝。”巫婆陈二奶奶：“她有五十来岁，穿着蓝绸子袄，头上戴着红石榴花，和全份的镀金首饰。”正是这一派虚假的繁荣，让人联想到假花的喻指，显然，缀着金元宝的红绒花就是虎妞的意象。

综上，在《骆驼祥子》中，树和祥子、草和小福子、花和虎妞，构成了异质同构的三组对应关系，作者正是通过这样的巧妙关联，形神兼备地塑造了人物形象。与此同时，春夏秋冬、风雨雪、日月星、树草花等自然事物和自然环境，也都在人物形象、人物关系和人物命运中得到了细致而又独到的刻画，无心也好，有情也罢，自然永在，而人终将化为尘土。

第四节　不变与大变——特殊的细节

一部经典的作品，往往有许多“会说话”的细节，《骆驼祥子》就是如此。哪些细节描写是不该被忽略的，是值得细细品读的呢？一般而言，一个有心的、专业的读者，要关注的是书中那些多次重复的画面或用词，即不变的细节，那些前后变化、形成对比的画面或用词，即变化的细节，那些彼此呼应的画面或用词，即在不变中变化的细节或在变化中不变的细节。

就《骆驼祥子》中关于祥子的语言描写来说，“没话”是他的不变，文中多次出现“没话可说”“没有话说”“说不出话来”“没话答对”“口里没话”“没言语”等表达，表明祥子是一个敏于行而讷于言的人。“说话”是他的大变，特别是第二十二章祥子对曹先生的一番倾诉，成为情节发展的高潮。至于书中祥子几次想说而没说，介于不变与大变之间，更是有品鉴和研究的必要。下面我们对《骆驼祥子》一书中那些不变、大变、不变与大变之间的特殊细节进行品读。

一、不变：多次重复的画面或用词

在《骆驼祥子》中，有一些画面或词语多次出现。比如“危险”的情形、“呆呆的”

神情、“哭笑不得”的表情、“白”＋“黑”的组合等。

（一）避不开的“点儿”和逃不掉的“危险”

“点儿”，意为不好的运气、糟糕的经历和让人倒霉的事情。在《骆驼祥子》一书中，祥子多次遇到“点儿”。第二章祥子拉了半年自己的车之后，“外面的谣言”和“战争的消息”来了。祥子对此没太往心里去，因为，一方面，他不像城里人那么“听风便是雨”，另一方面，他相信自己的好身体。“再说，他的身体使他相信，即使不幸赶到‘点儿’上，他必定有办法，不至于吃很大的亏；他不是容易欺侮的，那么大的个子，那么宽的肩膀！”当他和矮子车夫把客人拉到西直门外，看到“城洞里几乎没有什么行人”时，“祥子知道事情要坏，可是在街面上混了这几年了，不能说了不算，不能耍老娘们脾气！”此处的“事情要坏”和“点儿”形成呼应，事情果然坏了，“还没拉到便道上，祥子和光头的矮子连车带人都被十来个兵捉了去！”

“事情要坏”这四个字再次出现是在第八章，但事情要坏的苗头在第六章已经出现。那是在一个初秋的夜晚，从杨宅愤然辞工的祥子回到人和车厂，受到虎妞的蛊惑和诱骗，和虎妞发生了男女关系，“第二天，祥子起得很早，拉起车就出去了。头与喉中都有点发痛，这是因为第一次喝酒，他倒没去注意。坐在一个小胡同口上，清晨的小风吹着他的头，他知道这点头疼不久就会过去。可是他心中另有一些事儿，使他憋闷得慌，而且一时没有方法去开脱。昨天夜里的事教他疑惑，羞愧，难过，并且觉着有点危险”。即便祥子遇到了曹先生，好运气似乎在向他招手，虎妞的事情依旧挥之不去，成为“缠绕”，祥子又不能“向曹先生要个主意”，唯有挣回和攒下的钱支撑着他的梦想。然而，“一天晚上，他正要再摇一摇那个聚宝盆”，虎妞来找他了，这时“祥子的脸忽然红得像包着一团火，他知道事情要坏！”

祥子深受困扰，“二十七”成为一个噩梦：“离二十七还有十多天，他完全注意到这一天上去，心里想的，口中念道的，梦中梦见的，全是二十七。”其后的第十一章，一个深冬的夜晚，祥子拉着曹先生，走在回曹宅的途中，因发现被人跟踪改道左先生宅门。祥子受曹先生之托回曹宅接走家眷和处理事务，不料被孙侦探堵在门口，还被讹走了全部存款后被逐出家门。在被孙侦探恐吓时，祥子不由发问：“我招谁惹谁了?!”这时，流氓、抢劫犯孙侦探做出了哲学家、社会学家般的回答：“你谁也没招；就是碰在点儿上了！人就是得胎里富，咱们都是底儿上的。什么也甭再说了！”孙侦探摇了摇头，似有无限的感慨：“得了，自当是我委屈了你，别再磨烦了！”第十二章，等祥子再回到曹宅，看到“破闷葫芦罐还在地上扔着，他拾起块瓦片看了看，照旧扔在地上。床上的铺盖并没有动”，不由得想：“奇怪，到底是怎回事呢？难道孙侦探并非真的侦探？不能！曹先生要是没看出点危险来，何至于弃家逃走?”

是的，对于祥子来说，被捉、被缠、被讹都是避不开的“点儿”和逃不掉的“危险”。避不开也逃不掉，是因为他只是一个底层车夫。“对了，祥子是遇到‘点儿’上，活该。谁都有办法，哪里都有缝子，只有祥子跑不了，因为他是个拉车的。一个拉车的吞的是粗粮，冒出来的是血；他要卖最大的力气，得最低的报酬；要立在人间的最低处，等着一切人一切法一切困苦的击打。”（第十二章）

就祥子个体而言，生活是危险的，前途是危险的。即便和虎妞结了婚，买回自己的车，这种生存境况依然没变。第十七章，和虎妞结婚后，祥子一心想着拉车和买车，虎妞原本并不同意，但发现刘四爷已经卖掉人和车厂后，无奈决定拿钱给祥子买一辆车。祥子“觉得有些高兴。过去所受的辛苦，无非为是买上车。现在能再买上，那还有什么可说呢？”但同时也想到：“自然，一辆车而供给两个人儿吃，是不会剩下钱的；这辆车有拉旧了的时候，而没有再置买新车的预备，危险！可是，买车既是那么不易，现在能买上也就该满意了，何必想到那么远呢！”

就大杂院里的住户而言，危险更是无处不在，逃无可逃。第十八章，经历了夏日的暴雨之后，大杂院的住户们“房钱交不上，全家便被撵出去，而且扣了东西。房子破，房子可以砸死人，没人管。他们那点钱，只能租这样的屋子；破，危险，都活该！”成为大杂院的一员后，虎妞也逃不掉这样的危险，“在这杂院里，小孩的生与母亲的死已被大家习惯的并为一谈。可是虎妞比别人都更多着些危险，别个妇人都是一直到临盆那一天还操作活动，而且吃得不足，胎不会很大，所以倒能容易生产。她们的危险是在产后的失调，而虎妞却与她们正相反。她的优越正是她的祸患”。（第十九章）

显然，祥子对这些“点儿”和“危险”是有预判的、有自觉的，问题在于，他避不开也逃不掉。正如第二章里所言：“因为缺雨，因为战争的消息，粮食都涨了价钱；这个，祥子知道。可是他和城里人一样的只会抱怨粮食贵，而一点主意没有；粮食贵，贵吧，谁有法儿教它贱呢？这种态度使他只顾自己的生活，把一切祸患灾难都放在脑后。”在这里，“祸患灾难”指的就是危险。正是这些避不开的“点儿”和逃不掉的“危险”“祸患灾难”，让祥子发生了巨大的变化。到第二十三章，他开始给别人制造危险，“原先他以为拉车是拉着条人命，一不小心便有摔死人的危险。现在，他故意的要坏；摔死谁也没大关系，人都该死！”他开始见危险就躲，“在这种打旗呐喊的时候，设若遇见点什么危险，他头一个先跑开，而且跑得很快。他的命可以毁在自己手里，再也不为任何人牺牲什么。为个人努力的也知道怎样毁灭个人，这是个人主义的两端”。同时，祥子也把自己的生活放置到嫖妓、出卖、行骗等更危险的境地之中。

（二）几次哭，几次笑，几次哭笑不得

祥子是个感情丰富的性情中人，在遭遇不幸的时候，在感受痛苦的时候，甚至在苦尽甘来的时候，他总是会流泪哭泣；在好事来临的时候，他也会喜笑颜开；还有一些时候，他处在似笑非笑、欲哭无泪、哭笑不得的压抑和尴尬之中。

先来看看祥子的哭。

奋斗三年，买回第一辆车时：

祥子的手哆嗦得更厉害了，揣起保单，拉起车，几乎要哭出来。

第一辆车被兵丁抢夺后：

吃苦，他不怕；可是再弄上一辆车不是随便一说就行的事；至少还得几年的工夫！过去的成功全算白饶，他得重打鼓另开张打头儿来！祥子落了泪！他不但恨那些兵，而且恨世上的一切了。

从军营逃回北平城时：

没有父母兄弟，没有本家亲戚，他的唯一的朋友是这座古城。这座城给了他一切，就是在这里饿着也比乡下可爱，这里有的看，有的听，到处是光色，到处是声音；自己只要卖力气，这里还有数不清的钱，吃不尽穿不完的万样好东西。在这里，要饭也能要到荤汤腊水的，乡下只有棒子面。才到高亮桥西边，他坐在河岸上，落了几点热泪！

从杨宅辞工回人和车厂时：

他想坐下痛哭一场。以自己的体格，以自己的忍性，以自己的要强，会让人当作猪狗，会维持不住一个事情，他不只怨恨杨家那一伙人，而渺茫的觉到一种无望，恐怕自己一辈子不会再有什么起色了。

到曹宅拉包月摔了曹先生后：

曹先生不想再坐，可是听出祥子的话带着哭音，他只好上去了。……他的话不够帮助说完全了他的意思，可是他的感情已经发泄净尽，只差着放声哭了。

被虎妞纠缠时：

祥子连头也没回，像有鬼跟着似的，几出溜便到了团城，走得太慌，几乎碰在了城墙上。一手扶住了墙，他不由得要哭出来。

被孙侦探恐吓时：

“我招谁惹谁了?!”祥子带着哭音，说完又坐在床沿上。

被孙侦探讹诈后：

祥子想找个地方坐下，把前前后后细想一遍，哪怕想完只能哭一场呢，也好知道哭的是什么；事情变化得太快了，他的脑子已追赶不上。没有地方给他坐，到处是雪。小茶馆们已都上了门，十点多了；就是开着，他也不肯进去，他愿意找个清静地方，他知道自己眼眶中转着的泪随时可以落下来。

被孙侦探讹诈后，再回曹宅时：

顺着墙根走了两步，看见了自己屋中的灯亮儿，自己的屋子！他要哭出来。

被孙侦探讹诈后，向老程倾诉时：

祥子忽然的想哭一场！刚要依着老程的劝告，去找曹先生，曹先生会走了。愣了半天，他问了句：“曹先生没说我什么？”

和虎妞结婚后，他卧病在床时：

他躺了十天。越躺着越起急，有时候他趴在枕头上，有泪无声的哭。

虎妞临死时：

祥子心中仿佛忽然的裂了，张着大嘴哭起来。小福子也落着泪，可是处在帮忙的地位，她到底心里还清楚一点。“祥哥！先别哭！我去上医院问问吧？”

虎妞死后：

忽然泪一串串的流下来，不但想起虎妞，也想起一切。

虎妞死后，见到小福子时：

他猛一抬头，看见了她，泪极快的又流下来。此时，就是他看见只狗，他也会流泪；满心的委屈，遇见个活的东西才想发泄；他想跟她说说，想得到一些同情。

虎妞死后，小福子向他表白时：

他真想过去抱住她，痛痛快快的哭一场，把委屈都哭净，而后与她努力同心的再往下苦奔。

向曹先生倾诉时：

祥子的泪要落下来。他不会和别人谈心，因为他的话都是血作的，窝在心的深处。

得知小福子的死讯后：

这绝不会是小福子的坟，他知道，可是他的泪一串一串的往下落。什么也没有了，连小福子也入了土！他是要强的，小福子是要强的，他只剩下些没有作用的泪，她已作了吊死鬼！一领席，埋在乱死岗子，这就是努力一世的下场头！……连喝醉了他都不出声，他会坐在僻静的地方去哭。几乎每次喝醉他必到小福子吊死的树林里去落泪；哭完，他就在白房子里住下。

再来看看祥子的笑。

对未来充满信心时：

是的，他无疑的可以成为最出色的车夫，傻子似的他自己笑了。

被人肯定时：

“大个子”三个字把祥子招笑了，这是一种赞美。

牵着三匹骆驼逃回北平的途中：

他承认自己是世上最有运气的人，上天送给他三条足以换一辆洋车的活宝贝；这不是天天能遇到的事。他忍不住的笑了出来。……看看身上的破衣，再看看身后的三匹脱毛的骆驼，他笑了笑。就凭四条这么不体面的人与牲口，他想，居然能逃出危险，能又朝着太阳走路，真透着奇怪！不必再想谁是谁非了，一切都是天意，他以为。

和虎妞发生关系的第二天，偶遇曹先生时：

“是呀，”祥子笑了，“曹先生？”……“还能不来，先生！”祥子似乎连怎样笑都忘了，用小毛巾不住的擦脸，“先生，我几儿上工呢？”

和高妈沟通时：

每逢遇上她，他会傻傻乎乎的一笑，使她明白他是佩服她的话，她也就觉到点得意，即使没有工夫，也得扯上几句。

给曹先生家的小少爷送新年礼物时：

他很高兴，这是向来没有经验过的事，大家的笑脸全朝着他自己，仿佛他是个很重要的人似的。微笑着，又把那几块现洋搬运出来，轻轻的一块一块往闷葫芦罐里放，心里说：这比什么都牢靠！

被同行打趣时：

祥子傻笑了一下，没有听出来话里的意味。

和虎妞结婚后：

祥子来到，此处已经围上一圈圈儿的人，里边打着锣鼓。他没心去看任何玩意儿，他已经不会笑。……平日，这里的说相声的，耍狗熊的，变戏法的，数来宝的，唱秧歌的，说鼓书的，练把式的，都能供给他一些真的快乐，使他张开大嘴去笑。他舍不得北平，天桥得算一半儿原因。每逢望到天桥的席棚，与那一圈一圈的人，他便想起许多可笑可爱的事。现在他懒得往前挤，天桥的笑声里已经没了他的份儿。

虎妞决定拿钱给祥子买车后：

祥子心中很高兴……他才觉出来虎妞也有点好处，他居然向她笑了笑，一个天真的，发自内心的笑，仿佛把以前的困苦全一笔勾销，而笑着换了个新的世界，像换一件衣服那么容易，痛快！

偶遇刘四爷，决定重新振作后：

吃了点东西，他笑着告诉厂主：“歇一天，有事。”

曹先生答应收留他和小福子后：

“那敢情好！”祥子天真的笑了。……两个地狱中的人将要抹去泪珠而含着笑携手前进。

再来看看祥子的似笑非笑。在小茶馆里，“大家说到悲苦的地方，他皱上眉；说到可笑的地方，他也撇撇嘴”。最后的祥子，“打着面小旗，他低着头，嘴里叼着烟卷，似笑非笑的随着大家走，一声也不出”。

祥子的欲哭无泪：虎妞死后，“愣愣磕磕的，祥子看着杠夫把棺材埋好，他没有哭。他的脑中像烧着一把烈火，把泪已烧干，想哭也哭不出”“到城里来了几年，这是他努力的结果，就是这样，就是这样！他连哭都哭不出声来！越想越恨，泪被怒火截住，他狠狠的吸那支烟，越不爱吸越偏要吸”。

祥子的哭笑不得：和虎妞结婚时，“他想不起哭，他想不起笑，他的大手大脚在这小而暖的屋中活动着，像小木笼里一只大兔子，眼睛红红的看着外边，看着里边，空有能飞跑的腿，跑不出去！虎妞穿着红袄，脸上抹着白粉与胭脂，眼睛溜着他。他不敢正眼看她。她也是既旧又新的一个什么奇怪的东西，是姑娘，也是娘们；像女的，又像男的；像人，又像什么凶恶的走兽！这个走兽，穿着红袄，已经捉到他，还预备着细细的收拾他”。虎妞死后，“把钱放在炕砖上，他瞪着它们，不知是哭好，还是笑好。屋里没有人，没有东西，只剩下他自己与这一堆破旧霉污的钱。这是干什么呢?”

祥子为什么哭，又为什么笑？为什么似笑非笑，为什么欲哭不能，又为什么哭笑不得？通过对这些细节的关注、分析和归类，我们无疑跟祥子又走近了一步。

（三）几处黑，几处白，几处黑白交杂

如果我们关注《骆驼祥子》中的色彩，会发现“黑”和“白”的大量运用。这些“黑”和“白”既有本来意义上的运用，也有比喻意义上的运用。无论是本来意义还是比喻意义上的几处黑和几处白，都相对比较简单。所以，我们此处重点研究书中的几处黑白交杂。

与几处黑和几处白相同，几处黑白交杂同样有本来意义上的运用，也有比喻意义上的运用。其中一类与拉车有关，包括洋车和洋车夫服饰的颜色。

洋车：

出来进去的又都是漂亮的车，黑漆的黄漆的都一样的油汪汪发光，配着雪白的

垫套，连车夫们都感到一些骄傲，仿佛都自居为车夫中的贵族。（第六章）

崭新黑漆的车，把头折了一段，秃碴碴的露着两块白木碴儿，非常的不调和，难看，像糊好的漂亮纸人还没有安上脚，光出溜的插着两根秫秸秆那样。（第七章）

最使他不高兴的是黑漆的车身，而配着一身白铜活，在二强子打这辆车的时候，原为黑白相映，显着漂亮；祥子老觉得这有点丧气，像穿孝似的。（第十七章）

服装：

因为拉着洋人，他们可以不穿号坎，而一律的是长袖小白褂，白的或黑的裤子，裤筒特别肥，脚腕上系着细带；脚上是宽双脸千层底青布鞋；干净，利落，神气。一见这样的服装，别的车夫不会再过来争座与赛车，他们似乎是属于另一行业的。（第一章）

第二类与虎妞有关：

她的脸上大概又擦了粉，被灯光照得显出点灰绿色，像黑枯了的树叶上挂着层霜。祥子不敢正眼看她。（第九章）

虎妞刚起来，头发髭髭着，眼泡儿浮肿着些，黑脸上起着一层小白的鸡皮疙瘩，像拔去毛的冻鸡。她的脸红起来，黑红，加上半残的粉，与青亮的灯光，好像一块煮老了的猪肝，颜色复杂而难看。（第十三章）

第三类与自然景象或天气现象有关：

虎妞往西走，祥子跟到了金鳌玉，桥上几乎没有了行人，微明的月光冷寂的照着桥左右的两大幅冰场，远处亭阁暗淡的带着些黑影，静静的似冻在湖上，只有顶上的黄瓦闪着点儿微光。树木微动，月色更显得微茫；白塔却高耸到云间，傻白傻白的把一切都带得冷寂萧索，整个的三海在人工的雕琢中显出北地的荒寒。（第九章）

街上的雪已不那么白了，马路上的被车轮轧下去，露出点冰的颜色来。土道上的，被马踏得已经黑一块白一块，怪可惜的。（第十三章）

又是一阵风，黑云滚似的已遮黑半边天。地上的热气与凉风搀合起来，夹杂着腥臊的干土，似凉又热；南边的半个天响晴白日，北边的半个天乌云如墨，仿佛有什么大难来临，一切都惊慌失措。……云还没铺满了天，地上已经很黑，极亮极热的晴午忽然变成黑夜了似的。……北边远处一个红闪，像把黑云掀开一块，露出一大片血似的。……又一个闪，正在头上，白亮亮的雨点紧跟着落下来，极硬的砸起许多尘土，土里微带着雨气。……雨点停了，黑云铺匀了满天。……几分钟，天地已分不开，空中的河往下落，地上的河横流，成了一个灰暗昏黄，有时又白亮亮的，一个水世界。……到四点多钟，黑云开始显出疲乏来，绵软无力的放着不甚红的闪。一会儿，西边的云裂开，黑的云峰镶上金黄的边，一些白气在云下奔走；闪都到南

边去，曳着几声不甚响亮的雷。（第十八章）

第四类是自然景象与人的活动的交集：

雪已下了寸多厚，祥子低着头走。处处洁白，只有他的身后留着些大黑脚印。（第十一章）

他没别的办法，只好去投降！一切的路都封上了，他只能在雪白的地上去找那黑塔似的虎妞。（第十三章）

第五类是比喻意义或象征意义上的：

以前的事正如煤厂里，一堆堆都是黑的；现在茫然的进到新房，白得闪眼，贴着几个血红的喜字。他觉到一种嘲弄，一种白的，渺茫的，闷气。（第十四章）

老鸦是一边黑的，他不希望独自成为白毛儿的。（第二十一章）

其中，“老鸦是一边黑的，他不希望独自成为白毛儿的”一句尤其值得玩味和品鉴，不仅有“黑”和“白”的人格象征和命运象征，还有“老鸦”的群体象征，以及“老鸦”是“黑”的这一群体特征。

（四）为什么总是“呆呆的”？

有心的读者会发现，《骆驼祥子》中常常出现“呆呆的”神情，不只是主人公祥子，其他人物如虎妞、小福子等，都曾经“呆呆的”。为什么他们总是呆呆的？我们不妨以祥子为例，看看在什么情况下他会“呆呆的”，以此由点及面，解答为什么祥子总是呆呆的、为什么他们总是呆呆的这样一类指向作品主题的问题。

祥子在哪些情况下会“呆呆的”呢？

拉着曹先生摔跤之后：

不顾得干什么，想什么，他坐在门洞的石阶上，呆呆的看着断了把的车。……祥子呆呆的看着这两块白木茬儿。

被虎妞纠缠时：

祥子的心里由乱而空白，连这些声音也没听见；手托住腮下，呆呆的看着地，把地看得似乎要动；想不出什么，也不愿想什么；只觉得自己越来越小，可又不能完全缩入地中去，整个的生命似乎都立在这点难受上；别的，什么也没有！他这才觉出冷来，连嘴唇都微微的颤着。……他攥着那打儿票子，呆呆的看着她，一直到桥背把她的头遮下去。……到屋中，他先数了数那几张票子；数了两三遍，手心的汗把票子攥得发黏，总数不利落。数完，放在了闷葫芦罐儿里。坐在床沿上，呆呆的看着这个瓦器，他打算什么也不去想；有钱便有办法，他很相信这个扑满会替他解决一切，不必再想什么。

在小茶馆看到小马儿的祖父时：

祥子始终没言语，呆呆的立在那里。听到老车夫说肚子里空，他猛的跑出去，飞也似又跑回来，手里用块白菜叶儿托着十个羊肉馅的包子。一直送到老者的眼前，说了声：吃吧！然后，坐在原位，低下头去，仿佛非常疲倦。……祥子呆呆的立在门外，看着这一老一少和那辆破车。

虎妞和刘四爷争吵时：

祥子没有个便利的嘴，想要说的话很多，可是一句也不到舌头上来。他呆呆的立在那里，直着脖子咽唾沫。

和虎妞结婚时：

他摘了那顶缎小帽，呆呆的看着帽上的红结子，直到看得眼花——一转脸，墙上全是一颗颗的红点，飞旋着，跳动着，中间有一块更大的，红的，脸上发着丑笑的虎妞！

和虎妞结婚后：

他把手拿下去，放在膝上，呆呆的看着火苗。愣了好久，他说出一句来："我不能这么闲着！"

眼前就是人和厂了，他在街的那边立住，呆呆的看着那盏极明亮的电灯。

虎妞临死前：

立起来，他看着那对直勾勾的"神"眼，和那烧透了的红亮香苗，闻着香烟的味道，心中渺茫的希望着这个阵势里会有些好处，呆呆的，他手心上出着凉汗。

虎妞死后：

呆呆的看着，他几乎不知那是干什么呢。直到"头儿"过来交代，他才想起回家。……眼睛干巴巴的闭不上，他呆呆的看着那有些雨漏痕迹的顶棚。……他出去买了包"黄狮子"烟来。坐在炕沿上，点着了一支烟；并不爱吸。呆呆的看着烟头上那点蓝烟。……烟卷可是已吸上了瘾。一坐在车上，他的大手便向脚垫下面摸去。点着了支烟，他极缓慢的吸吐，眼随着烟圈儿向上看，呆呆的看着，然后点点头，仿佛看出点意思来似的。

偶遇刘四爷时：

"死了！"祥子呆呆的在那里立着，不晓得是自己，还是另一个人说了这两个字。

出卖阮明后：

呆呆的看着湖外的水沟里，一些小鱼，眼睛亮得像些小珠，忽聚忽散，忽来忽去；有时候头顶着一片嫩萍，有时候口中吐出一些泡沫。……祥子呆呆的看着这些，似乎看见，又似乎没看见，无心的拾起块小石，投在水里，溅起些水花，击散了许多浮萍，他猛的一惊，吓得又要立起来。

就这样，呆呆的祥子，不可避免地走向最后的毁灭。

上述的“点儿”和危险、哭笑不得、黑白交杂、呆呆的，都是在全书中多次重复的画面或用词。此外，还有在各章中多次重复的画面或用词，如第二章中的“谣言”、第十一章中的“湿滑”或“拿脚”、第九章和第十章中的“二十七”、第十四章中的“祥子直挺挺的立在那里，没有一句话可说”和第十五章中“祥子又没了话”这样“无语的”结尾等，都颇有探究的必要。

二、大变：前后变化、形成对比的画面或用词

众所周知，《骆驼祥子》是一出不折不扣的悲剧，但是悲剧的主人公祥子在书中并没有死去。虎妞死了，小福子死了，小马儿死了，祥子最后还活着。虽然我们可以根据“一分为三”的故事情节来类推，没有机会四回人和、四进宅门的祥子可能也不会有第四个冬季，但祥子的悲剧在书中只能锁定在祥子的前后变化上。作品的最后一段写道：“体面的，要强的，好梦想的，利己的，个人的，健壮的，伟大的，祥子，不知陪着人家送了多少回殡；不知道何时何地会埋起他自己来，埋起这堕落的，自私的，不幸的，社会病胎里的产儿，个人主义的末路鬼！”其中，“体面的，要强的，好梦想的，健壮的，伟大的”和“堕落的”形成巨大的反差。既然作者把悲剧定位在祥子的堕落和沉沦上，那么祥子的变化便是作品中最值得关注的“大变”。

（一）与车有关

如前所述，祥子是一个车夫，他的变化具体表现在车、买车、买上车以及相关因素的变化上，而且有一个渐进的过程。具体参见表 2－2。

表 2－2 祥子与车有关的变化

项目		前期	中期	后期
车	对待车	人与车都得漂亮精神，有货可卖才能遇到识货的人	就是赁来的车，他也不偷懒，永远给人家收拾得干干净净，永远不去胡碰乱撞	对于车，他不再那么爱惜了。买车的心既已冷淡，对别人家的车就漠不关心……自然，他还不肯故意的损伤了人家的车，可是也不便分外用心的给保护着。 他的车也不讲究了，什么新车旧车的，只要车份儿小就好
	对待拉车	他觉得用力拉车去挣口饭吃，是天下最有骨气的事。 拉车是他理想的职业，搁下这个就等于放弃了希望。 原先，他以为拉车是他最理想的事，由拉车他可以成家立业。 在先前，他唯一的指望便是拉车	拉车，还去拉车，哼，拉车的结果只是找不到个住处，只是剩下点钱被人家抢了去！ 只有祥子跑不了，因为他是个拉车的。一个拉车的吞的是粗粮，冒出来的是血；他要卖最大的力气，得最低的报酬；要立在人间的最低处，等着一切人一切法一切困苦的击打	现在，他讨厌拉车。 他觉得这无论怎样也比拉车强，挣钱不多，可是不用卖力气呢。 入了秋，祥子的病已不允许他再拉车，祥子的信用已丧失得赁不出车来
买车	愿望	他老想着远远的一辆车，可以使他自由，独立，像自己的手脚的那么一辆车。 他下了决心，一千天，一万天也好，他得买车	他的能力只能拉车，他的最可靠的希望是买车；非买上车不能对得起自己。 自从他头一天拉车，他就决定买上自己的车，现在还是为这个志愿整天的苦奔；有了自己的车，他以为，就有了一切	不想花，也不想再买车

续上表

<table>
<tr><th colspan="3">项目</th><th>前期</th><th>中期</th><th>后期</th></tr>
<tr><td rowspan="3">买车</td><td rowspan="3">钱</td><td>挣钱</td><td>整整的三年，他凑足了一百块钱</td><td>对挣钱祥子更不放松一步。
他非拉过一定的钱数不收车，不管时间，不管两腿，有时他硬连下去，拉一天一夜</td><td>一来二去，他连一个铜子也借不出了，他开始去骗钱花。
他低着头思索，想坏主意，想好一个主意就能进比拉一天车还多的钱；省了力气，而且进钱，他觉得非常的上算。
白天，他去作些只能使他喝碗粥的劳作</td></tr>
<tr><td>花钱</td><td>从风里雨里的咬牙，从饭里茶里的自苦，才赚出那辆车</td><td>对花钱是这样一把死拿，……
什么也是假的，只有钱是真的。省钱买车；挂火当不了饭吃</td><td>他要吃口好的，喝口好的，不必存着冬衣，更根本不预备着再看见冬天。
他喜欢看自己的东西变成钱，被自己花了</td></tr>
<tr><td>攒钱</td><td>—</td><td>他必须能多剩一个就去多剩一个，非这样不能早早买上自己的车。
他一天到晚思索这回事，计算他的钱……
把钱凑足，够上买车的数儿</td><td>他已成为钱的附属物，一切要听它的支配</td></tr>
</table>

续上表

项目			前期	中期	后期
买上车	信念		只要他自己肯咬牙，事儿就没有个不成	干着好的，等着坏的；他不敢再像从前那样自信了	—
	基础	身体	他爱自己的脸正如同他爱自己的身体，都那么结实硬棒。 他只相信自己的身体，不管有什么病	因为事不顺心，身体又欠保养，他有点肝火盛。 他晓得一个卖力气的汉子应当怎样保护身体，身体是一切。假若这么活下去，他会有一天成为一个干骨头架子，还是这么大，而膛儿里全是空的。 是天气比往年热呢，还是自己的身体虚呢？这么一想，他忽然的不那么昏昏沉沉的了，心中仿佛凉了一下。自己的身体，是的，自己的身体不行了！他害了怕，可是没办法。 无论怎说，他的身体是不像从前那么结实了，虎妞应负着大部分的责任	命既苦到底儿，身体算什么呢？ 入了秋，祥子的病已不允许他再拉车，…… 这个灵魂将随着他的身体一齐烂化在泥土中
		车技	他晓得自己的跑法很好看。跑法是车夫的能力与资格的证据。……他的腿长步大，腰里非常的稳，跑起来没有多少响声，步步都有些伸缩，车把不动，使座儿觉到安全，舒服。说站住，不论在跑得多么快的时候，大脚在地上轻蹭两蹭，就站住了；他的力气似乎能达到车的各部分。脊背微俯，双手松松拢住车把，他活动，利落，准确；看不出急促而跑得很快，快而没有危险。就是在拉包车的里面，这也得算很名贵的	拉起车来，他还比一般的车夫跑得麻利，可是他不再拼命的跑。在拐弯抹角和上下坡儿的时候，他特别的小心。几乎是过度的小心。有人要跟他赛车，不论是怎样的逗弄激发，他低着头一声也不出，依旧不快不慢的跑着。他似乎看透了拉车是怎回事，不再想从这里得到任何的光荣与称赞	独自拉着车，他走得很慢，他心疼自己的汗。及至走上帮儿车，要是高兴的话，他还肯跑一气，专为把别人落在后边。在这种时候，他也很会掏坏，什么横切别的车，什么故意拐硬弯，什么别扭着后面的车，什么抽冷子搡前面的车一把，他都会。原先他以为拉车是拉着条人命，一不小心便有摔死人的危险。现在，他故意的耍坏；摔死谁也没大关系，人都该死

续上表

项目			前期	中期	后期
买上车	基础	习惯	他不吃烟，不喝酒，不赌钱，没有任何嗜好，没有家庭的累赘，只要他自己肯咬牙，事儿就没有个不成	烟，酒，现在仿佛对他有种特别的诱惑力，他觉得这两样东西是花钱不多，而必定足以安慰他；使他依然能往前苦奔，而同时能忘了过去的苦痛。 他还是得不吃烟不喝酒，爽性连包好茶叶也不便于喝	烟卷可是已吸上了瘾。 生活的毒疮只能借着烟酒妇人的毒药麻木一会儿，以毒攻毒，毒气有朝一日必会归了心，谁不知道这个呢，可又谁能有更好的主意代替这个呢？ 钱马上变了烟酒
		德性	多留神，少争胜，大概总不会出了毛病。至于讲价争座，他的嘴慢气盛，弄不过那些老油子们。知道这个短处，他干脆不大到“车口儿”上去；哪里没车，他放在哪里	从前，他不肯抢别人的买卖，特别是对于那些老弱残兵；以他的身体，以他的车，去和他们争座儿，还能有他们的份儿？现在，他不大管这个了，他只看见钱，多一个是一个，不管买卖的苦甜，不管是和谁抢生意；他只管拉上买卖，不管别的，像一只饿疯的野兽。拉上就跑，他心中舒服一些，觉得只有老不站住脚，才能有买上车的希望。一来二去的骆驼祥子的名誉远不及单是祥子的时候了。有许多次，他抢上买卖就跑，背后跟着一片骂声	自己看明白自己已不是要强的人，不仅是不要强的人，而且是坏人！ 不过，比起一般的车夫来，他还不能算是很坏。 他不比别的车夫好，也不比他们坏，就是那么个车夫样的车夫。 对车座儿，对巡警，对任何人，他决定不再老老实实的敷衍。当他勤苦卖力的时候，他没得到过公道。现在，他知道自己的汗是怎样的宝贵，能少出一滴便少出一滴；有人要占他的便宜，休想。随便的把车放下，他懒得再动，不管那是该放车的地方不是。 对于车座儿，他绝对不客气。讲到哪里拉到哪里，一步也不多走。 在这种时候，他也很会掏坏，什么横切别的车，什么故意拐硬弯，什么别扭着后面的车，什么抽冷子搡前面的车一把，他都会。原先他以为拉车是拉着条人命，一不小心便有摔死人的危险。现在，他故意的要坏；摔死谁也没大关系，人都该死

既然《骆驼祥子》一书写的是祥子的变化过程，文本中自然多次出现“从前”“以前”“先前”“平日”等时间状语。书中直接用这些时间状语和“今天”“现在”形成对比的例子也十分多见，如：

从前，他以为大家是贫嘴恶舌，凭他们一天到晚穷说，就发不了财。今天仿佛是头一次觉到，他们并不是穷说，而是替他说呢，说出他与一切车夫的苦处。

赶上大家赌钱，他不像从前那样躲在一边，也过来看看，并且有时候押上一注，输赢都不在乎的，似乎只为向大家表示他很合群，很明白大家奔忙了几天之后应当快乐一下。……以前他所看不上眼的事，现在他都觉得有些意思——自己的路既走不通，便没法不承认别人作得对。朋友之中若有了红白事，原先他不懂得行人情，现在他也出上四十铜子的份子，或随个“公议儿”。

平日，他觉得自己是头顶着天，脚踩着地，无牵无挂的一条好汉。现在，他才明白过来，悔悟过来，人是不能独自活着的。

在先前，他唯一的指望便是拉车；现在，他讨厌拉车。

以前的事正如煤厂里，一堆堆都是黑的；现在茫然的进到新房，白得闪眼，贴着几个血红的喜字。

原先，他一思索，便想到一辈子的事；现在，他只顾眼前。

（二）烟酒的故事

“他不吃烟，不喝酒，不赌钱，没有任何嗜好，没有家庭的累赘，只要他自己肯咬牙，事儿就没有个不成。”在《骆驼祥子》的第一章，作者这样写道。但是，随着故事的发展，情况慢慢发生了变化，祥子开始喝酒、吃烟，有了家庭的累赘，后来又赌钱、交朋友，成为“黑老鸦”中的一只。

关于祥子与烟、酒的故事，也有一个变化的过程。

第一辆车被劫掠之后，祥子已经不再像过去那样单纯，“有时候他看别人喝酒吃烟跑土窑子，几乎感到一点羡慕。要强既是没用，何不乐乐眼前呢？他们是对的。他，即使先不跑土窑子，也该喝两盅酒，自在自在。烟，酒，现在仿佛对他有种特别的诱惑力，他觉得这两样东西是花钱不多，而必定足以安慰他；使他依然能往前苦奔，而同时能忘了过去的苦痛”。好在买车的梦想还在支持着他，“他还是不敢去动它们。他必须能多剩一个就去多剩一个，非这样不能早早买上自己的车。即使今天买上，明天就丢了，他也得去买。这是他的志愿，希望，甚至是宗教。不拉着自己的车，他简直像是白活。他想不到作官，发财，置买产业；他的能力只能拉车，他的最可靠的希望是买车；非买上车不能对得起自己”。“他还是得不吃烟不喝酒，爽性连包好茶叶也不便于喝。”“他平日不和他们一块喝酒，赌钱，下棋，或聊天，他的话只能圈在肚子里，无从往外说。”

祥子第一次喝酒是受到了虎妞的诱骗。在虎妞的蛊惑下，“他把酒盅接过来，喝干。

一股辣气慢慢的，准确的，有力的，往下走，他抻长了脖子，挺直了胸，打了两个不十分便利的嗝儿”“好像为是壮壮自己的胆气，他又喝了口酒”“他连喝了三盅酒，忘了什么叫作小心。迷迷糊糊的看着她，他不知为什么觉得非常痛快，大胆；极勇敢的要马上抓到一种新的经验与快乐”。当夜，他与虎妞发生了关系。

第二天，祥子很早就拉着车出去，但他无法摆脱这件事情对他的干扰，以至于“他很想独自去喝酒，喝得人事不知，他也许能痛快一些，不能再受这个折磨！可是他不敢去喝。他不能为这件事毁坏了自己。他又想起买车的事来”。

祥子第二次喝酒是在虎妞到曹宅找他之后，“他觉得像掉在个陷阱里，手脚而且全被夹子夹住，绝没法儿跑”。万般痛苦之中，“他决定去打些酒，喝个大醉，什么叫事情，哪个叫规矩，×你们的姥姥！喝醉，睡！二十七？二十八也不去磕头，看谁怎样得了祥子！披上大棉袄，端起那个当茶碗用的小饭碗，他跑出去”。酒打回来了，他还是努力克制着自己：“不，他不能为那点缠绕而毁坏了自己，不能从此破了酒戒。”翻来覆去折腾了差不多一夜，终究“鼻尖觉得屋中的寒冷，寒气中带着些酒味。他猛的坐起来，摸住酒碗，吞了一大口”。

祥子第一次抽烟是在被孙侦探讹诈的那个夜晚，他到隔壁王宅找车夫老程，老程请他抽烟，“祥子本不吸烟，这次好似不能拒绝，拿了支烟放在唇间吧唧着”“把一支烟烧完，祥子还是想不出道理来，他像被厨子提在手中的鸡，只知道缓一口气就好，没有别的主意。他很愿意和老程谈一谈，可是没话可说，他的话不够表现他的心思的，他领略了一切苦处，他的口张不开，像个哑巴”。但这时的祥子尚未体会到烟的好处，第二天早上，“老程递给祥子一支烟，祥子摇了摇头”。

在刘四爷的寿诞上，不善言谈的祥子挑衅那些挖苦他的车夫们，“虽然没打成，他到底多少出了点气”。这时候的他，“心中给自己另画出一条路来，在这条路上的祥子，与以前他所希望的完全不同了。这是个见人就交朋友，而处处占便宜，喝别人的茶，吸别人的烟，借了钱不还，见汽车不躲，是个地方就撒尿，成天际和巡警们耍骨头，拉到‘区’里去住两三天不算什么。是的，这样的车夫也活着，也快乐，至少是比祥子快乐”。

祥子第二次抽烟是在办完虎妞的丧事后，“他出去买了包‘黄狮子’烟来。坐在炕沿上，点着了一支烟；并不爱吸。呆呆的看着烟头上那点蓝烟。忽然泪一串串的流下来，不但想起虎妞，也想起一切。……越想越恨，泪被怒火截住，他狠狠的吸那支烟，越不爱吸越偏要吸。把烟吸完，手捧着头，口中与心中都发辣，要狂喊一阵，把心中的血都喷出来才痛快”。

有了两次喝酒和两次抽烟的经历之后，祥子和烟酒做上了朋友：“烟卷可是已吸上了瘾。一坐在车上，他的大手便向脚垫下面摸去。点着了支烟，他极缓慢的吸吐，眼随着烟圈儿向上看，呆呆的看着，然后点点头，仿佛看出点意思来似的。”“他的烟卷盒儿，只要一掏出来，便绕着圈儿递给大家。……赶上大家赌钱，他不像从前那样躲在一边，也过来看看，并且有时候押上一注，输赢都不在乎的，似乎只为向大家表示他很合群，很明白大家奔忙了几天之后应当快乐一下。他们喝酒，他也陪着；不多喝，可是自己出钱买些酒菜让大家吃。以前他所看不上眼的事，现在他都觉得有些意思——自己的路既走不通，便没法不承认别人作得对。"

等到和夏太太有染得了性病之后，祥子的"身量还是那么高，可是那股正气没有了，肩头故意的往前松着些，耷拉着嘴，唇间叼着支烟卷。有时候也把半截烟放在耳朵上夹着，不为那个地方方便，而专为要个飘儿"。虽然"当他独自坐定的时候，想起以前的自己，他还想要强，不甘心就这么溜下去。……他很想把未吸完的半盒'黄狮子'扔掉，从此烟酒不动，咬上牙攒钱"。但"及至见了朋友们，他照旧吸着烟，有机会也喝点酒，把小福子忘得一干二净。……生活的毒疮只能借着烟酒妇人的毒药麻木一会儿，以毒攻毒，毒气有朝一日必会归了心，谁不知道这个呢，可又谁能有更好的主意代替这个呢?"

此后的祥子是一副这样的形象："他强打精神，把车拉出来。揣着手，用胸部顶着车把的头，无精打采的慢慢的晃，嘴中叼着半根烟卷。"

偶遇刘四爷之后，祥子被一种"高兴"劲儿激励着，"半天没吸烟了，不想再吸，从此烟酒不动，祥子要重打鼓另开张，照旧去努力自强，今天战胜了刘四，永远战胜刘四；刘四的诅咒适足以教祥子更成功，更有希望"。可惜，祥子在大杂院找不到小福子，当夜"烟酒又成了他的朋友。不吸烟怎能思索呢？不喝醉怎能停止住思索呢?"小福子的死讯把祥子推入绝境："他一天到晚老闭着口；口似乎专为吃饭喝茶与吸烟预备的。连喝醉了他都不出声，他会坐在僻静的地方去哭。几乎每次喝醉他必到小福子吊死的树林里去落泪；哭完，他就在白房子里住下。""一来二去，他连一个铜子也借不出了，他开始去骗钱花。凡是以前他所混过的宅门，他都去拜访，主人也好，仆人也好，见面他会编一套谎，骗几个钱；没有钱，他央求赏给点破衣服，衣服到手马上也变了钱，钱马上变了烟酒。"

到了故事的最后，祥子的形象总是和烟卷联系在一起："打着面小旗，他低着头，嘴里叼着烟卷，似笑非笑的随着大家走，一声也不出。""打着那么个小东西，他低着头，弯着背，口中叼着个由路上拾来的烟卷头儿，有气无力的慢慢的蹭。""没管打锣的说了什么，他留神的在地上找，看有没有值得拾起来的烟头儿。"

三、不变与大变之间：彼此呼应的画面或用词

除了那些多次重复的画面或用词，即不变的细节，那些前后变化、形成对比的画面或用词，即变化的细节，《骆驼祥子》中还有一些彼此呼应的画面或用词，这些细节描

写出了不变中的变化或变化中的不变，需要我们在关联和区分的思维活动中把握其精妙之处。

（一）树一样的祥子

第一章写祥子："是的，到城里以后，他还能头朝下，倒着立半天。这样立着，他觉得，他就很像一棵树，上下没有一个地方不挺脱的。""他确乎有点像一棵树，坚壮，沉默，而又有生气。"

第二十章写祥子："他的神气很像风暴后的树，静静的立在阳光里，一点不敢再动。原先他就不喜欢说话，现在更不爱开口了。天已很暖，柳枝上已挂满嫩叶，他有时候向阳放着车，低着头自言自语的嘴微动着，有时候仰面承受着阳光，打个小盹；除了必须开口，他简直的不大和人家过话。"

同样是像树一样的祥子，从"挺脱""坚壮""有生气"，到"一点不敢再动"，其间经历的是生活的"风暴"、命运的"风暴"。

（二）风中的祥子

第八章写在曹宅拉包月的祥子，"天是越来越冷了，祥子似乎没觉到"。因为"心中有了一定的主意，眼前便增多了光明；在光明中不会觉得寒冷"。如果一清早起了狂风，"把他打得出不来气""他低着头，咬着牙，向前钻，像一条浮着逆水的大鱼；风越大，他的抵抗也越大，似乎是和狂风决一死战。猛的一股风顶得他透不出气，闭住口，半天，打出一个嗝，仿佛是在水里扎了一个猛子。打出这个嗝，他继续往前奔走，往前冲进，没有任何东西能阻止住这个巨人；他全身的筋肉没有一处松懈，像被蚂蚁围攻的绿虫，全身摇动着抵御。这一身汗！等到放下车，直一直腰，吐出一口长气，抹去嘴角的黄沙，他觉得他是无敌的；看着那裹着灰沙的风从他面前扫过去，他点点头。风吹弯了路旁的树木，撕碎了店户的布幌，揭净了墙上的报单，遮昏了太阳，唱着，叫着，吼着，回荡着！忽然直驰，像惊狂了的大精灵，扯天扯地的疾走；忽然慌乱，四面八方的乱卷，像不知怎好而决定乱撞的恶魔；忽然横扫，趁其不备的袭击着地上的一切，扭折了树枝，吹掀了屋瓦，撞断了电线；可是，祥子在那里看着；他刚从风里出来，风并没能把他怎样了！胜利是祥子的！"

到了第二十一章，当"冬天又来到，从沙漠吹来的黄风一夜的工夫能冻死许多人"时，"听着风声，祥子把头往被子里埋，不敢再起来。直到风停止住那狼嗥鬼叫的响声，他才无可奈何的起来，打不定主意是出去好呢，还是歇一天。他懒得去拿那冰凉的车把，怕那噎得使人恶心的风。狂风怕日落，直到四点多钟，风才完全静止，昏黄的天上透出些夕照的微红。他强打精神，把车拉出来"。

同样是狂风天气，祥子从"和狂风决一死战"到"把头往被子里埋"，斗志的消解意味着梦想的消失。

（三）水边的祥子

第四章，祥子从军营连夜向北平奔逃，到北平城外的高亮桥西边，“他坐在河岸上，落了几点热泪!”正是“太阳平西”时分，“河上的老柳歪歪着，梢头挂着点金光。河里没有多少水，可是长着不少的绿藻，像一条油腻的长绿的带子，窄长，深绿，发出些微腥的潮味。河岸北的麦子已吐了芒，矮小枯干，叶上落了一层灰土。河南的荷塘的绿叶细小无力的浮在水面上，叶子左右时时放起些细碎的小水泡。东边的桥上，来往的人与车过来过去，在斜阳中特别显着匆忙，仿佛都感到暮色将近的一种不安”。这些景象，“在祥子的眼中耳中都非常的有趣与可爱”“因为它们都属于北平”。

第二十四章，出卖阮明换得六十块钱的祥子，走到积水滩的湖边，“轻轻的坐下”“一直坐到太阳平西”。这时，“湖上的蒲苇与柳树都挂上些金红的光闪”，他“立起来，顺着城根往西走”“城根的空旷，与城墙的高峻，教他越走越怕”。

同样是在暮色中，同样是在水岸边，同样是在北平城，从有趣到恐惧，祥子的堕落已经从身体深入到灵魂。

综上，那些多次重复的画面或用词，即不变的细节，那些前后变化、形成对比的画面或用词，即变化的细节，那些彼此呼应的画面或用词，即在不变中变化的细节或在变化中不变的细节，共同建构起《骆驼祥子》的细节世界，正是这些细节，在思想的深刻、思维的缜密、思路的连绵中，让情感的脉动和文字的肌理互相呼应，造就了一部经典之作。

第三章 细读：发现问题，合理探究

文本细读是文学批评的一种基本方法，该方法强调以文本为中心，重视语境对语言意义的规定性，重视文本的内部组织结构。我们所说的“细读”既包含和体现作为一种文学批评基本方法的文本细读的要求，又不局限于其语义学的起点和旨归。我们所说的“细读”，即细致深入地阅读，指向对文本意义的深度理解，同时服务于主体的语文能力和学科素养，以其思维品质的提升为主要目的。

如果说“通读”着力于文本人物和情节的梳理，以明确文本的内容即“写什么”为阶段性阅读目的，“品读”着力于文本语言和描写的分析，以品鉴文本的形式即“怎么写”为阶段性阅读目的，那么，“细读”阶段既可以针对文本的内容进行追问，也可以针对文本的形式进行探究，更可以针对文本内容和形式之间的关系即“为什么这样写”“为什么用这样的形式表现这样的内容”进行追问和探究，以提出并解决相关问题为阶段性阅读目的。

第一节　一落：车没了

“一起一落”是《骆驼祥子》故事情节的第一个回合，虽然作者只用了两个章节对这一部分故事内容进行书写，仅为全书二十四章的十二分之一，但这一部分故事内容十分重要。首先，从时间上来说，这一部分内容和后面的全部故事内容所经历的时间基本是平分秋色，都是三年半。其次，从社会环境和故事背景来说，这一部分内容呈现了军阀混战之下动荡不安的社会环境，整体勾勒了北平城里底层劳动者（车夫）的悲惨群像和凄凉境遇。再次，也是最重要的原因，是这一部分内容极其生动且饱满地塑造了祥子出场时的形象，祥子虽然有不善于言谈，不喜欢交流，而且歧视女性等缺点，但总体上是积极向上、勤劳质朴、敦厚善良的，遗憾的是，这样一个怀抱梦想、充满热情、生气勃勃的小伙子，在“一落”之后，一步一步走向堕落和沉沦。

表 3－1 是“一起一落”期间第一章和第二章的段落层次及大意列表。

表 3－1　“一起一落”期间段落层次及大意

<table>
<tr><th>章节</th><th>段落及大意</th><th>层次及大意</th><th>时间</th><th>地点</th></tr>
<tr><td rowspan="3">一</td><td>（一）祥子是北平城里的一个高等车夫</td><td>—</td><td>—</td><td rowspan="3">北平城内</td></tr>
<tr><td rowspan="2">（二）追述祥子成为高等车夫的艰苦历程</td><td>1. 祥子拉车攒钱</td><td rowspan="2">三年</td></tr>
<tr><td>2. 祥子花钱买车</td></tr>
<tr><td rowspan="5">二</td><td rowspan="3">（一）祥子被劫</td><td>1. 祥子与车</td><td>—</td><td rowspan="5">北平城外</td></tr>
<tr><td>2. 战争逼近</td><td rowspan="2">春</td></tr>
<tr><td>3. 祥子出城被劫</td></tr>
<tr><td rowspan="2">（二）祥子出逃</td><td>1. 兵营生活</td><td>一些日子</td></tr>
<tr><td>2. 半夜出逃</td><td>初夏</td></tr>
</table>

围绕“一起一落”期间的故事内容，我们可以提出一系列问题，在对这些问题进行探讨的过程中，提升思辨能力，同时理解作者在人物塑造和主题呈现上的匠心。

一、小说开篇第一章在写祥子之前，用一大段文字（五个自然段）介绍北平城里的洋车夫，试分析这样写有什么好处？

答案示例：

1. 祥子是一个北平城里拉洋车的高等车夫，在写祥子之前，先写北平洋车夫的派别，有助于让读者了解祥子的职业身份和社会地位。

2. 作者对北平洋车夫的介绍主要以年龄大小和身体好坏的不同来分类，对四十岁以上的车夫“早晚是一个跟头会死在马路上”的介绍，预示了祥子“将来的黑暗”生活和走上“死亡之路”的悲惨命运。

3. 通过对车夫这个职业群体工作情况和生活情况的介绍，可以让读者了解北平以及整个大时代的社会环境。

4. 在突出主题方面，车夫群体内部的不平等暗示了社会整体环境的不平等，这种不平等正是祥子及其他车夫悲剧命运的社会原因之一。

二、作者把北平城里的洋车夫分成哪几派？

答案示例：

作者把北平城里的洋车夫分成四派。第一派是年轻力壮、拉“整天儿”的，他们讲究租赁漂亮的车，工作时间比较自由。第二派是岁数稍大或身体稍差或有家庭负担的，他们多数拉八成新的车，工作时间也比较自由，尤其能够“拉晚儿”。第三派是年长或年幼的，他们的车破，工作时间一般从清晨到午后三四点钟。第四派比较特别，因为环境熟悉或有点与众不同的知识，一般跑长趟或专拉洋买卖，有比较固定的路线。

三、阅读第一章第二大段第一小段（从“这可绝不是件容易的事”到“整整的三年，他凑足了一百块钱!”），回答以下问题。

（一）这一部分可以分为哪几个层次？请分别概括每个层次的大意。

答案示例：

第一问：可分为三个层次。第一层，从“这可绝不是件容易的事”到“只要他的主意打定，他便随着心中所开的那条路儿走；假若走不通的话，他能一两天不出一声，咬着牙，好似咬着自己的心!”第二层，从“他决定去拉车，就拉车去了”到“就是在拉包车的里面，这也得算很名贵的”。第三层，从“他换了新车”到“整整的三年，他凑足了一百块钱!”

第二问：第一层“决定拉车”，第二层“赁车练习”，第三层“决心买车”。

（二）作者在描写祥子拉车的跑法时用了什么表现手法？

答案示例：

用了衬托的表现手法。作者先写新手、老者和没有什么力气的老手三种车夫的跑法，以反衬祥子力气大、步伐稳、速度快和极安全的拉车跑法。

（三）在拉车的过程中，祥子碰到了什么样的困难？

答案示例：

1. 无论如何小心，拉包月还是免不了被辞。

2. 一边拉散座，一边找包月时，常常闹错儿。如轮子被扎、碰到行人、碰丢车轴盖等。

3. 闹错儿后，因为懊恼或害怕而睡上一整天，睁眼后又后悔和自恨。

4. 因着急而自苦，因自苦而生病。生病后又因舍不得花钱去买药而使病情加重，以至于不仅要花钱买药，还得休息几日不能挣钱。

四、阅读第一章第二大段第二小段（从“他不能再等了”到最后），回答以下问题。

祥子花钱买车时的表现如何？请找出作者对此进行描写的句子，并做简要分析。

答案示例：

作者对祥子花钱买车时的表现进行描写的句子有：

1. 祥子的脸通红，手哆嗦着，拍出九十六块钱来：“我要这辆车！”

2. 祥子把钱又数了一遍：“我要这辆车，九十六！”

3. 祥子的手哆嗦得更厉害了，揣起保单，拉起车，几乎要哭出来。

“脸通红，手哆嗦”“手哆嗦得更厉害了”的神态描写和动作描写表明祥子在即将拥有属于自己的车、即将踏上梦想之路第一步时的激动心情。“拍出九十六块钱来”“把钱又数了一遍”的动作描写和语言描写表明祥子买车时既骄傲豪迈又谨慎小心的心情。

五、第一章中的祥子是个什么样的人？作者是如何表现这个人物形象的？

答案示例：

本章中的祥子是个个子高大、身体健硕、吃苦耐劳、沉默寡言、追求梦想、积极向上、意志坚定、省吃俭用、诚实体面、聪明能干，没有任何不良习惯的人，正如作者所言：“他仿佛就是在地狱里也能做个好鬼似的。”

作者通过叙述和多角度、全方位的描写表现祥子这一人物形象，通过外貌描写表现祥子的强壮，通过动作描写表现祥子的精干，通过心理活动描写表现祥子对梦想的执着和对自己的信心。

六、阅读第二章第一段（1 ~ 4 自然段），回答以下问题。

（一）祥子拉车为什么要快跑？

答案示例：

1. 因为他自己有力量：“高大”“发长”“硬棒”“固定”。

2. 因为车好：“那么美的车”“弓子软得颤悠颤悠的，连车把都微微的动弹；车箱是那么亮，垫子是那么白，喇叭是那么响”。

3. 因为祥子拉的是自己的车，车对祥子“有了知觉与感情”，人与车非常默契：

“祥子的一扭腰，一蹲腿，或一直脊背，它都就马上应合着，给祥子以最顺心的帮助，他与它之间没有一点隔膜别扭的地方。”

4．祥子认为快跑才能对得起人。

（二）这一部分内容分别写了人和车的情况，写作顺序是先写人后写车，如果改变顺序，先写车后写人，你觉得是否可行？

答案示例：

1．不行。因为：①第一自然段写的是“他看看自己，再看看自己的车”，接下来的两个自然段先写人（自己），再写车，结构上比较缜密；②小说以塑造人物形象为中心，祥子为本书主人公，车是附属于人的，所以应该先写人后写车。

2．可行。因为这样做可以强调祥子对车的重视和喜爱。不过如果这样写的话，最好要对第一自然段中的相关表述做修改：自己的车，当然格外小心，可是他看看车，再看看自己。

（三）这一部分在结构上有什么特点？

答案示例：

1．采用总—分—总的结构方式。

2．首尾回应。首尾段落都写了“祥子”和“车”，首段说祥子“胆子也就大起来”，同时也“格外小心”，尾段说祥子“小心与大胆放在一处”。

七、阅读第二章第二段（5～7 自然段），回答以下问题。

（一）这部分内容写当时的社会环境，却用祥子“敢放胆的跑”和“什么时候出车也不大去考虑”引出来，这样写有什么好处？

答案示例：

1．从结构上说，可以更好地承接上文。上文写“小心与大胆放在一处，他便越来越能自信，他深信自己与车都是铁做的”。

2．从人物形象上说，可以突出祥子只管埋头拉车，不顾环境变化的性格特点和“他觉得用力拉车去挣口饭吃，是天下最有骨气的事”的价值观。

3．从主题上说，这样写更好地把人和社会关联起来，在小人物和大的社会环境的对比和冲突中突出小人物的命运。

（二）文中说：“这种态度使他只顾自己的生活，把一切祸患灾难都放在脑后”，请问是什么态度？

回答示例：

祥子的态度是只关心他的车，不关心粮食的贵贱和环境的变化甚至战争的来临，因为在他看来，“他的车能产生烙饼与一切吃食，它是块万能的田地，很驯顺的随着他走，一块活地，宝地”。

（三）这一部分多次出现“谣言”一词，试分析每一自然段中的“谣言”有何不同的写作目的和表达效果？

答案示例：

1. 第五段出现两次，一方面写出社会状况的动荡不安，另一方面写祥子视动荡不安的社会状况为“谣言”，表明祥子不关心环境变化的性格特点以及不希望发生战乱的主观愿望和深层心理。

2. 第六段出现两次，跟第五段相比较，作用上有所推进，一方面写出了动荡不安的社会状况下人民对生活的忧惧大于希望的社会现实，另一方面写出了祥子性格中突出的个人主义特点：“他不大关心战争怎样的毁坏田地，也不大注意春雨的有无”，之所以如此，是因为他认为这些跟他自己的生活没有关系。

3. 第七段出现五次，跟前面两段相比，作用上有所拓展，一方面写出了城里人无聊的群像特征（“他们可会造谣言”），另一方面还在谣言和谣言的比较中巧妙地写出了当下战争的必然来临（“别的谣言往往始终是谣言”“关于战争的，……谣言反倒能立竿见影”）。

（四）这一部分的三个自然段都在写社会环境，内容与祥子的命运并不直接相关，为什么作者要花费这么多的笔墨来写？

答案示例：

作者并不是孤立地写社会环境，而是把祥子和其他人物群像放在社会环境中来写，既写出了“谣言”的具体内容，又写出了“谣言”对人们生活的影响以及祥子对待“谣言”的态度，还写出了谣言的产生以及战争谣言的正确性，在强调环境动荡的同时突出了人物形象（包括祥子的个性形象和乡下人、城里人的群像特征）。

八、阅读第二章第三段（从“就是在这个情形下，祥子把车拉出城去”到“祥子和光头的矮子连车带人都被十来个兵捉了去！”），回答以下问题。

（一）“就是在这个情形下，祥子把车拉出城去”这一句话在文中起什么作用？

答案示例：

起承上启下的过渡作用。首先承接上文，“这个情形”即上文所写战争的谣言“反倒能立竿见影”，是战争来临的社会环境。其次总起下文，“祥子把车拉出城去”是对下面内容的高度概括。

（二）祥子明知道出城有危险，为什么还是拉车出了城？

答案示例：

1. “大个子”这一称呼所包含的赞美之意：“‘大个子’三个字把祥子招笑了，这是一种赞美。他心中打开了转儿：凭这样的赞美，似乎也应当捧那身矮胆大的光头一场。”

2. 平常二三毛钱的生意可以挣两块钱的诱惑：“两块钱是两块钱，这不是天天能遇到的事。”

3. 不一定会那样巧的侥幸心理：“危险？难道就那样巧？”

4．传言未必真实的现实佐证：“前两天还有人说天坛住满了兵；他亲眼看见的，那里连个兵毛儿也没有。”

（三）祥子明知道事情要坏，却“不能说了不算，不能要老娘们脾气”，对此，你如何评价？

答案示例：

1．好。大丈夫应诚实守信，讲究声誉，临危不惧。

2．不好。“君子不立于危墙之下”，男子汉应随机应变。

（四）本部分内容对祥子被兵丁抓捕的情节写得十分简略，试分析其原因。你认为对待兵丁的抓捕，祥子会是怎样的态度？

答案示例：

第一问：1．被兵丁抓捕的情节对于祥子形象的塑造没有太大帮助。2．一旦详写祥子被兵丁抓捕的情节，必然要正面塑造兵丁的形象，作者要么不熟悉兵丁形象，要么对战争中底层兵丁的境遇也充满同情，不愿意正面书写他们抢掠老百姓的情节，故略写。

第二问：略（根据后文中祥子被孙侦探讹钱时的表现来看，祥子不会反抗。在他和孙侦探一对一对峙的情况下，他都没有反抗，可见祥子性格中有懦弱的成分。有学生认为祥子会反抗，理由是前文中写到祥子很自信，但要切记祥子的自信只是针对他的身体强壮和车技高超）。

九、阅读第二章第四段（从“虽然已到妙峰山开庙进香的时节”到“热望使他浑身发颤!”），回答以下问题。

（一）本部分开头三个自然段详细书写了祥子的心理活动，请概括祥子被抓和被抢后的心理活动内容，或者说这几段写了祥子的哪几种情感？面对这样的境遇，很多人可能会后悔自己之前的行为选择，为何祥子却没有对自己拉车出城的行为选择产生悔恨之情？

答案示例：

第一问：

1．首先是痛恨。恨兵丁，恨世道，痛恨让他发出了“凭什么”的喊声。

2．其次是痛惜。痛惜他的车，痛惜以前遭遇的一切辛苦困难，痛惜让他落了泪。

3．最后是想逃。想逃的意愿表明祥子不甘屈服于命运的安排。

第二问：祥子对自己拉车出城的行为选择没有产生悔恨之情或许因为祥子不善于从自己身上找原因，不善于吸取失败的教训。

（二）本部分最后一个自然段在详细书写祥子心理活动的时候，突出了他对所处地域的判断和逃跑路线的设计，请问这样写有什么好处？

答案示例：

1．十分切合祥子人力车夫的职业身份。有经验的车夫应该都很熟悉所处城市的地理状况和行车路线。

2. 除了突出祥子作为车夫的专业性，还写出祥子基于生活经验的准确的判断力和性格中可贵的决断力。

（三）从一心想着逃出军营，到准确判断出逃时机，突出祥子什么样的性格特点？

答案示例：

一心想着逃出军营突出了祥子勇于抗争的性格特点，准确判断出逃时机突出了祥子善于决断的性格特点。

（四）根据本部分对兵丁所进行的侧面描写，说一说兵丁们的性格特征。

答案示例：

1. 兵丁们对待老百姓很残暴，他们不仅抢劫老百姓的财物，剥削老百姓的劳动，而且虐待老百姓："他的衣服鞋帽，洋车，甚至于系腰的布带，都被他们抢了去；只留给他青一块紫一块的一身伤，和满脚的疱！""他随着兵们跑，汗从头上一直流到脚后跟。走，得扛着拉着或推着兵们的东西；站住，他得去挑水烧火喂牲口。"

2. 兵丁们没有战略和军事上的作为，只是在山路上绕来绕去地跑。用文中的原话来说，就是"只会跑路与抢劫"。

十、阅读第五段（最后三个自然段），回答以下问题。

（一）试分析文中"他喜欢这个声音，像夜间忽然听到鸡鸣那样使人悲哀，又觉得有些安慰"一句的含义。

答案示例：

句子中"这个声音"是指上文中写到的骆驼的哀叫声，祥子喜欢这个声音的原因是骆驼与他"同为俘虏"的境遇相同，让他悲哀的是他们都身陷不自由的境地，让他感到安慰的是终于有了同伴。之所以用"像夜间忽然听到鸡鸣那样"是因为"鸡鸣"代表比较稳定的村居生活，让他联想到并因此反衬出自己当下的没有自由和颠沛流离，从而感到悲哀；对于鸡鸣声"又觉得有些安慰"是因为鸡鸣毕竟代表人烟，而自己此刻毕竟还有骆驼的声音，有骆驼在陪伴自己。

（二）为什么祥子在明白"机会到了"的时候要去"找到那几匹骆驼"呢？

答案示例：

一开始是因为"他明知道骆驼不会帮助他什么，但他和它们既同为俘虏，好像必须有些同情"。也就是说，境遇的相同使得祥子下意识地要和骆驼在一起。后来是因为他判断兵丁们是否选择带走骆驼意味着他是否可以逃出兵营，即文中所写的"骆驼的命运也就是他的命运"。

（三）行文至此，作者为什么不再交代光头的矮子和车上乘客的下落？

答案示例：

作者要集中笔墨写主人公的故事，所以不再旁逸斜出，多生枝节。

十一、电影《骆驼祥子》以祥子在兵营里的生活为片头，并且添加了两个小说中没有的细节。一是祥子从沉甸甸的大车上往下卸东西，二是祥子俯望着在混乱中坠落山崖的大车大哭，试分析电影为何塑造这样两个细节。

答案示例：电影艺术以画面等语言进行表达，加上受限于有限的观影时间和银幕空间，不能用文字向观众交代祥子和车的关系、祥子对车的感情，所以只能通过这两个细节的虚构和塑造来表现祥子车夫的身份、他对车的爱护、他在兵营所受的虐待、他失车的悲痛以及他对大兵的憎恨、对命运的无奈、对前途甚至对自身的怀疑。

第二节　二落：车没了

从详略安排上来说，《骆驼祥子》中的“二起二落”和“三起三落”近乎同样着重描写，都用了九章的篇幅，但因为从第十一章祥子被孙侦探讹去全部存款到第十三章祥子回人和车厂的故事内容其实是祥子被讹的后续故事，所以作者在“二起二落”上所花的笔墨实际上还要更多一些。

表3－2是“二起二落”期间即第三章至第十一章各章的段落层次及大意列表。

表3－2　“二起二落”期间段落层次及大意

<table>
<tr><th>章节</th><th>段落及大意</th><th>层次及大意</th><th>时间</th><th>地点</th></tr>
<tr><td rowspan="4">三</td><td rowspan="2">（一）在路上</td><td>1. 祥子带着骆驼逃跑</td><td rowspan="4">一夜</td><td rowspan="4">北平城外</td></tr>
<tr><td>2. 祥子想到卖骆驼的好主意</td></tr>
<tr><td rowspan="2">（二）在村里</td><td>1. 祥子进村</td></tr>
<tr><td>2. 祥子卖掉骆驼</td></tr>
<tr><td rowspan="5">四</td><td rowspan="3">（一）走进北平城</td><td>1. 得名“骆驼”</td><td rowspan="5">一天</td><td rowspan="3">由城外到城内</td></tr>
<tr><td>2. 途中种种</td></tr>
<tr><td>3. 进城一刻</td></tr>
<tr><td rowspan="2">（二）回到人和车厂</td><td>1. 关于人和车厂</td><td rowspan="5">人和车厂</td></tr>
<tr><td>2. 回到人和车厂</td></tr>
<tr><td rowspan="5">五</td><td rowspan="3">（一）祥子拉散座</td><td>1. 祥子想买新车</td><td rowspan="3">—</td></tr>
<tr><td>2. 祥子的花钱和挣钱</td></tr>
<tr><td>3. 刘家父女看祥子</td></tr>
<tr><td rowspan="2">（二）祥子拉包月</td><td>1. 杨宅头一天</td><td rowspan="2">四天</td><td rowspan="2">杨宅</td></tr>
<tr><td>2. 从杨宅辞工</td></tr>
</table>

续上表

章节	段落及大意	层次及大意	时间	地点
六	（一）那一夜	1. 祥子再回人和	初秋 一夜＋一天	人和车厂
		2. 祥子遭遇虎妞		
		3. 星样的游戏		
	（二）第二天	1. 祥子饱受困扰		
		2. 祥子邂逅良机		
		3. 特殊的告别		
七	（一）在曹宅	1. 祥子的两层缠绕	—	曹宅
		2. 小绿洲		
		3. 祥子的一些缠绕		
	（二）祥子失手	1. 祥子摔跤	一天晚间	
		2. 祥子请辞		
		3. 祥子留下		
八	（一）钱的处置法	1. 放贷	—	
		2. 存入银行		
		3. 起会		
		4. 放入罐中		
	（二）祥子的奋斗	1. 风中的巨人	进入年关	
		2. 年关将近		
九	（一）虎妞找上门来	1. 门前	一天晚上	
		2. 东便道上		
		3. 边走边说		
		4. 桥上		
	（二）祥子掉入陷阱	1. 祥子睡不着		
		2. 祥子买酒		
		3. 祥子吞酒		
十	（一）祥子没了主意	—	—	
	（二）小茶馆里	1. 车夫们的倾诉	一个晚上 （虎妞找他的第三天晚上）	
		2. 老少车夫的故事		
		3. 祥子的希望破灭		
十一	（一）祥子被跟踪	1. 恼人的二十七	一天 （祭灶那天）	
		2. 别扭的祭灶天		
		3. 背后追着个侦探		
		4. 曹先生的交代		
	（二）祥子被讹诈	1. 祥子被尾随		
		2. 祥子被吓唬		
		3. 祥子被讹诈		
		4. 祥子被驱逐		

同样，围绕“二起二落”期间的故事内容和艺术表达，我们可以提出一系列的问题，在对这些问题进行探讨的过程中，我们需要梳理、概括和分析情节，需要综合、质疑和反思，从而提升思辨能力，理解作者在人物塑造和主题呈现上的匠心。

一、阅读第三章第一大段中的第一小段（从开头到“大概他是先睡着了而后坐下来的，因为他的疲乏已经能使他立着睡去的”），回答以下问题。

（一）这一部分可以分为哪几个层次？请分别概括每个层次的大意。

答案示例：

第一问：可分为三个层次。第一层，前面四个自然段，即从开头到“一切都交给天了，白得来的骆驼是不能放手的”；第二层，中间两个自然段，即从“因拉惯了车，祥子很有些辨别方向的能力”到“不，就这样走吧”；第三层，后面三个自然段，即从“大概的他觉出是顺着大路走呢；方向，地点，都有些茫然”到“大概他是先睡着了而后坐下来的，因为他的疲乏已经能使他立着睡去的”。

第二问：第一层“带走骆驼不放手”，第二层“选择路线整衣装”，第三层“黑暗无边心茫然”。

（二）第三层大量描写了祥子的心理活动，请举例说明作者对祥子的心理活动描写有什么特点？这样写有什么好处？

答案示例：

1. 把环境描写即夜色的黑暗和祥子心里的茫然结合在一起写。如“夜还很黑，空中有些湿冷的雾气，心中更觉得渺茫”“再加上四围的黑暗，使他觉得像在一团黑气里浮荡，虽然知道自己还存在着，还往前迈步，可是没有别的东西来证明他准是在哪里走，就很像独自在荒海里浮着那样不敢相信自己”。这样写很真实，很有画面感，能够让读者身临其境，从而更好地理解祥子的心理活动。

2. 把动作描写和心理描写结合在一起。如“用力看看地，地上老像有一岗一岗的，及至放下脚去，却是平坦的。这种小心与受骗教他更不安静，几乎有些烦躁”“不知道是往前走呢，还是已经站住了，心中只觉得一浪一浪的波动，似一片波动的黑海，黑暗与心接成一气，都渺茫，都起落，都恍惚”。这样写一方面很真实，符合祥子正在逃跑的现实境遇，另一方面更有画面感，心理活动是内在的、看不见的，而行为动作是外在的、看得见的，这样写更能够突出人物形象。

（三）祥子逃跑时有明确的目的地吗？何以见得？祥子为什么要向着这一目的地前进？

答案示例：

第一问：有，祥子的目的地是城里。

第二问：文中两处直接写出祥子的目的地：“他必须稳稳当当的快到城里，……”“快快的到城里是第一件要紧的事”。

第三问：祥子之所以想赶紧回到城里，是因为他在城里才可以拉车挣钱养活自己。

（四）祥子在独自逃跑的途中想了很多很多，试分析他为什么不跟骆驼说话？

答案示例：

首先，因为祥子本身就不是一个爱说话的人，第二章说“他平常很不喜欢说话”，这一部分内容说他“不大喜欢交朋友”。其次，因为骆驼只是祥子在一无所有的情况下随手抓住的一点东西，对于祥子来说并无特别的意义。

二、阅读第三章第一大段中的第二小段（从“他忽然醒了”到“不管身上是怎样褴褛污浊，太阳的光明与热力并没将他除外，他是生活在一个有光有热力的宇宙里；他高兴，他想欢呼！”），回答以下问题。

（一）找出几个能体现祥子性格特征的句子，并对每个句子所体现的祥子的性格特征进行分析。

答案示例：

1．“假若他想到拿这三匹骆驼能买到一百亩地，或是可以换几颗珍珠，他也不会这样高兴。”这句话说明祥子喜欢车，而祥子之所以喜欢车，是因为他愿意凭借自己的劳动来创造美好的生活。

2．“他承认自己是世上最有运气的人，上天送给他三条足以换一辆洋车的活宝贝；这不是天天能遇到的事。他忍不住的笑了出来。”这句话一方面说明祥子特别喜欢车，另一方面也说明祥子是个容易满足、性格单纯的人。

3．“祥子对着那片红光要大喊几声，自从一被大兵拉去，他似乎没看见过太阳，心中老在咒骂，头老低着，忘了还有日月，忘了老天。”这句话一方面说明祥子在兵营里的境遇很糟糕，另一方面也说明祥子是一个对厄运不服从的人。

（二）文中两处写到了村犬和祥子对村犬的反应，第一处是祥子进村之前：“远远的听到村犬的吠声，非常的好听。”第二处是祥子进村之时：“村犬向他叫，他没大注意；……”为何祥子对犬吠声的反应前后完全不同？

答案示例：

祥子进村之前，远远地听到村犬的吠声，之所以觉得非常好听，是因为犬吠声意味着人烟，意味着他终于可以回到人群中，回到“光明和平的阳光下”，回到正常的生活之中。祥子进村时，之所以对村犬的叫声没大注意，是因为他终于见到了村民，而村民们的注视令他不大自在，令他“非常的难堪”，让他不再因为自己的身量和力气而“自尊自傲”。

三、有人说刘四爷是个典型的“老炮儿”，你同意吗？你如何评价祥子把刘四爷算作黄天霸这一体面人物的认识和态度？

答案示例：

“老炮儿”一词为北京俚语，过去常指性格暴烈、行为混蛋的混混，现引申为在某一行业曾经辉煌过的中老年人，至今仍然保持着自尊和技艺，受人尊重。说刘四爷是个典型的“老炮儿”并不妥帖。刘四爷年轻的时候当过库兵，设过赌场，买卖过人口，放过阎王账，打过群架，抢过良家妇女，跪过铁索，坐过监狱，并非只是个混混，而是典型的黑恶势力。民国以后，刘四爷开洋车厂子，在虎妞的帮助下，“晓得怎样对付穷人”的他“把人和车厂治理得铁筒一般”，刘四爷因此“实在不愿她出嫁”，可见刘四爷是一个很自私的人，对亲生女儿尚且如此，更何况对祥子和车夫们了。所以，虽然“大家若是有个急事急病，只须告诉他一声，他不含糊，水里火里他都热心的帮忙”，但其实和优待祥子一样，是为着他的“字号”，是“另有笔账儿”。即便如此，祥子依旧认为他“虽然厉害，可是讲面子，叫字号，决不一面儿黑”，是个黄天霸一样的体面人物，可见祥子对刘四爷的认识和态度，和车夫们误以为他发了邪财而对他“另眼看待”一样，很大程度上是邪恶的社会风气造成的，是时代的局限性，也充分暴露了祥子的局限性。

四、祥子在杨宅的待遇如何？请结合文本具体分析，并说说你如何评价祥子从杨宅辞工的行为？

答案示例：

第一问：祥子在杨宅的待遇很糟糕，表现在以下方面。

1. 活儿太累。首先是拉车的活儿很重：“一清早，大太太坐车上市去买菜。回来，分头送少爷小姐们上学，有上初中的，有上小学的，有上幼稚园的，学校不同，年纪不同，长相不同，可是都一样的讨厌，特别是坐在车上，至老实的也比猴子多着两手儿。把孩子们都送走，杨先生上衙门。送到衙门，赶紧回来，拉二太太上东安市场或去看亲友。回来，接学生回家吃午饭。吃完，再送走”“一批批的把孩子们都接回来，……还得去接杨先生……”其次是还要干很多条件之外的工作：“大太太扯着天津腔，叫他去挑水”“二太太叫他去给买东西”“大太太叫他打扫院子”“二太太叫他顺手儿也给屋中扫一扫”“二太太把个刚到一周岁的小泥鬼交给了他”……

2. 吃喝不好。“大太太和二太太一向是不和的，可是在家政上，二位的政见倒一致，其中的一项是不准仆人闲一会儿，另一项是不肯看仆人吃饭。”除了不给饭吃，住宿条件也特别差：“屋里又潮又臭，地上的土有个铜板厚，靠墙放着份铺板，没有别的东西。他摸了摸床板，知道他要是把头放下，就得把脚蹬在墙上；把脚放平，就得半坐起来。他不会睡元宝式的觉。想了半天，他把铺板往斜里拉好，这样两头对着屋角，他就可以把头放平，腿奋拉着点先将就一夜”“迷迷糊糊的觉得有臭虫，可也没顾得去拿”。

3. 挨骂。“他想把这个宝贝去交给张妈——一个江北的大脚婆子。找到她，劈面就被她骂了顿好的。”“二太太以为他这是存心轻看她，冲口而出的把他骂了个花瓜。大太太的意思本来也是不乐意祥子替二太太抱孩子，听见二太太骂他，她也扯开一条油光水滑的嗓子骂，骂的也是他；祥子成了挨骂的藤牌。”

4. 没有零钱。祥子之所以愿意拉包月，除了收入稳定之外，有一个重要的原因是有节赏和零钱，而祥子之所以在杨宅一忍再忍，是指望杨宅“时常打牌，请客，有饭局”，可以得到些零钱，但事实上，杨宅的大太太非常小气，在“撩袍拖带的浑身找钱，预备着代付客人的车资”时，一方面“仿佛要拼命似的喊”，另一方面却在“递过那一毛钱的时候，太太的手有点哆嗦”，最后，在祥子“看了太太一眼”的示意下，她才拿出一毛钱来，态度恶劣地拿给祥子。

第二问：我认为祥子从杨宅辞工是对的，人应该有基本的血性，更何况他已经在“低声下气的维持事情”了，实在是因为杨太太挑战了他的底线，践踏了他的尊严，他是在忍无可忍的情况之下做出的选择，是正常的反应。（或答：我认为祥子从杨宅辞工是不对的，所谓“小不忍则乱大谋”，人应该目光长远一些，对待现实的境遇应该能屈能伸，毕竟祥子的目标是买车，而拉包月的收入比较有保障，可以让他距离这一目标近一些。）

五、阅读第八章，说一说文中提供了几种储钱和理财的方法？祥子是如何处理他的钱财的？为什么？

答案示例：

第一问：1. 放贷；2. 存入邮局或银行；3. 起会。

第二问：祥子买了一只大号的闷葫芦罐儿，把钱放入其中。

第三问：1. 祥子的认知局限：“他觉得钱在自己手里比什么也稳当。不错，这么着是死的，钱不会下钱；可是丢不了也是真的。”2. 祥子有主见，而且为自己有主见感到自豪：“各人有各人的办法，他不便全随着高妈。”“祥子没说什么，等高妈走了，对自己点了点头，似乎是承认自己的一把死拿值得佩服，心中怪高兴的。”

六、“这时候，老者的干草似的灰发，脸上的泥，炭条似的手，和那个破帽头与棉袄，都像发着点纯洁的光，如同破庙里的神像似的，虽然破碎，依然尊严。”从世俗的眼光来看，小马儿的祖父十分卑微贫贱，但作者却用“纯洁”“尊严”来形容他，试分析其中的原因，并说说小马儿和他的祖父这两个人物形象有什么作用。

答案示例：

第一问：台湾作家龙应台在《百年演讲》中曾说：“透过作家的眼光，我们和村子里的人生就有了艺术的距离。在《药》里头，你不仅只看见愚昧，你同时也看见愚昧后面人的生存状态，看见人的生存状态中不可动摇的无可奈何与悲伤。在《祝福》里头，你不仅只看见贫穷粗鄙，你同时看见贫穷下面‘人’作为一种原型最值得尊敬的痛苦。文学，使你‘看见’。”作者之所以用“纯洁”“尊严”来形容穷苦人，是因为他看到了贫穷下面“人”作为一种原型最值得尊敬的痛苦。

第二问：1. 凸显主题的作用。小马儿和他的祖父巧妙呼应了本书第一章中作者所写到的北平不同派别的洋车夫，在丰富旧北平底层车夫形象的同时，揭示旧社会穷苦人的痛苦境遇和悲惨命运，从而凸显主题。2. 突出主要人物的作用。小马儿和他的祖父的出现影响了祥子的人生选择，从而推动人物性格和故事情节合理向前发展。3. 小马儿和他的祖父有自己独特的个性特征，前者要强，后者温和，是现代文学史上经典的次要人物形象。

七、找到文中祥子喝酒的细节描写，说说“喝酒”对于祥子来说意味着什么？

答案示例：

1. 文中祥子第一次喝酒，是从杨宅辞工回到人和车厂的那个夜晚，在虎妞的蛊惑下，“他把酒盅接过来，喝干。一股辣气慢慢的，准确的，有力的，往下走，他抻长了脖子，挺直了胸，打了两个不十分便利的嗝儿”“好像为是壮壮自己的胆气，他又喝了口酒”“他警告着自己，须要小心；可是他又要大胆。他连喝了三盅酒，忘了什么叫作小心”。2. 文中祥子第二次喝酒，是虎妞到曹宅找他的那个夜晚，一方面，“他决定去打些酒，喝个大醉”，另一方面，“不，他不能为那点缠绕而毁坏了自己，不能从此破了酒戒”，最后，怎么也睡不着的他“猛的坐起来，摸住酒碗，吞了一大口！”喝酒对祥子来说，意味着与要强的、积极的、向上的生活方式背道而驰，意味着眼前的乐子，意味着对其他车夫生活方式的认同，也意味着失败的命运。

八、面对孙侦探的威胁和讹诈，你认为祥子是否还可以有其他的做法？

答案示例：

可以有。祥子完全可以反抗，首先，祥子年轻力壮身体好，其次“战场”是在曹先生家里，祥子对环境更加熟悉，况且孙侦探只有一个人，虽然他一度把“手伸入棉袍中”，并威胁祥子说要开枪，但并没有真的掏出枪来，也不见得真的有枪。也就是说，如果祥子敢于反抗，他不见得打不过孙侦探。（或答：不可以有。首先，孙侦探是侦缉队上的人，代表着官方。其次，孙侦探有枪，祥子如果反抗，很有可能像孙侦探所威胁的那样“把你杀了像抹个臭虫”，所以祥子还是委曲求全，从长计议为好。）

第三节　三落：人没了

《骆驼祥子》中祥子的“三起三落”最为曲折坎坷，也最为惊心动魄。表 3－3 是“三起三落”期间即第十二章到第二十章各章的段落层次及大意列表。

表 3－3　“三起三落”期间段落层次及大意

章节	段落及大意	层次及大意	时间	地点
十二	（一）劫后（上）	1. 祥子无处可去	—	曹宅
		2. 祥子回到曹宅		
	（二）劫后（下）	1. 半夜找老程		王宅
		2. 说起那点事		
		3. 坚决不当贼		
十三	（一）祥子告别老程	1. 晨起	一天（祭灶第二天）	
		2. 诉说		
		3. 王二来看房		
	（二）祥子再回人和	1. 祥子是个能干活的死人		人和车厂
		2. 祥子成为众车夫的仇人	一天（第二天）	

续上表

章节	段落及大意	层次及大意	时间	地点
十四	（一）寿诞（上）	1．刘四爷的美中不足	一天（腊月二十七）	人和车厂
		2．祥子翻脸		
		3．刘四爷开骂		
	（二）寿诞（下）	1．父女吵嘴		
		2．祥子被骂		
		3．虎妞要走		
十五	（一）成婚那一天	1．父女决裂		
		2．虎妞匆匆备婚	—	天顺煤厂
		3．祥子莫名结婚	一天（正月初六）	大杂院里
	（二）婚后第二天	1．祥子茫然闲逛	一个上午（正月初七）	
		2．夫妇无味午饭		
		3．两人各有打算		
十六	（一）祥子自行拉车	1．祥子的赁车决策	一天（元宵节）	
		2．祥子的身体大不如前	一天（正月十七）	
		3．祥子怏怏回家		
	（二）虎妞同意买车	1．虎妞让步	一天（这一天）	
		2．人和变样		
		3．祥子笑了		
十七	（一）祥子买车	1．虎妞决定买一辆车	一个季度（从初春到初夏）	
		2．二强子和他的车		
		3．祥子拉上自己的车		
	（二）虎妞有了伴儿	1．小福子回到大杂院	四月半	
		2．虎妞支持小福子卖淫	—	
十八	（一）大杂院里	1．六月的大杂院	六月	
		2．例外的两家		
	（二）六月十五那天	1．在烈日下	六月十五	
		2．在暴雨下		
		3．祥子病了		

续上表

章节	段落及大意	层次及大意	时间	地点
十九	（一）他们仨	1. 祥子的大病	八月十五	大杂院里
		2. 小福子的哀求	—	
		3. 虎妞的花销	—	
	（二）虎妞难产而死	1. 虎妞临产	过新年的时候	
		2. 虎妞难产	月底	
		3. 虎妞断气	夜里十二点	
二十	（一）祥子处理后事	1. 虎妞下葬	—	
		2. 祥子决定搬走		
		3. 最后的清理		
	（二）回到起点	1. 在厂子里	—	车厂
		2. 在夏宅拉包月	立秋	夏宅

同样，围绕“三起三落”期间的故事内容和艺术表达，我们可以提出一系列问题，在对这些问题进行探讨的过程中，我们需要梳理、概括和分析情节，需要综合、质疑和反思，从而提升思辨能力，理解作者在人物塑造和主题呈现上的匠心。

一、阅读第十二章中对“祥子说不清的那点事”的插叙，分析阮明的形象特征，并说说这一段插叙有什么作用。

答案示例：

第一问：1. 阮明对中国历史（“乱世的志士往往有些无赖，历史上有不少这样可原谅的例子”）和中国文化（“面子，在中国是与革命有同等价值的”）存在偏颇认识，对青年发展（“因为轻看学问，慢慢他习惯于懒惰，想不用任何的劳力而获得大家的钦佩与爱护；无论怎说，自己的思想是前进的呀！”“既然平日交情不错，而到考试的时候使人难堪，他以为曹先生为人阴险”）和革命事业（“在这种破乱的世界里，一个有志的青年应当作些革命的事业，功课好坏可以暂且不管”）存在错误认识。2. 阮明心胸狭隘、心理阴暗（“成绩是无可补救了，停学也无法反抗，他想在曹先生身上泄泄怒气。既然自己失了学，那么就拉个教员来陪绑”）。3. 阮明手段毒辣（“到党部去告发——曹先生在青年中宣传过激的思想”）。

第二问：1. 情节上，交代了事情的起因。2. 人物形象上，间接塑造了阮明这一青年人物形象，进一步体现了曹先生为人的正直，也表现出他对青年认识的不足。3. 反映了当时政治恐怖的社会背景。4. 折射了当时混乱的社会治理（“人比法律更有力”）和邪恶的社会风气。

二、“祥子没有想什么，只管扛着铺盖往前走。一气走到了人和车厂。他不敢站住，只要一站住，他知道就没有勇气进去。他一直的走进去，脸上热得发烫。”试关联前后文分析祥子回人和车厂时的心理活动和加点词的作用。

答案示例：

第一问：祥子对虎妞让他“赶二十七老头子生日那天，你去给他磕三个头”的安排一直心怀愤懑、焦虑和恐惧，但又想不到抗拒的办法，正在痛苦纠结之中，却因为被讹去存款，丢了工作，不得已要回到人和车厂去，他内心里充满了向命运妥协的悲愤和无奈（“他顾体面，要强，忠实，义气；都没一点用处，因为有条‘狗’命!”）。在回人和车厂的一路上，他“没有想什么”，是因为他不敢想什么。

第二问：“只管”“一气”“一直”等副词用来修饰“走”，写出了祥子回人和车厂的途中什么都不敢想，一步也不能停下来的状态，正是这种坚决的、豁出去了的态度写出了他对命运屈从时的痛苦。

三、祥子又穷又倔，虎妞为什么愿意跟他结婚？虎妞又有钱又能干，祥子为什么不喜欢她？祥子明明不喜欢虎妞，为什么还要跟她结婚？你认为他们的婚姻中存在哪些问题？

答案示例：

第一问：祥子虽然又穷又倔，但年轻力壮有搞头，吃苦耐劳有奔头，善良本分很靠谱，正如书中所说：“他是理想的人：老实，勤俭，壮实。”对于虎妞这样一个不差钱的老姑娘来说，祥子显然是非常合适的结婚对象：“以她的模样年纪说，实在不易再得个这样的宝贝。”

第二问：虎妞虽然又有钱又能干，但不符合祥子对婚姻对象的理想：“假若他有了自己的车，生活舒服了一些，而且愿意娶亲的话，他必定到乡下娶个年轻力壮，吃得苦，能洗能作的姑娘。”“最后，他必须规规矩矩，才能对得起将来的老婆，因为一旦要娶，就必娶个一清二白的姑娘，所以自己也得像那么回事儿。”对于祥子来说，虎妞年龄太大，模样太丑，个性太厉害，而且不是处女，是个“破货”：“当个娘们看，她丑，老，厉害，不要脸！就是想起抢去他的车，而且几乎要了他的命的那些大兵，也没有像想起她这么可恨可厌！她把他由乡间带来的那点清凉劲儿毁尽了，他现在成了个偷娘们的人!”

第三问：祥子明明不喜欢虎妞，但一方面，就虎妞这个人来说，她除了有钱和能干，还有自己的优点：“她对谁都是那么直爽”。另一方面，就虎妞和祥子的关系来说，一是虎妞真心对祥子好，“虎妞更喜欢这个傻大个儿，她说什么，祥子老用心听着，不和她争辩；别的车夫，因为受尽苦楚，说话总是横着来；她一点不怕他们，可是也不愿多搭理他们；她的话，所以，都留给祥子听”“对祥子，她真是一百一的客气，爱护”“她平日很看得起他”“虎姑娘一向对他不错”。二是虎妞给了祥子第一次性体验，这种体验十分深刻，很难随意抹去，“不管怎样的愤恨，怎样的讨厌她，她似乎老抓住了他的心，越不愿再想，她越忽然的从他心中跳出来，一个赤裸裸的她，把一切丑陋与美好一下子，整个的都交给了他，像买了一堆破烂那样，碎铜烂铁之中也有一二发光的有色的小物件，使人不忍得拒绝。他没和任何人这样亲密过，虽然是突如其来，虽然是个骗诱，到底这样的关系不能随便的忘记，就是想把它放在一旁，它自自然然会在心中盘绕，像生了根似的”。三是从祥子的角度看，他不愿意离开北平，因为他在拉车之外没有其他的谋生能力，并且除了虎妞之外，他没有朋友，“想起虎妞，设若当个朋友看，她确是不错”，更重要的是，虎妞有钱，可能帮他满足买车的愿望，“自从虎妞到曹宅找他，他就以为娶过她来，用她的钱买上车，自己去拉。虽然用老婆的钱不大体面，但是他与她的关系既是种有口说不出的关系，也就无可如何了”。四是在刘四爷的寿诞上，虎妞跟刘四爷吵翻之时，他俩的事情已经人尽皆知了，“为目前这一场，她既然和父亲闹翻，而且愿意跟他走；骨子里的事没人晓得，表面上她是为祥子而牺牲；当着大家面前，他没法不拿出点英雄气儿来”。因此，祥子虽然不喜欢虎妞，但并没有“跺脚一跑”，还是跟她结了婚。

四、在热热闹闹的寿诞上，刘四爷为什么和虎妞发生争执？他为什么不愿意成全虎妞？从中可以看出他是个什么样的人？

答案示例：

第一问：1. 刘四爷心情不好，一方面对自己的境遇不满意。和他的老朋友们相比，他原本“觉得自己确是高出他们一头”，但“在这个热闹的局面中，他也感觉到一点凄凉难过”，原因是“自己什么也不缺，只缺个儿子。自己的寿数越大，有儿子的希望便越小，祝寿本是件喜事，可是又似乎应落泪。不管自己怎样改了良，没人继续自己的事业，一切还不是白饶？”另一方面，他对人情礼金不满意，“号数不少，可是多数的是给四十铜子或一毛大洋”“不用说，大家连亲带友，全想白吃他一口”。2. 刘四爷看出虎妞对祥子有意，担心“姑娘再跟人一走！自己一辈子算是白费了心机！”

第二问：1. 作为车夫和雇工的祥子，刘四爷看得上，但作为女婿，正如虎妞所预判的，刘四爷是看不上的：“祥子的确不错，但是提到儿婿两当，还差得多呢；一个臭拉车的！自己奔波了一辈子，打过群架，跪过铁索，临完教个乡下脑袋连女儿带产业全搬了走？没那个便宜事！就是有，也甭想由刘四这儿得到！刘四自幼便是放屁崩坑儿的人！”2. 虎妞能帮助他管理车厂，能照顾和陪伴他，他因此舍不得虎妞：“姑娘再跟人一走！自己一辈子算是白费了心机！”

第三问：1. 虚荣，喜欢攀比。2. 自私，不顾他人。3. 粗蛮，不分场合。

五、小福子回到大杂院以后，一方面，“一向不搭理院中的人们”的虎妞把她看作了朋友，而且“没有几天，她俩已成了密友”。另一方面，“小福子的困苦，虎妞好像没有看见”。对此，你如何理解？

答案示例：

1. 虎妞之所以愿意和小福子做朋友，是因为“小福子第一是长得有点模样，第二是还有件花洋布的长袍，第三是虎妞以为她既嫁过了军官，总得算见过了世面”“在说笑之中，小福子愚傻的露出白牙，告诉好多虎妞所没听过的事，随着军官，她并没享福，可是军官高了兴，也带她吃回饭馆，看看戏，所以她很有些事情说，说出来教虎妞羡慕。她还有许多说不出口的事：在她，这是蹂躏；在虎妞，这是些享受。虎妞央求着她说，她不好意思讲，可是又不好意思拒绝。她看过春宫，虎妞就没看见过。诸如此类的事，虎妞听了一遍，还爱听第二遍。她把小福子看成个最可爱，最可羡慕，也值得嫉妒的人”。可见，虎妞关注的、在意的是身体的欲望，是奢靡淫乱的生活。但事实上，小福子正在如何养活两个弟弟的焦虑中、在贫困线上挣扎。2. 在小福子被逼无奈卖淫挣钱的时候，“虎妞不但不安慰小福子，反倒愿意帮她的忙：虎妞愿意拿出点资本，教她打扮齐整，挣来钱再还给她。虎妞愿意借给她地方，因为她自己的屋子太脏，而虎妞的多少有个样子，况且是两间，大家都有个转身的地方”。而且“每次小福子用房间，虎妞提出个条件，须给她两毛钱。朋友是朋友，事情是事情，为小福子的事，她得把屋子收拾得好好的，既须劳作，也得多花些钱，难道置买笤帚簸箕什么的不得花钱么？两毛钱绝不算多，因为彼此是朋友，所以才能这样见情面”。也就是说，虎妞只是利用小福子的身体赚钱，通过小福子满足其阴暗的欲望；而自尊要强的小福子，只能把“泪落在肚子里”。3. 祥子病中，“有时候就和小福子说几句”，而“这个，招翻了虎妞”，虎妞翻脸不认人，不仅对小福子关上了门户，而且还搅和小福子的生意，直到“她带着小弟弟过来，给虎妞下了一跪”，“带着那么个大肚子”“不敢去打架”的她用“逗着小福子玩呢”给自己找了个台阶下，此后“她们又成了好友，她照旧给小福子维持一切”。

综上，虎妞既不了解小福子，不理解小福子，对小福子也并没有真正的友情，在某种程度上，她就是在逗着“愚傻”的小福子玩。

六、你如何评价祥子和虎妞的婚姻生活？

答案示例：

首先，祥子和虎妞的婚姻生活是不和谐的。这种不和谐表现在以下方面。1. 虎妞的控制欲很强，祥子受制于虎妞，没有了自我：“他没了自己，只在她的牙中挣扎着，像被猫叼住的一个小鼠。”“她得松一把，紧一把，教他老逃不出她的手心儿去。”2. 虎妞的欲望很强，损害了祥子的身体，而祥子是个卖体力的车夫：“他第一得先伺候老婆，那个红袄虎牙的东西；吸人精血的东西；他已不是人，而只是一块肉。”“家里的不是个老婆，而是个吸人血的妖精！”“更使他难堪的，是他琢磨出点意思来：她不许他去拉车，而每天好菜好饭的养着他，正好像养肥了牛好往外挤牛奶！他完全变成了她的玩意儿。他看见过，街上的一条瘦老的母狗，当跑腿的时候，也选个肥壮的男狗。想起这个，他不但是厌恶这种生活，而且为自己担心。他晓得一个卖力气的汉子应当怎样保护身体，身体是一切。假若这么活下去，他会有一天成为一个干骨头架子，还是这么大，而膛儿里全是空的。他哆嗦起来。打算要命，他得马上去拉车，出去跑，跑一天，回来倒头就睡，人事不知；不吃她的好东西，也就不伺候着她玩。他决定这么办，不能再让步；她愿出钱买车呢，好；她不愿意，他会去赁车拉。一声没出，他想好就去赁车了。”“祥子什么也不知道，可是他又睡不好觉了。虎妞‘成全’了小福子，也要在祥子身上找到失去了的青春。”3. 虎妞会花钱、爱享乐，而祥子是个勤俭自苦的人：“在娘家，她不缺吃，不缺穿，不缺零钱；只是没有个知心的男子。现在，她要捞回来这点缺欠，要大摇大摆的在街上，在庙会上，同着祥子去玩。”“虎妞很高兴。她张罗着煮元宵，包饺子，白天逛庙，晚上逛灯。她不许祥子有任何主张，可是老不缺着他的嘴，变法儿给他买些作些新鲜的东西吃。”“就是在个这样的杂院里，虎妞觉得很得意。她是唯一的有吃有穿，不用着急，而且可以走走逛逛的人。她高扬着脸，出来进去，既觉出自己的优越，并且怕别人沾惹她，她不理那群苦人。”“祥子第一看不上她的举动，他是穷小子出身，晓得什么叫困苦。他不愿吃那些零七八碎的东西，可惜那些钱。”“可是，钱进得太少，并不能剩下。左手进来，右手出去，一天一个干净。他连攒钱都想也不敢想了。他知道怎样省着，虎妞可会花呢。”

其次，祥子在婚姻中也有所获。1. 有了一个固定的居所，一个稳定的家：“立在天桥，他什么也没有，什么也不是；在那两间小屋里，他有了一切。回去，只有回去才能有办法。明天的一切都在那小屋里。”“然不像个新妇，可是到底使他觉出一点新的什么来；她作饭，收拾屋子；屋子里那点香味，暖气，都是他所未曾经验过的。不管她怎样，他觉得自己是有了家。一个家总有它的可爱处。”“他知道娶来一位母夜叉，可是这个夜叉会作饭，会收拾屋子，会骂他也会帮助他，教他怎样也不是味儿！”2. 虎妞帮他买车圆梦：“祥子心中很高兴。假若这个主意能实现，他算是又拉上了自己的车。虽然是老婆给买的，可是慢慢的攒钱，自己还能再买车。直到这个时候，他才觉出来虎妞也有点好处，他居然向她笑了笑，一个天真的，发自内心的笑，仿佛把以前的困苦全一笔勾销，而笑着换了个新的世界，像换一件衣服那么容易，痛快！”“祥子没和她争辩，买一辆就好，只要是自己的车，一天好歹也能拉个六七毛钱，可以够嚼谷。不但没有争辩，他还觉得有些高兴。过去所受的辛苦，无非为是买上车。现在能再买上，那还有什么可说呢？”3. 有了将为人父的特殊体验：“生命的延续不过是生儿养女，祥子心里不由得有点喜欢，即使一点也不需要一个小孩，可是那个将来到自己身上，最简单而最玄妙的‘爸’字，使铁心的人也得要闭上眼想一想，无论怎么想，这个字总是动心的。祥子，笨手笨脚的，想不到自己有什么好处和可自傲的地方；一想到这个奇妙的字，他忽然觉出自己的尊贵，仿佛没有什么也没关系，只要有了小孩，生命便不会是个空的。”

七、虎妞临死之际，祥子表现得“愚蠢与残忍”，对此，你如何理解？

答案示例：

虎妞临死之际，祥子的表现正如书中所说：“愚蠢与残忍是这里的一些现象；所以愚蠢，所以残忍，却另有原因。”

祥子作为“愚蠢”的“现象”表现为在关键时刻请回了巫医神婆，而且稀里糊涂地配合巫医神婆的要求去做：“祥子不知道自己信神不信，只觉得磕头总不会出错儿。迷迷糊糊的，他不晓得磕了几个头。”“直挺挺的跪在高香前面，他不晓得求的是什么神，可是他心中想要虔诚。看着香火的跳动，他假装在火苗上看见了一些什么形影，心中便祷告着。”心中抱着渺茫的希望：“闻着香烟的味道，心中渺茫的希望着这个阵势里会有些好处，呆呆的，他手心上出着凉汗。”“祥子对陈二奶奶的信心已经剩不多了，但是既花了五块钱，爽性就把她的方法都试验试验吧；既不肯打她一顿，那么就依着她的主意办好了，万一有些灵验呢！”

祥子作为“现象”的“残忍”表现在最后的时刻无所作为，“只好等着该死的就死吧！”

但是，祥子的“愚蠢与残忍”确实“另有原因”。首先，在和虎妞的关系中，祥子一直处于被动的状态，一切都是由虎妞来安排，包括请巫医神婆，也是虎妞的决定：“收生婆没办法，大家都没办法，还是她自己出的主意，教祥子到德胜门外去请陈二奶奶——顶着一位虾蟆大仙”。其次，祥子手上没有钱，就连虎妞手上的钱也已经花完了：“虎妞拿出最后的七八块钱来：‘好祥子，快快去吧！花钱不要紧！等我好了，我乖乖的跟你过日子！快去吧！’”

八、如果让祥子在小福子和虎妞中选一位结婚对象，你认为祥子会如何选择？为什么？祥子明明很喜欢小福子，却拒绝了她。对此，作者的评价是“爱与不爱，穷人得在金钱上决定，‘情种’只生在大富之家”。你同意作者的意见吗？你如何评价祥子这一决定？

答案示例：

第一问：我认为祥子会选虎妞。

第二问：因为祥子是个很现实的人，他虽然不喜欢虎妞，但明白虎妞有能力给他买车，能够帮助他实现梦想：“虎妞也有虎妞的好处，至少是在经济上帮了他许多。”相反，祥子虽然很喜欢小福子：“在他的眼里，她是个最美的女子，美在骨头里，就是她满身都长了疮，把皮肉都烂掉，在他心中她依然很美。她美，她年轻，她要强，她勤俭。假若祥子想再娶，她是个理想的人”，但不愿意承担小福子的家庭负担：“经过这一场，在她的身上看出许多黑影来。他还喜欢她，可是负不起养着她两个弟弟和一个醉爸爸的责任！……他不敢想小福子要是死吃他一口，可是她这一家人都不会挣饭吃也千真万确。”

第三问：同意。物质是一切的基础。（或答：不同意。爱情超越于物质之上。）

第四问：祥子拒绝小福子，一方面是因为他已经习惯了跟虎妞一起生活，而虎妞刚死，他还不能从虎妞死去的打击中挣脱出来，开始自己的新生活：“他不敢想虎妞一死，他便有了自由；虎妞也有虎妞的好处，至少是在经济上帮了他许多。”“看着这些印迹，他想起东西，想起人，梦似的都不见了。不管东西好坏，不管人好坏，没了它们，心便没有地方安放。”这说明祥子是个很重感情的人。（或答：这说明一方面祥子是个经不起打击的人。另一方面是因为祥子看到了小福子身上的黑影，这说明他是个很务实的人。或这说明祥子是个不愿意承担责任的人。）

第四节　四落：魂没了

“三起三落”出自祥子之口，人们常以此作为《骆驼祥子》的情节线索，事实上，三落之后，祥子还经历了非常重要的四起和四落，并且常常被人忽略的这一回合，将祥子的个性塑造完满，也把祥子的悲剧推向极致。表 3 – 4 是“四起四落”期间即第二十一章到第二十四章各章的段落层次及大意列表。

表 3 – 4　“四起四落”期间段落层次及大意

章节	段落及大意	层次及大意	时间	地点
二十一	（一）新的奸情	1. 杨妈被辞	菊花下市的时候	夏宅
		2. 暗流涌动	—	
		3. 一口热气	—	
	（二）沉沦	1. 祥子对待性病	—	厂子
		2. 祥子变成另一个人	—	
		3. 祥子重新找到自己	冬天又来到	
二十二	（一）祥子重生	—	—	
	（二）找到曹先生	—	冬季一天里最可爱的时候	
	（三）找不到小福子	1. 找到小福子的美好想象	—	
		2. 找不到小福子的无情现实	—	
二十三	（一）祥子遇见老车夫	—	—	
	（二）祥子泪落野坟头	—	—	
	（三）祥子堕落文化城	—	冬天过去了，春天的阳光……	
二十四	（一）阮明事件	1. 恶满人间	朝顶进香的时节，天气暴热起来	
		2. 看与被看	—	
		3. 祥子出卖阮明	—	
	（二）末路鬼	—	入了秋	小店

同样，围绕“四起四落”期间的故事内容和艺术表达，我们可以提出一系列的问题，在对这些问题进行探讨的过程中，我们可以深入理解作者在人物塑造和主题呈现上的匠心，提升思维品质和思辨能力。

一、为刘四爷写一个小传，并对他做出综合评价，然后比较祥子和刘四爷性格上的不同，并在此基础上说说祥子有没有可能开洋车厂？

答案示例：

第一问：刘四，北平土混混出身。年轻的时候当库兵，设赌场，买卖人口，放阎王账，力气大，心路活，手段狠，交际广，在江湖上颇有字号。中年后更是为所欲为，无恶不作，打过群架，抢过良家妇女，并因此跪过铁索，吃过官司。出狱后已是民国，受巡警弹压，江湖上难有作为，于是开洋车厂，号人和，存车六十多辆，车租收入颇丰。年老后膝下无子，仅有一女，名虎妞，年已三十七八，长相和做派均如男子，未得嫁人，助父治理车厂。后虎妞违拗其意下嫁祥子，刘四无力打理车厂，遂卖车卖厂，卷款绝情而去。至虎妞因难产无钱送医而死，从此生死两隔，刘四尚不得而知。

第二问：刘四是个心狠手辣、无情无义的江湖混混。

第三问：和刘四相比，祥子心地淳朴，善良憨厚，不善言辞，不喜交际。在那个邪恶的时代，他内心再要强，行为再勤苦，也不可能开得了车厂。

二、试比较虎妞和小福子形象的异同。

答案示例：

虎妞和小福子的不同点表现在：1. 出身不同。虎妞出身于有产者家庭，吃穿不愁；小福子出身于穷苦人家，缺衣少食。2. 年龄不同。虎妞已经三十七八岁，小福子刚刚二十岁。3. 性格不同。虎妞粗野蛮横，行为自主；小福子羞涩隐忍，富有牺牲精神。4. 习惯不同。虎妞野调无腔，好吃懒做；小福子不善言辞，勤劳善良。

她们的相同点表现在：1. 都被自己的父亲利用。2. 都难逃被毁灭的命运。

三、作为父亲，刘四爷和二强子有何异同？请就此梳理《骆驼祥子》一书中的父亲形象，并从“救救孩子”的视角进行分析。

答案示例：

第一问：作为父亲，刘四爷和二强子都是不称职的。刘四爷一心只考虑自己的利益、自己的面子，牺牲虎妞的幸福。二强子完全无力承担家庭责任，直接卖儿卖女，把儿女当作摇钱树。不同的是，刘四是天生的自私和狠毒，二强子则是被贫穷扭曲了人性。

第二问：除了刘四爷和二强子之外，《骆驼祥子》一书中的父亲形象还有：1. 杨宅的主人杨先生。“杨先生是上海人”，娶了两位太太，“杨太太是天津人，杨二太太是苏州人。一位先生，两位太太，南腔北调的生了不知有多少孩子”。这些孩子“有上初中的，有上小学的，有上幼稚园的”，还有个“刚到一周岁的小泥鬼”。杨先生在衙门办公，对待下人十分刻薄，“先生与太太们总以为仆人就是家奴，非把穷人的命要了，不足以对得起那点工钱”；这个家庭的成员之间的关系很紧张，“大太太和二太太一向是不和的”，家政混乱，“屋里院里整个的像个大垃圾堆”“屋里脏得下不去脚”；家风十分恶俗，“以杨先生的海式咒骂的毒辣，以杨太太的天津口的雄壮，以二太太的苏州调的流利”。2. 曹宅的主人曹先生。“曹先生是非常和气的人，而且家中人口不多，只有一位太太，和一个小男孩。”这个小男孩叫小文，书中有一个与他有关的细节，祥子在夜壶挑子上买了个大号的闷葫芦罐儿，因为卖夜壶的找不开钱，顺便买了个顶小的、绿汪汪的、噘着小嘴洗澡的非常有趣的小绿夜壶回来送给小文，正在洗澡的小文“很喜欢这个玩意儿，登时用手捧澡盆里的水往小壶里灌：‘这小茶壶，嘴大！’”显得十分天真可爱！在小说的最后，祥子到曹宅去找曹先生，曹先生告诉祥子：“太太不久就要生小孩”，也就是说，曹先生即将是两个孩子的父亲。3. 夏先生。“五十多岁，知书明礼；家里有太太和十二个儿女。最近娶了个姨太太，不敢让家中知道，所以特意的挑个僻静地方另组织了个小家庭。”“据说，他的原配夫人与十二个儿女住在保定，有时候连着四五个月得不到他的一个小钱。”这是一个极度不负责任的父亲，“夏先生一生的使命似乎就是鞠躬尽瘁的把所有的精力与金钱全敬献给姨太太。此外，他没有任何生活与享受。他的钱必须借着姨太太的手才会出去”。之所以如此，不过是姨太太满足了他的淫欲，“夏先生也有时候去买东西——到大药房去买药。祥子不晓得他买的是什么药；不过，每逢买了药来，他们夫妇就似乎特别的喜欢，连大气不出的夏先生也显着特别的精神。精神了两三天，夏先生又不大出气了，而且腰弯得更深了些，很像由街上买来的活鱼，乍放在水中欢实一会儿，不久便又老实了。一看到夏先生坐在车上像个死鬼似的，祥子便知道又到了上药房的时候”。4. 小马儿的父亲。小马儿的父亲是缺位的：“儿子当兵去了，一去不回头。”小马儿只能跟祖父相依为命，最后死在祖父的怀里，落了个悲惨的结局。“他病了，我没钱给他买好药，眼看着他死在我的怀里！”5. 高个子车夫。“成家以后，一年一个孩子，我现在有五个了！全张着嘴等着吃！”对于高个子车夫的五个孩子来说，每天能够吃上饭已经是奢望了。6. 祥子。“生命的延续不过是生儿养女，祥子心里不由得有点喜欢，即使一点也不需要一个小孩，可是那个将来到自己身上，最简单而最玄妙的‘爸’字，使铁心的人也得要闭上眼想一想，无论怎么想，这个字总是动心的。祥子，笨手笨脚的，想不到自己有什么好处和可自傲的地方；一想到这个奇妙的字，他忽然觉出自己的尊贵，仿佛没有什么也没关系，只要有了小孩，生命便不会是个空的。”很遗憾，祥子的孩子胎死腹中，祥子终究没有做父亲。

在《骆驼祥子》最后一章，作者描写北平的看客群像时，有这样几句评论：“这些人的心中没有好歹，不懂得善恶，辨不清是非，他们死攥着一些礼教，愿被称为文明人；他们却爱看千刀万剐他们的同类，像小儿割宰一只小狗那么残忍与痛快。一朝权到手，他们之中的任何人也会去屠城，把妇人的乳与脚割下堆成小山，这是他们的快举。他们没得到这个威权，就不妨先多看些杀猪宰羊与杀人，过一点瘾。连这个要是也摸不着看，他们会对个孩子也骂千刀杀，万刀杀，解解心中的恶气。”

显然，这不是一个有利于孩子成长的时代，不是一种有利于孩子成长的文明。从孩子成长的角度来说，《骆驼祥子》中只有曹先生这一父亲形象是勉强合格的。要想“救救孩子”，让孩子能够活下来，能够健康快乐地成长，就得改变贫困的社会面貌、落后的医疗水平、腐朽的婚姻制度等，重塑健康的人性，重塑健康的父性。

四、找到文中祥子抽烟的细节描写，关联前文，说说“抽烟”对于祥子来说意味着什么？

答案示例：

四起阶段的祥子，吸烟已经上瘾：“烟卷可是已吸上了瘾。一坐在车上，他的大手便向脚垫下面摸去。点着了支烟，他极缓慢的吸吐，眼随着烟圈儿向上看，呆呆的看着，然后点点头，仿佛看出点意思来似的。”“他的烟卷盒儿，只要一掏出来，便绕着圈儿递给大家。”等到和夏太太有染得了性病之后，祥子的“身量还是那么高，可是那股正气没有了，肩头故意的往前松着些，耷拉着嘴，唇间叼着支烟卷。有时候也把半截烟放在耳朵上夹着，不为那个地方方便，而专为要个飘儿”。虽然“当他独自坐定的时候，想起以前的自己，他还想要强，不甘心就这么溜下去。……他很想把未吸完的半盒‘黄狮子’扔掉，从此烟酒不动，咬上牙攒钱”，但“及至见了朋友们，他照旧吸着烟，有机会也喝点酒，把小福子忘得一干二净”，即使是拉车的时候，祥子的形象也和烟卷联系在一起：“他强打精神，把车拉出来。揣着手，用胸部顶着车把的头，无精打采的慢慢的晃，嘴中叼着半根烟卷。”

刚进城时的祥子：“他不吃烟，不喝酒，不赌钱，没有任何嗜好，没有家庭的累赘，只要他自己肯咬牙，事儿就没有个不成。”祥子第一次抽烟是在被孙侦探讹诈的那个夜晚，隔壁王宅的车夫老程请他抽的：“祥子本不吸烟，这次好似不能拒绝，拿了支烟放在唇间吧唧着。”“把一支烟烧完，祥子还是想不出道理来，他像被厨子提在手中的鸡，只知道缓一口气就好，没有别的主意。”祥子第二次抽烟是办完虎妞的丧事后，“他出去买了包‘黄狮子’烟来。坐在炕沿上，点着了一支烟；并不爱吸。呆呆的看着烟头上那点蓝烟。忽然泪一串串的流下来，不但想起虎妞，也想起一切。……越想越恨，泪被怒火截住，他狠狠的吸那支烟，越不爱吸越偏要吸。把烟吸完，手捧着头，口中与心中都发辣，要狂喊一阵，把心中的血都喷出来才痛快”。

偶遇刘四爷之后，祥子被一种“高兴”劲儿激励着，“半天没吸烟了，不想再吸，从此烟酒不动，祥子要重打鼓另开张，照旧去努力自强，今天战胜了刘四，永远战胜刘四；刘四的诅咒适足以教祥子更成功，更有希望”。可惜，祥子到大杂院找不到小福子，当夜“烟酒又成了他的朋友。不吸烟怎能思索呢？不喝醉怎能停止住思索呢？”小福子的死讯把他推入绝境，“他一天到晚老闭着口；口似乎专为吃饭喝茶与吸烟预备的”“一来二去，他连一个铜子也借不出了，他开始去骗钱花。……钱马上变了烟酒”。到了故事的最后，祥子的形象总是和烟卷联系在一起："他低着头，嘴里叼着烟卷……""他低着头，弯着背，口中叼着个由路上拾来的烟卷头儿……""他留神的在地上找，看有没有值得拾起来的烟头儿"。

综上，对于祥子来说，"抽烟"意味着堕落沉沦的生活，意味着他已经成为没有明天、没有未来、得过且过的行尸走肉。

五、"在厂子里，他可是交了朋友"，祥子为什么从一个不爱交朋友的人变成了爱交朋友的人？对此，你如何评价？

答案示例：

第一问：在人和车厂时，祥子是不爱交朋友的，之所以如此，其中一个原因是他嘴笨，不善于交流，另一个原因也是最重要的原因是他不认同这些同行、这些穷朋友们，自信的他不认同他们的车技，向上的他不认同他们抽烟、喝酒、赌钱、逛窑子的生活方式。经历了"三起三落"之后，他变得爱交朋友了，原因首先是人的本性："虽然不大爱说话，但是不出声的雁也喜欢群飞"，其次是他失败的生活经验让他意识到朋友的重要性，也让他开始趋向他们的生活方式："以前他所看不上眼的事，现在他都觉得有些意思——自己的路既走不通，便没法不承认别人作得对。"

第二问：爱交朋友本来是好的，因为社会属性、文化属性是人的本质属性，人必须要结成团体才能成就自身。遗憾的是，祥子的爱交朋友和他的堕落、沉沦联系在一起，由此不能不让人深思一个问题：为什么群体是堕落的？如何才能建设积极向上的群体？

六、与刘四爷的偶遇，让祥子重新振作起来。对此，你如何评价？

答案示例：

与刘四爷的偶遇让祥子觉得"仿佛把自从娶了虎妞之后所有的倒霉一股拢总都喷在刘四爷身上""战胜了刘四便是战胜了一切"，于是祥子重新振作起来，迎来了他生命中昙花一现的四起："他必能找回原来的自己，那个无牵无挂，纯洁，要强，处处努力的祥子""处处是光，照亮了自己的将来。半天没吸烟了，不想再吸，从此烟酒不动，祥子要重打鼓另开张，照旧去努力自强"。祥子重新振作本来是一件好事，但显然，支持他重新振作的不是内在的力量，不是理性的力量，而是外在的刺激。

首先，这种外在的刺激出自他对自己悲惨命运的错误归因，暴露了他的愚昧和无知。在祥子的心目中，他的厄运是坏人造成的，所以重新振作起来的他诅咒了给他带来厄运的所有人："祥子将要永远年轻，教虎妞死，刘四死，而祥子活着，快活的，要强的，活着——恶人都会遭报，都会死，那抢他车的大兵，不给仆人饭吃的杨太太，欺骗他压迫他的虎妞，轻看他的刘四，诈他钱的孙侦探，愚弄他的陈二奶奶，诱惑他的夏太太……都会死，只有忠诚的祥子活着，永远活着！"其次，这种外在的刺激不可能持久。当他一时之间找不到小福子，"烟酒又成了他的朋友。不吸烟怎能思索呢？不喝醉怎能停止住思索呢？"当他得知小福子的死讯，"他根本不想上曹宅去了。一上曹宅，他就得要强，要强有什么用呢?”可见，祥子唯有觉悟到导致自己和穷朋友们悲惨生活的根本原因，并采取行动，才有可能真正振作起来。

七、小福子死了，祥子为什么不愿意到曹宅去拉包月了呢?

答案示例:

一方面，祥子是真心喜欢小福子，他对美好未来的追求、对当下生活的想象都和小福子联系在一起，小福子的死不仅让这一切烟消云散，而且带走了他的灵魂。另一方面，也是更重要的方面，小福子跟祥子是同类，他们都要强、勤俭、吃苦耐劳、善良朴实，有“本事与心路”，而且都经历了生活的困苦和折磨，所以“他与她正好是一对儿，谁也不高，谁也不低，像一对都有破纹，而都能盛水的罐子，正好摆在一处”。由此推测，他们的命运也会是相同的，小福子的死让祥子看清了自己前途和命运的真相:“什么也没有了，连小福子也入了土!他是要强的，小福子是要强的，他只剩下些没有作用的泪，她已作了吊死鬼!一领席，埋在乱死岗子，这就是努力一世的下场头!”既然再怎么努力都是无用的，他当然不愿意再到曹宅去拉包月了。

八、作者为什么要花大量笔墨书写阮明之死?

答案示例:

作者花大量笔墨书写阮明之死，一是因为这一情节十分典型，它体现了祥子的堕落，突出了祥子的变化，说明祥子已从一个唯恐别人以为他偷了东西的人沦落为一个卖友求荣的人:“他不敢再在街市上走，因为他卖了阮明。就是独自对着静静的流水，背靠着无人迹的城根，他也不敢抬头，仿佛有个鬼影老追随着他。在天桥倒在血迹中的阮明，在祥子心中活着，在他腰间的一些钞票中活着。他并不后悔，只是怕，怕那个无处无时不紧跟着他的鬼”“金钱减低了阮明的人格，金钱闪花了祥子的眼睛。他把阮明卖了六十块钱。阮明要的是群众的力量，祥子要的是更多的——像阮明那样的——享受。阮明的血洒在津贴上，祥子把钞票塞在了腰间”。二是这一情节进一步强化了阮明这一人物形象，做了官以后的阮明“穿上华美的洋服，去嫖，去赌，甚至于吸上口鸦片”。当“他的钱不够用了，他又想起那些激烈的思想，但是不为执行这些思想而振作;他想利用思想换点钱来。把思想变成金钱，正如同在读书的时候想拿对教员的交往白白的得到及格的分数”“阮明知道，遇必要的时候，可以牺牲了祥子”。三是这一段描写塑造了乐为看客的人物群像:“这些人的心中没有好歹，不懂得善恶，辨不清是非，他们死攥着一些礼教，愿被称为文明人;他们却爱看千刀万剐他们的同类，像小儿割宰一只小狗那么残忍与痛快。一朝权到手，他们之中的任何人也会去屠城，把妇人的乳与脚割下堆成小山，这是他们的快举。他们没得到这个威权，就不妨先多看些杀猪宰羊与杀人，过一点瘾。连这个要是也摸不着看，他们会对个孩子也骂千刀杀，万刀杀，解解心中的恶气。”四是这一段深刻地描画了腐朽堕落的社会环境:“到处好玩，到处热闹，到处有声有色。夏初的一阵暴热像一道神符，使这老城处处带着魔力。它不管死亡，不管祸患，不管困苦，到时候它就施展出它的力量，把百万的人心都催眠过去，作梦似的唱着它的赞美诗。”

九、试对祥子四起和四落时的心理活动进行梳理、比较和分析。

答案示例：

对祥子四起和四落时的心理活动进行梳理。1. 一起时：“祥子的脸通红，手哆嗦着，拍出九十六块钱来：‘我要这辆车！’”“祥子的手哆嗦得更厉害了，揣起保单，拉起车，几乎要哭出来。”一落时：“他越想着过去便越恨那些兵们”“祥子落了泪！他不但恨那些兵，而且恨世上的一切了。”2. 二起时：“微笑着，又把那几块现洋搬运出来，轻轻的一块一块往闷葫芦罐里放，心里说：这比什么都牢靠！多咱够了数，多咱往墙上一碰；啪嚓，现洋比瓦片还得多！”“心中有了一定的主意，眼前便增多了光明；在光明中不会觉得寒冷。”“他的闷葫芦罐是不会冤人的！晚间无事的时候，他钉坑儿看着这个只会吃钱而不愿吐出来的瓦朋友，低声的劝告：‘多多的吃，多多的吃，伙计！多咱你吃够了，我也就行了！’”“只差几十块钱就能买上车了，不能前功尽弃；至少也不能把罐儿里那点积蓄瞎扔了，那么不容易省下来的！”二落时：“他的手哆嗦着，把闷葫芦罐儿从被子里掏了出来。”“祥子看着那些钱撒在地上，心要裂开。”“祥子没出声，只剩了哆嗦。”3. 三起时：“不但没有争辩，他还觉得有些高兴。过去所受的辛苦，无非为是买上车。现在能再买上，那还有什么可说呢？”三落时：“祥子像傻了一般，看着大家忙乱，他只管往外掏钱。他的眼红得可怕，眼角堆着一团黄白的眵目糊；耳朵发聋，愣愣磕磕的随着大家乱转，可不知道自己作的是什么。”4. 四起时：“祥子忘了是往哪里走呢。他昂着头，双手紧紧握住车把，眼放着光，迈着大步往前走；只顾得走，不管方向与目的地。他心中痛快，身上轻松……”“越想他越高兴，他真想高声的唱几句什么，教世人都听到这凯歌——祥子又活了，祥子胜利了！晚间的冷气削着他的脸，他不觉得冷，反倒痛快。街灯发着寒光，祥子心中觉得舒畅的发热，处处是光，照亮了自己的将来。”“祥子的心要跳出来，一直飞到空中去，与白鸽们一同去盘旋！”四落时：“他的泪一串一串的往下落。什么也没有了，连小福子也入了土！他是要强的，小福子是要强的，他只剩下些没有作用的泪，她已作了吊死鬼！一领席，埋在乱死岗子，这就是努力一世的下场头！”“心中完全是块空白，不再想什么，不再希望什么，……将就着活下去是一切，什么也无须乎想了。”“他要吃口好的，喝口好的，不必存着冬衣，更根本不预备着再看见冬天；今天快活一天吧，明天就死！管什么冬天不冬天呢！不幸，到了冬天，自己还活着，那就再说吧。原先，他一思索，便想到一辈子的事；现在，他只顾眼前。”

对祥子四起和四落时的心理活动进行比较和分析。把“四起四落”时最主要的心理活动内容提取出来，用表3－5表示。

表 3－5　祥子“四起四落”的主要心理活动

项目		内容	章节	祥子的心理活动
一	起	买车	第一章	“祥子的手哆嗦得更厉害了……”
	落	车没了（被抢）	第二章	“祥子落了泪！他不但恨那些兵……”
二	起	准备买车	第三章至十一章	“只差几十块钱就能买上车了……”
	落	钱没了（被讹）	第十一章	“祥子看着那些钱撒在地上，心要裂开。”
三	起	买车	第十七章	“他还觉得有些高兴。……”
	落	人没了（被卖）	第二十章	“祥子像傻了一般……”
四	起	偶遇刘四爷	第二十一章	“越想他越高兴，他真想高声的唱几句什么，教世人都听到这凯歌——祥子又活了，祥子胜利了！”
	落	魂没了（小福子之死）	第二十三章	“今天快活一天吧，明天就死！”

祥子从一起到四起时的心理活动变化轨迹是从“手哆嗦”到心里有盼头，再到“有些高兴”，最后到“越想他越高兴”，可见祥子的一起和四起是真实的、强烈的，而二起和三起则比较虚幻、虚弱。

从一落到四落时的心理活动变化轨迹是从“落了泪”到“心裂开”，再到整个人“傻了一般”，最后到“明天就死”。哀莫大于心死，可以清晰见出祥子从一落到四落的下滑过程，一次比一次强烈，一次比一次严重。

十、跟进城时比较，说说祥子在哪些方面发生了变化？

答案示例：

跟进城时相比，祥子完全变了一个人，这些变化可以用第一章第一节关于“那点事”的图 1－3 中“车”“买车”“买上车”等关键词或关键语汇进行概括。

因素	项目		前期	后期
车	看待车		重视	漠视
	看待拉车		荣耀	淡漠
买车	愿望		强烈	无
	条件：钱	挣钱	拼命	不多
		花钱	很少	拼命
		攒钱	努力	不攒
买上车	信念		坚定	无
	基础	身体	好	差
		车技	好	差
		习惯	好	差
		德性	好	差

第四章　研读：寻找冲突，归纳母题

母题是人类文学中最基本、最普适的意义范畴，它超越古今中外，无关文化差异，举凡人类精神文化产品，无论题材怎样，主题如何，都会涉及这些范畴。如果说一部文学作品的主题往往来自人物与环境的冲突，那么，其母题则是对这些冲突的高度抽象。

“通读”主要针对小说的内容，即小说写了什么；“品读”主要针对小说的形式，即小说怎么写的；“细读”既针对小说的内容，也关注小说的形式，尤其注重小说内容和形式之间的关联，即小说为什么用这样的形式表现这样的内容、小说为什么这么写以及这样写怎么样的问题；“研读”阶段则需要我们在探索人物与环境的诸种冲突中，对文本的主题乃至母题进行归纳。

阅读《骆驼祥子》一书，在“通读”阶段，我们对其中的人物（人物身份及人物关系）、情节（故事发展与结构安排）进行了梳理，并寻找到其中的规律。在“品读”阶段，我们重点鉴赏和研究了其中的“描写”，并在“描写”和人物、“描写”和主题之间建构起关联。在“细读”阶段，我们深入文本的内部，就其中各章节的内容和形式进行了细致的探究。在“研读”阶段，我们将主要围绕祥子悲剧的成因进行思考，寻找祥子和环境的冲突，从而对《骆驼祥子》一书的主旨或者说母题进行探讨和研究。

如果说在“通读”阶段我们已经回答了“为什么说祥子是个人主义的末路鬼”“个人主义者是怎么成为末路鬼的”这两个问题，那么，到了“研读”阶段，我们需要回答的则是“个人主义者为什么会成为末路鬼”这一问题，并就其中一些重要内容进行深入分析。

总体上说，祥子的奋斗和抗争之所以失败，有他个人的原因，更有社会和时代的原因，表4－1是对祥子悲剧成因较为全面的概括。

表4－1　祥子悲剧的成因

项目	原因			
个人	不合群	不关注外部环境和他人生活	不愿意承担责任	愚昧无知：不适应现代生活，错误归因
社会	城市之恶	阶级之别	群体之沼	制度之弊
时代	战乱	白色恐怖	整体性的贫穷落后	邪恶的社会风气

在本章中，我们将就祥子悲剧成因中的一些重要因素做深入探讨。

第一节　一座城：地狱里没有好鬼

“他仿佛就是在地狱里也能作个好鬼似的。”在《骆驼祥子》的第一章，作者在对祥子进行介绍时这样评价他。在这里，“地狱”一词所指为何？在“地狱”里真的能做个“好鬼”吗？这些问题的答案，我们需要进一步在作品中去寻找。

研读全书，不难发现作者多次使用“地狱”一词来比喻痛苦不堪的生存境遇，而且这一比喻常常和“死”“鬼”联系在一起。比如第八章，“冬天，他们整个的是在地狱里，比鬼多了一口活气，而没有鬼那样清闲自在；鬼没有他们这么多的吃累！像条狗似的死在街头，是他们最大的平安自在；冻死鬼，据说，脸上有些笑容！”“汽车夫对洋车夫的态度，正有点像祥子的对那些老弱残兵；同是在地狱里，可是层次不同。”第十九章，“死是最简单容易的事，活着已经是在地狱里。她不怕死，可也不想死，因为她要作些比死更勇敢更伟大的事。她要看着两个弟弟都能挣上钱，再死也就放心了”。第二十二章，“她不仅是朋友，她将把她的一生交给他，两个地狱中的人将要抹去泪珠而含着笑携手前进”。

“地狱”何指？在作品中，我们可以看到两处提示。一处与阮明有关：“阮明作了官以后，颇享受了一些他以前看作应该打倒的事。钱会把人引进恶劣的社会中去，把高尚的理想撇开，而甘心走入地狱中去。他穿上华美的洋服，去嫖，去赌，甚至于吸上口鸦片。当良心发现的时候，他以为这是万恶的社会陷害他，而不完全是自己的过错；他承认他的行为不对，可是归罪于社会的引诱力太大，他没法抵抗。”在这里，“地狱”是“恶劣的社会”“万恶的社会”。另一处说的是祥子：“人把自己从野兽中提拔出，可是到现在人还把自己的同类驱逐到野兽里去。祥子还在那文化之城，可是变成了走兽。一点也不是他自己的过错。他停止住思想，所以就是杀了人，他也不负什么责任。他不再有希望，就那么迷迷糊糊的往下坠，坠入那无底的深坑。他吃，他喝，他嫖，他赌，他懒，他狡猾，因为他没了心，他的心被人家摘了去。他只剩下那个高大的肉架子，等着溃烂，预备着到乱死岗子去。”在这里，“地狱”是那“文化之城”——北平。

综观《骆驼祥子》一书，进城之时，祥子是一个“仿佛就是在地狱里也能作个好鬼似的”好人，几年之后，他变成了一个“个人主义的末路鬼”。祥子的变化、堕落都发生在北平城里。这是一座什么样的城？这座城给祥子带来了什么？作者对此极少进行直接描写，但对比祥子进城前后的不同表现，我们可以发现，北平城是一座罪恶之城、一座地狱之城，这座地狱之城改变了祥子，因为“地狱”里没有一个“好鬼”，祥子无法例外。

一、祥子前传·乡间

刚进城的祥子，“带着乡间小伙子的足壮与诚实”，除此之外，他勤劳、淳朴、忠厚、善良、纯洁（“由乡间带来的那点清凉劲儿”），显然，这一切美德都是在乡间养成的。那么，祥子是如何度过他前 18 年在乡间的生活的呢？如何养成了好的品性和品行？《骆驼祥子》一书对此并没有直接的书写，但在作品的细微之处，仍是草蛇灰线，隐约可见。

进城前，祥子“生长在乡间”，他是因为“失去了父母与几亩薄田，十八岁的时候便跑到城里来”的。祥子的模样并不出众，他“头不很大，圆眼，肉鼻子，两条眉很短很粗，头上永远剃得发亮。腮上没有多余的肉，脖子可是几乎与头一边儿粗；脸上永远红扑扑的，特别亮的是颧骨与右耳之间一块不小的疤——小时候在树下睡觉，被驴啃了一口”。这“一块不小的疤”是乡村生活留给他的纪念，“小时候在树下睡觉，被驴啃了一口”的画面，应该是一种创伤记忆，但却像田园牧歌一般。于是，祥子脸上的这块疤成为一个不大不小的文化符号，标记着他的过往，在后文中时常出现。卖了骆驼进城时，祥子“摸了摸脸上那块平滑的疤，摸了摸袋中的钱，又看了一眼角楼上的阳光，他硬把病忘了，把一切都忘了，好似有点什么心愿，他决定走进城去”。被同伴逼问发财之道时，“他的那块疤有点发红了”。陷入虎妞的纠缠后，“他的眼陷下去，连脸上那块疤都有些发暗”。孙侦探凭借他的疤认出了他：“你不记得我，我可记得你；你脸上那块疤是个好记号。我刚才跟了你半天，起初也有点不敢认你，左看右看，这块疤不能有错！”在刘四爷眼中，“祥子在棚里坐着呢，人模狗样的，脸上的疤被灯光照得像块玉石”。卧病之时，祥子“对着镜子看了看，他不认得镜中的人了：满脸胡子拉碴，太阳与腮都瘪进去，眼是两个深坑，那块疤上有好多皱纹！”

学者南帆说得好：“面容成了一个合格的文化产品。它全面地体现出人的本质。一方面，面容保持着完整的生理表象，另一方面，面容又具有完善的符合功能；换句话说，人的生理内涵与文化内涵在面容上得到了最为和谐的平衡。”① 作为面容中最引人瞩目的部分，祥子脸上的这块疤是一个重要的文化符号。

那时的祥子，“不甚注意他的模样，他爱自己的脸正如同他爱自己的身体，都那么结实硬棒；他把脸仿佛算在四肢之内，只要硬棒就好”。他在意的是他的身体是否强健。“是的，到城里以后，他还能头朝下，倒着立半天。这样立着，他觉得，他就很像一棵树，上下没有一个地方不挺脱的。”“他自己，自从到城里来，又长高了一寸多。他自己觉出来，仿佛还得往高里长呢。不错，他的皮肤与模样都更硬棒与固定了一些，而且上唇上已有了小小的胡子；可是他以为还应当再长高一些。当他走到个小屋门或街门而必须大低头才能进去的时候，他虽不说什么，可是心中暗自喜欢，因为他已经是这么高大，而觉得还正在发长，他似乎既是个成人，又是个孩子，非常有趣。”

祥子吃苦耐劳，而且聪明灵活。进城之后，“凡是以卖力气就能吃饭的事他几乎全作过了”。不久，他“就看出来，拉车是件更容易挣钱的事；作别的苦工，收入是有限的；拉车多着一些变化与机会，不知道在什么时候与地点就会遇到一些多于所希望的报酬”。

虽然，他的弱点也很明显，“祥子是乡下人，口齿没有城里人那么灵便，设若口齿伶俐是出于天才，他天生来的不愿多说话，所以也不愿学着城里人的贫嘴恶舌”。但与此同时，他心里面很有主意，“他的事他知道，不喜欢和别人讨论。因为嘴常闲着，所以他有

① 南帆．读数时代［M］．沈阳：辽宁人民出版社，2015：22－23．

工夫去思想，他的眼仿佛是老看着自己的心。只要他的主意打定，他便随着心中所开开的那条路儿走；假若走不通的话，他能一两天不出一声，咬着牙，好似咬着自己的心！”在战争的消息与谣言往起长时，“他知道怎样谨慎，特别因为车是自己的，但是他究竟是乡下人，不像城里人那样听见风便是雨”。关于娶亲的事，他也有自己的打算，“他来自乡间，虽然一向没有想到娶亲的事，可是心中并非没有个算计；假若他有了自己的车，生活舒服了一些，而且愿意娶亲的话，他必定到乡下娶个年轻力壮，吃得苦，能洗能作的姑娘”。

这就是从乡间来到北平城的祥子，不仅身体健壮、头脑灵活，而且内心坚定、吃苦耐劳。这样的祥子对自己、对前途都充满了信心，“他爱自己的脸正如同他爱自己的身体，都那么结实硬棒”“他不怕吃苦，也没有一般洋车夫的可以原谅而不便效法的恶习，他的聪明和努力都足以使他的志愿成为事实”。他的志愿是什么呢？是拥有自己的车！他相信，“有他的身体与力气作基础，他只要试验个十天半月的，就一定能跑得有个样子，然后去赁辆新车，说不定很快的就能拉上包车，然后省吃俭用的一年二年，即使是三四年，他必能自己打上一辆车，顶漂亮的车！看着自己的青年的肌肉，他以为这只是时间的问题，这是必能达到的一个志愿与目的，绝不是梦想！”

事实上，只用了“两三个星期的工夫”，祥子就“把腿遛出来了。他晓得自己的跑法很好看”“他的腿长步大，腰里非常的稳，跑起来没有多少响声，步步都有些伸缩，车把不动，使座儿觉到安全，舒服。说站住，不论在跑得多么快的时候，大脚在地上轻蹭两蹭，就站住了；他的力气似乎能达到车的各部分。脊背微俯，双手松松拢住车把，他活动，利落，准确；看不出急促而跑得很快，快而没有危险。就是在拉包车的里面，这也得算很名贵的”。

用整整三年的时间，祥子凑足一百块钱，他真的买了自己的车！“拉了半年，他的希望更大了：照这样下去，干上二年，至多二年，他就又可以买辆车，一辆，两辆……他也可以开车厂子了！”

显然，祥子之所以能够成为一个“高等车夫”，是凭借着他由乡间带到城里来的好身体、好习惯、好品行。若要书写祥子前传，书写祥子的乡间生活，《骆驼祥子》中有一处描写可以参考，那就是在“使他觉得舒服安定”的曹宅，作者写道：“当在乡间的时候，他常看到老人们在冬日或秋月下，叼着竹管烟袋一声不响的坐着，他虽年岁还小，不能学这些老人，可是他爱看他们这样静静的坐着，必是——他揣摩着——有点什么滋味。现在，他虽是在城里，可是曹宅的清静足以让他想起乡间来，他真愿抽上个烟袋，咂摸着一点什么滋味。”

所以，在祥子的心目中，曹宅是沙漠里的“小绿洲”，是地狱里的天堂。

二、祥子正传·进城

对于美好的乡间，祥子只有精神上的留恋，在现实生活中，他执着坚定地想要进城去。祥子为什么一定要进城？这个问题，我们同样可以在文本中找到答案。

祥子第一次进城，作品中只是简略地提到是因为他“失去了父母与几亩薄田”，只好到城里谋生。

祥子第二次进城，是在他从军营里逃出之后。那个春季，祥子连人带车被兵丁劫掠到军营中，之后的两三个月一直“随着兵们跑”，当他终于搞清楚自己所处的方位时，他相信自己可以经由海甸回到北平城，“由这里一跑，他相信，一步就能跑回海甸！……闭着眼他也可以摸到海甸去！”“祥子在海甸的一家小店里躺了三天”之后，晃晃悠悠地向城里走去，“走出海甸不远，他眼前起了金星”。直到一口气走到关厢，“看见了人马的忙乱，听见了复杂刺耳的声音，闻见了干臭的味道，踏上了细软污浊的灰土，祥子想趴下去吻一吻那个灰臭的地，可爱的地，生长洋钱的地！没有父母兄弟，没有本家亲戚，他的唯一的朋友是这座古城。这座城给了他一切，就是在这里饿着也比乡下可爱，这里有的看，有的听，到处是光色，到处是声音；自己只要卖力气，这里还有数不清的钱，吃不尽穿不完的万样好东西。在这里，要饭也能要到荤汤腊水的，乡下只有棒子面。才到高亮桥西边，他坐在河岸上，落了几点热泪！”

显然，祥子之所以想要进城，是因为城里比乡下富庶、繁华，有更多机会。所以尽管“在城里，他连姓都没有”，也“没有人关心他到底姓什么”（二强子也没有，小马儿和他的祖父也没有，其他高个子、矮个子、光头车夫都没有），尽管“自从到城里来，他没过一次生日”，尽管被虎妞和刘四爷说成是“乡下脑壳”“乡下脑袋”，他还是奔着城里去了，“先到城里再说，他渴想再看见城市，虽然那里没有父母亲戚，没有任何财产，可是那到底是他的家，全个的城都是他的家，一到那里他就有办法”。“除非一跤栽倒，再也爬不起来，他满地滚也得滚进城去，决不服软！”

除了一连串的心理活动描写：“他心中痛快了些，好似危险已过，而眼前就是北平了。他必须稳稳当当的快到城里，因为他身上没有一个钱，没有一点干粮，不能再多耗时间。”“他嘱咐自己不要再闭上眼，也不要再乱想；快快的到城里是第一件要紧的事。”“把骆驼出了手，他可以一进城就买上一辆车。”“山在西，城在东，他晓得这个。”“拿着三十五块很亮的现洋，两个棒子面饼子，穿着将护到胸际的一件破白小褂，要一步迈到城里去！”“要马上恢复他的干净利落，他不肯就这么神头鬼脸的进城去。”“他硬把病忘了，把一切都忘了，好似有点什么心愿，他决定走进城去。”作者还对祥子进城的细节做了详尽的描写：“城门洞里挤着各样的车，各样的人，谁也不敢快走，谁可都想快快过去，鞭声，喊声，骂声，喇叭声，铃声，笑声，都被门洞儿——像一架放大音机似的——嗡嗡的连成一片，仿佛人人都发着点声音，都嗡嗡的响。祥子的大脚东插一步，西跨一步，两手左右的拨落，像条瘦长的大鱼，随浪欢跃那样，挤进了城。一眼便看到新街口，道路是那么宽，那么直，他的眼发了光，和东边的屋顶上的反光一样亮。他点了点头。”

就这样，祥子第二次进了城。虽然他也曾经想过逃离，在被虎妞纠缠时，“最好是跺脚一走。祥子不能走。就是让他去看守北海的白塔去，他也乐意；就是不能下乡！上别的城市？他想不出比北平再好的地方。他不能走，他愿死在这儿”。“就是不能下乡”，虽然乡间是那么安宁清净，但祥子背弃它的态度又是多么决绝！在跟虎妞结婚后的第二天，“祥子的心还是揪揪着，不知上哪里去好。往南，往东，再往南，他奔了天桥去”。“他没心去看任何玩意儿，他已经不会笑。”“平日，这里的说相声的，耍狗熊的，变戏法的，数来宝的，唱秧歌的，说鼓书的，练把式的，都能供给他一些真的快乐，使他张开大嘴去笑。”“现在他懒得往前挤，天桥的笑声里已经没了他的份儿。”然而，他终于还是舍不得离开他的天桥，舍不得离开他的北平：“他舍不得北平，天桥得算一半儿原因。每逢望到天桥的席棚，与那一圈一圈的人，他便想起许多可笑可爱的事。”“他躲开人群，向清静的地方走，又觉得舍不得！不，他不能离开这个热闹可爱的地方，不能离开天桥，不能离开北平。”

就这样，无论多么艰难，无论多么危险，无论多么纠结，祥子还是决计要留在北平谋生，直到死在这一座地狱一般的罪恶之城。

三、祥子后传·死去

“祥子还在那文化之城，可是变成了走兽。一点也不是他自己的过错。他停止住思想，所以就是杀了人，他也不负什么责任。他不再有希望，就那么迷迷糊糊的往下坠，坠入那无底的深坑。他吃，他喝，他嫖，他赌，他懒，他狡猾，因为他没了心，他的心被人家摘了去。他只剩下那个高大的肉架子，等着溃烂，预备着到乱死岗子去。”在《骆驼祥子》第二十三章，作者如此写道。

北平究竟是一个什么样的人间地狱，能够让强健的祥子变得衰弱，让勤劳的祥子变得懒惰，让淳朴的祥子变得狡黠，让洁净的祥子变得脏污，让高尚的祥子变得卑劣，让充满梦想的祥子变得了无生趣？

显然，作者并不喜欢城市，他笔下的城里人是这样的：“设若城里的人对于一切都没有办法，他们可会造谣言——有时完全无中生有，有时把一分真事说成十分——以便显出他们并不愚傻与不作事。”“妇女们赶着打扮；老人们早早的就出去，唯恐腿脚慢，落在后边；连上学的小孩们也想逃半天学，去见识见识。到八点半钟，街上已满了人，兴奋，希冀，拥挤，喧嚣，等着看这活的新闻。车夫们忘了张罗买卖；铺子里乱了规矩，小贩们懒得吆喝，都期待着囚车与阮明。历史中曾有过黄巢，张献忠，太平天国的民族，会挨杀，也爱看杀人。枪毙似乎太简单，他们爱听凌迟，砍头，剥皮，活埋，听着像吃了冰激凌似的，痛快得微微的哆嗦。可是这一回，枪毙之外，还饶着一段游街，他们几乎要感谢那出这样主意的人，使他们会看到一个半死的人捆在车上，热闹他们的眼睛；

即使自己不是监斩官，可也差不多了。这些人的心中没有好歹，不懂得善恶，辨不清是非，他们死攥着一些礼教，愿被称为文明人；他们却爱看千刀万剐他们的同类，像小儿割宰一只小狗那么残忍与痛快。一朝权到手，他们之中的任何人也会去屠城，把妇人的乳与脚割下堆成小山，这是他们的快举。他们没得到这个威权，就不妨先多看些杀猪宰羊与杀人，过一点瘾。连这个要是也摸不着看，他们会对个孩子也骂千刀杀，万刀杀，解解心中的恶气。"

对于古城北平，作者似乎也不喜欢，在他笔下，夏天的北平是这样的："处处干燥，处处烫手，处处憋闷，整个的老城像烧透的砖窑，使人喘不出气。"雨中的北平是这样的："一场雨，催高了田中的老玉米与高粱，可是也能浇死不少城里的贫苦儿女。"经济困窘的北平是这样的："北平自从被封为故都，它的排场，手艺，吃食，言语，巡警……已慢慢的向四外流动，去找那与天子有同样威严的人和财力的地方去助威。……连抬杠的杠夫也有时坐上火车到天津或南京去抬那高官贵人的棺材。""北平本身可是渐渐的失去原有的排场，……经济的压迫使排场去另找去路，体面当不了饭吃。"

这样的北平，让人格堕落，让梦想沉沦，让前途黑暗，让一个一个人走向死亡。虎妞死了，小福子死了，小马儿死了……若要书写祥子后传，其命运走向也是必死无疑的。

然而，祥子却喜欢这座城，他愿意死在这座城里。他第二次进城时，他觉得"眼前的一切都是熟习的，可爱的，就是坐着死去，他仿佛也很乐意"。他被虎妞纠缠时，"上别的城市？他想不出比北平再好的地方。他不能走，他愿死在这儿"。虽然他逐渐看出前途的黑暗，"像条狗似的死在街头，是他们最大的平安自在；冻死鬼，据说，脸上有些笑容！""拉车这条路是死路！……这条路上只有死亡，而且说不定哪时就来到，自己一点也不晓得"，他还是选择在这座城里苟延残喘。

如祥子所愿，祥子是要死在这座城里了，活着的他也不过行尸走肉，"他要吃口好的，喝口好的，不必存着冬衣，更根本不预备着再看见冬天；今天快活一天吧，明天就死！管什么冬天不冬天呢！不幸，到了冬天，自己还活着，那就再说吧"。"他为自己努力，也为自己完成了死亡。他等着吸那最后的一口气，他是个还有口气的死鬼，个人主义是他的灵魂。这个灵魂将随着他的身体一齐烂化在泥土中。"

"到处可以游玩，人人想起点事作，温度催着花草果木与人间享乐一齐往上增长。""到处好玩，到处热闹，到处有声有色。"在这样热闹繁嚣的北平，祥子成为一个游魂，"不知道何时何地会埋起他自己来，埋起这堕落的，自私的，不幸的，社会病胎里的产儿，个人主义的末路鬼！"

故事发展到最后，祥子成为地狱里的一个"末路鬼"，这一结局表明作品开头"他仿佛就是在地狱里也能作个好鬼似的"的说法是一个伪命题。是的，"地狱"里没有"好鬼"，因为"地狱"里不可能容得下"好鬼"。在祥子的悲剧成因里，北平城要占去多少份额？一座繁华的都市，如何成为人间"地狱"？假想祥子仍旧生活在乡间，他的命运走向会如何呢？无疑，这一系列问题的答案可以帮助我们对作品主题进行深度探究。

第二节　一个阶层：冻死鬼的笑容

老舍通过对车夫形象的塑造及对其命运的书写，表达了对社会不平等的深刻思考："一个拉车的吞的是粗粮，冒出来的是血；他要卖最大的力气，得最低的报酬；要立在人间的最低处，等着一切人一切法一切困苦的击打。"

单就祥子而言，其遭遇似乎是个别的、特殊的，具有偶然性。《骆驼祥子》一书用"点儿"一词来表达祥子经历的偶然事件，来表达祥子悲剧的偶然性。如前所述，所谓"点儿"，意为不好的运气、糟糕的经历、让人倒霉的事情。在《骆驼祥子》一书中，祥子多次遇到"点儿"。"连车带人都被十来个兵捉了去"是第一次，被孙侦探讹诈是第二次。有意思的是，祥子的前两次"点儿"和同一个人有关。虎妞难产而死是第三次，二强子突然出现和小福子上吊自杀可以算作第四次。

但其实，祥子的悲剧是群体的、普遍的、必然的，因为他即使避开了那些"点儿"，他所处的"底儿"即社会阶层也已经决定了他的命运走向。正如祥子在看着小马儿和他的祖父离去时所想的："买上车，省下钱，然后一清二白的娶个老婆；哼，看看小马儿！自己有了儿子，未必不就是那样。"

一、"点儿"：如果不是祥子

诚然，祥子在北平的七年拉车生涯中，遭遇了很多避不开的"点儿"和逃不掉的"危险"，让人情不自禁地发问：如果没有碰到那些点儿……

如果祥子没有被捉，他还一直拉着他的第一辆车，他是否可以实现心愿？是否能如他所想"照这样下去，干上二年，至多二年，他就又可以买辆车，一辆，两辆……他也可以开车厂子了！"

如果祥子没有被讹，他还在曹宅拉着包月，慢慢攒钱，他是否可以如他所愿"多多的吃，多多的吃，伙计！多咱你吃够了，我也就行了！"

如果虎妞没有看上他，没有纠缠他，最后没有难产而死，他是否可以回乡下娶个清清白白、年轻力壮、吃得苦、能洗能作的乡下姑娘？他真的可以做到"祥子有祥子的本事，凭着自己的本事买上车，娶上老婆，这才正大光明"吗？他真的可以拥有美好而又光明的前途吗？

如果二强子没有突然出现，小福子没有上吊自杀，他是否就可以过上幸福的家庭生活？“一同住在一间干净暖和的屋里，像一对小鸟似的那么快活，体面，亲热！”是否就可以奔向美好而又光明的未来呢？“两个地狱中的人将要抹去泪珠而含着笑携手前进”“一同齐心努力的往前奔”。

事情已然发生，悲剧不可避免，这一系列问题其实是没有意义的，但为了突出祥子悲剧的必然性，我们不妨换一个角度思考：每一次“点儿”之后，命运其实都给了祥子一定的补偿。

从兵营逃出时，祥子舍命拉回三匹骆驼，虽然只换得“三十五块大洋”，不足以弥补丢车的损失，但还是为他的“二起”提供了物质上和心理上的支持。

被虎妞诱骗失身之后的第二天，祥子陷入痛苦的纠结之中，一方面“想起虎妞，设若当个朋友看，她确是不错；当个娘们看，她丑，老，厉害，不要脸！就是想起抢去他的车，而且几乎要了他的命的那些大兵，也没有像想起她这么可恨可厌！她把他由乡间带来的那点清凉劲儿毁尽了，他现在成了个偷娘们的人”。另一方面“不管怎样的愤恨，怎样的讨厌她，她似乎老抓住了他的心，越不愿再想，她越忽然的从他心中跳出来，一个赤裸裸的她，把一切丑陋与美好一下子，整个的都交给了他，像买了一堆破烂那样，碎铜烂铁之中也有一二发光的有色的小物件，使人不忍得拒绝”，以至于“他越想躲避她，同时也越想遇到她，天越黑，这个想头越来得厉害。一种明知不妥，而很愿试试的大胆与迷惑紧紧的捉住他的心，小的时候去用竿子捅马蜂窝就是这样，害怕，可是心中跳着要去试试，像有什么邪气催着自己似的”。就在这时，他遇到过去的老雇主曹先生，“刚走到门脸上，灯光下走来个四十多岁的男人，他似乎认识这个人的面貌态度，可是不敢去招呼”。曹先生笑着请工，“祥子痛快得要飞起来，这些日子的苦恼全忽然一齐铲净，像大雨冲过的白石路。曹先生是他的旧主人，虽然在一块没有多少日子，可是感情顶好；曹先生是非常和气的人，而且家中人口不多，只有一位太太，和一个小男孩”。祥子去了曹宅，暂时摆脱了虎妞的纠缠。

丢钱之后，祥子一方面彷徨无助，无处可去，“上哪里去呢？这个银白的世界，没有他坐下的地方，也没有他的去处；白茫茫的一片，只有饿着肚子的小鸟，与走投无路的人，知道什么叫作哀叹”。另一方面还能向隔壁王宅的车夫老程寻求暂时的援助，还能回人和车厂栖身，还能娶回一个老婆，成一个家，虽然非他所愿，但毕竟“虎妞也有虎妞的好处，至少是在经济上帮了他许多”。

虎妞死后，祥子陷入对生活的绝望之中，他“越想越恨”，这时，“小福子进来了”，主动向他表示了爱慕。在祥子眼中，“她美，她年轻，她要强，她勤俭。假若祥子想再娶，她是个理想的人”“在她身上，他看见了一个男人从女子所能得的与所应得的安慰。他的口不大爱说话，见了她，他愿意随便的说；有她听着，他的话才不至于白说；她的一点头，或一笑，都是最美满的回答，使他觉得真是成了‘家’”。本来，他可以“过去抱住她，痛痛快快的哭一场，把委屈都哭净，而后与她努力同心的再往下苦奔”，可惜二强子的出现改变了这一切，“祥子，经过这一场，在她的身上看出许多黑影来。他还喜欢她，可是负不起养着她两个弟弟和一个醉爸爸的责任！……他不敢想小福子要是死吃他一口，可是她这一家人都不会挣饭吃也千真万确。爱与不爱，穷人得在金钱上决定，‘情种’只生在大富之家”。

一个不愿意承担责任的祥子，一个个人主义者在推拒责任的同时，把幸福、把新生的希望也推拒出去了。

综上，在祥子的悲剧成因中，偶然性事件即“点儿”所起的作用并不是决定性的，因为每一次“点儿”之后，生活其实都给了祥子一定的补偿。

二、“底儿”：比“鬼”只多一口气

《骆驼祥子》第十一章，祥子在被孙侦探恐吓时，不由发问：“我招谁惹谁了?!”这时，流氓、抢劫犯孙侦探做出了哲学家、社会学家般的回答：“你谁也没招；就是碰在点儿上了！人就是得胎里富，咱们都是底儿上的。什么也甭再说了!”所谓“底儿”，就是“祥子们”所处的最底层的社会阶层。祥子的悲剧，无疑是由他所处的底层社会所决定的。正如祥子所感慨的：“谁都有办法，哪里都有缝子，只有祥子跑不了，因为他是个拉车的。一个拉车的吞的是粗粮，冒出来的是血；他要卖最大的力气，得最低的报酬；要立在人间的最低处，等着一切人一切法一切困苦的击打。”

（一）拉车的不能成家

拉车是个体力活，需要有个好身体，适合年轻力壮的人从事。对于“那四十以上的人，有的是已拉了十年八年的车，筋肉的衰损使他们甘居人后，他们渐渐知道早晚是一个跟头会死在马路上”。明知道这是一条死亡之路，但“到了生和死的界限已经不甚分明”时，那些“被撤差的巡警或校役，把本钱吃光的小贩，或是失业的工匠，到了卖无可卖，当无可当的时候，咬着牙，含着泪，上了这条到死亡之路”。

祥子原本有个好身体，当他“以卖力气就能吃饭的事”几乎全做过了，看出“拉车是件更容易挣钱的事”之后，“他相信自己有那个资格：他有力气，年纪正轻；所差的是他还没有跑过，不敢一上手就拉漂亮的车。但这不是不能胜过的困难，有他的身体与力气作基础，他只要试验个十天半月的，就一定能跑得有个样子，然后去赁辆新车，说不定很快的就能拉上包车，然后省吃俭用的一年二年，即使是三四年，他必能自己打上一辆车，顶漂亮的车！看着自己的青年的肌肉，他以为这只是时间的问题，这是必能达到的一个志愿与目的，绝不是梦想!”

拉车之后，“他觉得用力拉车去挣口饭吃，是天下最有骨气的事”。和虎妞结婚之后，祥子坚持要出去拉车。虎妞拗不过他，正月十七那天，他开始赁车去拉了。然而，

"拉过两个较长的买卖，他觉出点以前未曾有过的毛病，腿肚子发紧，胯骨轴儿发酸。他晓得自己的病源在哪里，可是为安慰自己，他以为这大概也许因为二十多天没拉车，把腿撂生了；跑过几趟来，把腿蹓开，或者也就没事了"。

跟他一起拉帮儿车（四辆一同走）的一个四十多岁的高个子"跑得不慢，连祥子也得掏七八成劲儿才跟得上他"，但"他的跑法可不好看：高个子，他塌不下腰去，腰和背似乎是块整的木板，所以他的全身得整个的往前扑着；身子向前，手就显着靠后；不像跑，而像是拉着点东西往前钻。腰死板，他的胯骨便非活动不可；脚几乎是拉拉在地上，加紧的往前扭。扭着真不慢，可是看着就知道他极费力。到拐弯抹角的地方，他整着身子硬拐，大家都替他攥着把汗；他老像是只管身子往前钻，而不管车过得去过不去""拉到了，他的汗噼嗒啪嗒的从鼻尖上，耳朵唇上，一劲儿往下滴答。放下车，他赶紧直了直腰，咧了咧嘴。接钱的时候，手都哆嗦得要拿不住东西似的"。

他们四个人把车放在一处说笑。"那个高个子独自蹓了半天，哽哽的干嗽了一大阵，吐出许多白沫子来，才似乎缓过点儿来"，然后开始跟他们说话。他说自己的腰和腿全不给劲，说："干咱们这行儿的，别成家，真的！"高个子说拉车的不能成家，一是夫妻生活损伤身体，而拉车必须要有好身体做本钱："一成家，黑天白日全不闲着，玩完！瞧瞧我的腰，整的，没有一点活软气！还是别跑紧了，一咬牙就咳嗽，心口窝辣蒿蒿的！"二是成家后免不了生养孩子，而拉车收入低微，租车价格高昂，生活压力极大："成家以后，一年一个孩子，我现在有五个了！全张着嘴等着吃！车份大，粮食贵，买卖苦，有什么法儿呢！"三是心中有所牵挂："这玩意儿一成家，连大带小，好几口儿，死了也不能闭眼！你说是不是？"

对此，高个子十分不满："干咱们这行儿的就得他妈的打一辈子光棍儿！连他妈的小家雀儿都一对一对儿的，不许咱们成家！"甚至激愤地说："不如打一辈子光棍，犯了劲上白房子，长上杨梅大疮，认命！一个人，死了就死了！"

高个子所说的话，让祥子无言以对。从前的他之所以对买车充满信心，是因为"他不吃烟，不喝酒，不赌钱，没有任何嗜好，没有家庭的累赘""只要他自己肯咬牙，事儿就没有个不成"，现在，他被虎妞拖累着，因为虎妞"要在祥子身上找到失去了的青春"，所以往往"睡不好觉"。他一边走开去，一边感受到"胯骨轴的确还有点发酸"，他意识到"家里的不是个老婆，而是个吸人血的妖精！"

（二）有车的无法养家

在《骆驼祥子》中，有车的车夫不止祥子一个，小马儿的祖父有车，小福子的父亲二强子也有车。然而，他们都在贫苦的生活中苦苦挣扎，没有办法过上正常稳定的生活。其中，小马儿的祖父，这个五十五岁的老车夫的故事尤为动人。

小马儿的祖父是在虎妞找祥子后的第三天出场的。曹先生同朋友去看夜场电影，祥子在个小茶馆里等着。这个茶馆一向是包月车夫的聚处，但那天晚上，进来了一个老车夫。他的模样很惨，“看样子已有五十多岁，穿着件短不够短，长不够长，莲蓬篓儿似的棉袄，襟上肘上已都露了棉花。脸似乎有许多日子没洗过，看不出肉色，只有两个耳朵冻得通红，红得像要落下来的果子。惨白的头发在一顶破小帽下杂乱的髭髭着；眉上，短须上，都挂着些冰珠。一进来，摸住条板凳便坐下了，扎挣着说了句：‘沏一壶。’”结果“茶还没有沏来，老车夫的头慢慢的往下低，低着低着，全身都出溜下去”。

车夫们一边帮助老人，一边“好似都不约而同的心里说：‘这就是咱们的榜样！到头发惨白了的时候，谁也有一个跟头摔死的行市！’”“祥子始终没言语，呆呆的立在那里。听到老车夫说肚子里空，他猛的跑出去，飞也似又跑回来，手里用块白菜叶儿托着十个羊肉馅的包子。一直送到老者的眼前，说了声：吃吧！然后，坐在原位，低下头去，仿佛非常疲倦。”

这位老者就是有车一族，他的儿子当兵去了，媳妇跑了，丢下孙子小马儿和他相依为命：“我们爷儿俩就吃这辆车；车破，可是我们自己的，就仗着天天不必为车份儿着急。挣多挣少，我们爷儿俩苦混，无法！无法！”在爷孙俩走出茶馆时，祥子头一个跟出来，他要看看那辆车，那是“一辆极破的车，扶车板上的漆已经裂了口，车把上已经磨得露出木纹，一只稀里哗啷响的破灯，车棚子的支棍儿用麻绳儿捆着。”

“祥子呆呆的立在门外，看着这一老一少和那辆破车。老者一边走还一边说话，语声时高时低；路上的灯光与黑影，时明时暗。祥子听着，看着，心中感到一种向来没有过的难受。在小马儿身上，他似乎看见了自己的过去；在老者身上，似乎看到了自己的将来！”

“那一老一少似乎把他的最大希望给打破——老者的车是自己的呀！自从他头一天拉车，他就决定买上自己的车，现在还是为这个志愿整天的苦奔；有了自己的车，他以为，就有了一切。哼，看看那个老头子！他不肯要虎妞，还不是因为自己有买车的愿望？买上车，省下钱，然后一清二白的娶个老婆；哼，看看小马儿！自己有了儿子，未必不就是那样。”

从那以后，“一想到那个老者与小马儿，祥子就把一切的希望都要放下，而想乐一天是一天吧，干吗成天际咬着牙跟自己过不去呢?！穷人的命，他似乎看明白了，是枣核儿两头尖：幼小的时候能不饿死，万幸；到老了能不饿死，很难。只有中间的一段，年轻力壮，不怕饥饱劳碌，还能像个人儿似的。在这一段里，该快活快活的时候还不敢去干，地道的傻子；过了这村便没有这店！这么一想，他连虎妞的那回事儿都不想发愁了。”

小马儿的祖父是个值得尊敬的老者，作者这样描写他：“这时候，老者的干草似的灰发，脸上的泥，炭条似的手，和那个破帽头与棉袄，都像发着点纯洁的光，如同破庙里的神像似的，虽然破碎，依然尊严。”

最后，祥子在寻找小福子的过程中，偶遇小马儿的祖父。“老头子已不拉车。身上的衣裳比以前更薄更破，扛着根柳木棍子，前头挂着个大瓦壶，后面悬着个破元宝筐子，筐子里有些烧饼油鬼和一大块砖头。”说起话来，祥子才知道“小马儿已死了半年多，老人把那辆破车卖掉，天天就弄壶茶和些烧饼果子在车口儿上卖。老人还是那么和气可爱，可是腰弯了许多，眼睛迎风流泪，老红着眼皮，像刚哭完似的”。老人对祥子说：“当初，我的身子骨儿好，心眼好，一直混到如今了，我落到现在的样儿！身子好？铁打的人也逃不出去咱们这个天罗地网。心眼好？有什么用呢？善有善报，恶有恶报，并没有这么八宗事！”“我的心眼倒好呢，连个小孙子都守不住。他病了，我没钱给他买好药，眼看着他死在我的怀里！甭说了，什么也甭说了！”

（三）拴车的绝不拉车

所谓拴车的，在《骆驼祥子》一书中特指刘四爷。刘四爷是个什么人物，作者在第四章里做了介绍：“人和的老板刘四爷是已快七十岁的人了；人老，心可不老实。年轻的时候他当过库兵，设过赌场，买卖过人口，放过阎王账。干这些营生所应有的资格与本领——力气，心路，手段，交际，字号等等——刘四爷都有。在前清的时候，打过群架，抢过良家妇女，跪过铁索。跪上铁索，刘四并没皱一皱眉，没说一个饶命。官司教他硬挺了过来，这叫作‘字号’。出了狱，恰巧入了民国，巡警的势力越来越大，刘四爷看出地面上的英雄已成了过去的事儿，即使李逵武松再世也不会有多少机会了。他开了个洋车厂子。”

只有这样的人才能开车厂子，像祥子那样指望以拉车这样勤苦的劳动成为车厂主的可能性是不存在的，因为拴车的绝不拉车。不仅如此，拴车的还绝不跟拉车的结亲戚。这一点，虎妞看得很清楚，她对祥子说过：“他是拴车的，你是拉车的，他不肯往下走亲戚。……你看，你要是托个媒人去说，老头子一定不答应。……比你高着一等的人物都不行。”刘四爷也确实就是这么想着的：“祥子的确不错，但是提到儿婿两当，还差得多呢；一个臭拉车的！自己奔波了一辈子，打过群架，跪过铁索，临完教个乡下脑袋连女儿带产业全搬了走？没那个便宜事！就是有，也甭想由刘四这儿得到！刘四自幼便是放屁崩坑儿的人！”

是的，拴车的绝不拉车，因为这是一个贫富悬殊、阶层分化的社会，“每逢战争一来，最着慌的是阔人们。他们一听见风声不好，赶快就想逃命；钱使他们来得快，也跑得快。他们自己可是不会跑，因为腿脚被钱赘得太沉重。他们得雇许多人作他们的腿，箱子得有人抬，老幼男女得有车拉”。“混他妈的一辈子，连个媳妇都摸不着！人家他妈的宅门里，一人搂着四五个娘们！”别说富人和穷人、宅门和车夫，就连车夫和车夫，也是分出了等级的：“这个茶馆一向是包月车夫的聚处，像这个老车夫，在平日，是绝不会进来的。”“他们的罪孽也就是他的，不过他正在年轻力壮，受得起辛苦，不怕冷，不怕风；晚间有个干净的住处，白天有件整齐的衣裳，所以他觉得自己与他们并不能相提并论，他现在虽是与他们一同受苦，可是受苦的程度到底不完全一样；现在他少受着罪，将来他还可以从这里逃出去；他想自己要是到了老年，绝不至于还拉着辆破车去挨饿受冻。他相信现在的优越可以保障将来的胜利。正如在饭馆或宅门外遇上驶汽车的，他们不肯在一块儿闲谈；驶汽车的觉得有失身份，要是和洋车夫们有什么来往。汽车夫对洋车夫的态度，正有点像祥子的对那些老弱残兵；同是在地狱里，可是层次不同。”

和虎妞结婚以后，祥子住进了大杂院，这里居住着很多和他一样的穷苦人。“大杂院里有七八户人家，多数的都住着一间房；一间房里有的住着老少七八口。这些人有的拉车，有的作小买卖，有的当巡警，有的当仆人。各人有各人的事，谁也没个空闲，连小孩子们也都提着小筐，早晨去打粥，下午去拾煤核。”

“杂院里的人们，四时都有苦恼。”

冬天，“屋子是那么小，墙是那么破，冷风从这面的墙缝钻进来，一直的从那面出去，把所有的一点暖气都带了走。她们的身上只挂着些破布，肚子盛着一碗或半碗粥，或者还有个六七个月的胎。她们得工作，得先尽着老的少的吃饱。她们浑身都是病，不到三十岁已脱了头发，可是一时一刻不能闲着，从病中走到死亡；死了，棺材得去向‘善人’们募化。那些姑娘们，十六七岁了，没有裤子，只能围着块什么破东西在屋中——天然的监狱——帮着母亲作事，赶活。要到茅房去，她们得看准了院中无人才敢贼也似的往外跑；一冬天，她们没有见过太阳与青天”。

春天，“那老人们现在才敢出来晒晒暖；年轻的姑娘们到现在才把鼻尖上的煤污减去一点，露出点红黄的皮肤来；那些妇女们才敢不甚惭愧的把孩子们赶到院中去玩玩；那些小孩子们才敢扯着张破纸当风筝，随意的在院中跑，而不至把小黑手儿冻得裂开几道口子。但是，粥厂停了锅，放赈的停了米，行善的停止了放钱；把苦人们仿佛都交给了春风与春光！正是春麦刚绿如小草，陈粮缺欠的时候，粮米照例的涨了价钱。天又加长，连老人们也不能老早的就躺下，去用梦欺骗着饥肠。春到了人间，在这大杂院里只增多了困难”。

夏天，“孩子们抓早儿提着破筐去拾所能拾到的东西；到了九点，毒花花的太阳已要将他们的瘦脊背晒裂，只好拿回来所拾得的东西，吃些大人所能给他们的食物。然后，大一点的要是能找到世界上最小的资本，便去连买带拾，凑些冰核去卖。若找不到这点资本，便结伴出城到护城河里去洗澡，顺手儿在车站上偷几块煤，或捉些蜻蜓与知了儿卖与那富贵人家的小儿”。

最糟糕的是下雨天，“孩子病了，没钱买药；一场雨，催高了田中的老玉米与高粱，可是也能浇死不少城里的贫苦儿女。大人们病了，就更了不得；雨后，诗人们吟咏着荷珠与双虹；穷人家，大人病了，便全家挨了饿。一场雨，也许多添几个妓女或小贼，多有些人下到监狱去；大人病了，儿女们作贼作娼也比饿着强！雨下给富人，也下给穷人；下给义人，也下给不义的人。其实，雨并不公道，因为下落在一个没有公道的世界上”。

是的，这是一个没有公道的世界。在“底儿”挣扎的人，无论是否遇到“点儿”，都必然走向毁灭。

第三节　一个人：个人主义的末路鬼

主人公祥子一开始有很多优点。他身体好，能吃苦，在拉车方面专业能力强，有主见，有判断力和决策力，对梦想很执着，对前途未来充满信心，同时，他善良、忠厚、老实、淳朴。按说，这样一个人没有理由不能实现梦想，遗憾的是，祥子没有实现他的梦想，他是一个不折不扣的失败者。他不仅一步一步丢失他的美好梦想，还逐渐放弃了他的强壮身体和淳朴个性。祥子的结局如何？在《骆驼祥子》一书的最后，作者这样写道：“体面的，要强的，好梦想的，利己的，个人的，健壮的，伟大的，祥子，不知陪着人家送了多少回殡；不知道何时何地会埋起他自己来，埋起这堕落的，自私的，不幸的，社会病胎里的产儿，个人主义的末路鬼！”

“个人主义的末路鬼”，这句话一方面暗示了祥子成为“末路鬼”的命运悲剧性走向，另一方面指出“个人主义”是祥子命运走向悲剧性结局的原因。是的，祥子是一个个人主义者，他不合群，不关注环境变化（战争来临，仍然拉车出城），不愿意承担责任（小福子同他示爱，他明明喜欢小福子，却不愿与之成家），加上头脑简单，不适应城市生活（不愿把钱存进邮局，不会打电话等），放纵欲望，有歧视女性（买车后头一个买卖不能拉女性，因虎妞不是处女而沮丧）等封建观念，他有种种弱点，甚至有种种劣根性，但他确乎是在苦苦奋斗着。

研读《骆驼祥子》一书，不难发现祥子的前后变化也体现在他对“群体”态度的前后变化上，他从一个不合群却积极向上的个体变为一个融入群体却沉沦堕落的个体，在这一变化轨迹中，我们可以看到祥子悲剧原因中的个人因素，更能看到祥子悲剧原因中不可避免的外在因素。

一、失败的个体

毫无疑问，祥子是一个个人主义者。除了最后概括性的一句“个人主义的末路鬼”之外，作者在作品中几次用“个人主义”来描写祥子：“为个人努力的也知道怎样毁灭个人，这是个人主义的两端”“他等着吸那最后的一口气，他是个还有口气的死鬼，个人主义是他的灵魂”。个人主义又称利己主义，是“把个人价值看得高于一切”“以个人私利为根本出发点和归宿的思想体系和道德原则”。

作为一个个人主义者，祥子很有主见。《骆驼祥子》第一章说他：“他有自己的打算，有些心眼，但不好向别人讲论。”“他的事他知道，不喜欢和别人讨论。因为嘴常闲着，所以他有工夫去思想，他的眼仿佛是老看着自己的心。只要他的主意打定，他便随着心中所开开的那条路儿走；假若走不通的话，他能一两天不出一声，咬着牙，好似咬着自己的心！”最初，他买车的目标明确，奋斗的意志坚定：“在这种旋转之中，他的眼并没有花，心并没有乱，他老想着远远的一辆车，可以使他自由，独立，像自己的手脚的那么一辆车。”

作为一个个人主义者，祥子格外要强。他的要强跟他对车的关注和珍爱、拉车的光荣和努力、买车的愿望和钱的储备、买上车的信念和好的条件等方面关联在一起。作者多次通过他的心理活动写到他的“要强”：“……他必能找回原来的自己，那个无牵无挂，纯洁，要强，处处努力的祥子”“祥子活着，快活的，要强的，活着……”“越说越痛快，忘了自己，因为自己已包在那些话中，每句话中都有他，那要强的，委屈的，辛苦的，堕落的，他”。

他的有主见从故事开头一直延续到结尾。虽然开头是“为个人努力”，结尾是“毁灭个人”。并且，他的“要强”随着际遇的变化不断动摇着：“要强又怎样呢，这个世界并不因为自己要强而公道一些，凭着什么把他的车白白抢去呢？”“要强既是没用，何不乐乐眼前呢？”“以自己的体格，以自己的忍性，以自己的要强，会让人当作猪狗，会维持不住一个事情，他不只怨恨杨家那一伙人，而渺茫的觉到一种无望，恐怕自己一辈子不会再有什么起色了。”“无缘无故的丢了车，无缘无故的又来了这层缠绕，他觉得他这一辈子大概就这么完了，无论自己怎么要强，全算白饶。”“他顾体面，要强，忠实，义气；都没一点用处，因为有条‘狗’命！”“好吧，老实，规矩，要强，既然都没用，变成这样的无赖也不错。不但是不错，祥子想，而且是有些英雄好汉的气概，天不怕，地不怕，绝对不低着头吃哑巴亏。对了！应当这么办！坏嘎嘎是好人削成的。”“好吧，老实，规矩，要强，既然都没用，变成这样的无赖也不错。”“不管你怎样卖力气，要强，你可就别成家，别生病，别出一点岔儿。”“自己看明白自己已不是要强的人，不仅是不要强的人，而且是坏人！”“当他独自坐定的时候，想起以前的自己，他还想要强，不甘心就这么溜下去。虽然要强并没有用处，可是毁掉自己也不见得高明。在这种时候，他又想起买车。”“当初咱倒要强过呢，有一丁点好处没有？”“他自己，也不能因为要强就得了好处。”“一上曹宅，他就得要强，要强有什么用呢？就这么大咧咧的瞎混吧：没饭吃呢，就把车拉出去；够吃一天的呢，就歇一天，明天再说明天的。这不但是个办法，而且是唯一的办法。攒钱，买车，都给别人预备着来抢，何苦呢？何不得乐且乐呢？”“他是要强的，小福子是要强的，他只剩下些没有作用的泪，她已作了吊死鬼！一领席，埋在乱死岗子，这就是努力一世的下场头！”“假若他也有后悔的时候，他是后悔当初他干吗那么要强，那么谨慎，那么老实。该后悔的全过去了，现在没有了可悔的事。”

“要强”的心愿之所以发生动摇，是因为祥子认为“要强”没用。而祥子之所以认为"要强"没用，是因为作者认为"个人主义"的人生态度不对。对此，作者通过直接表述以及小马儿祖父的话发表议论。

《骆驼祥子》第八章，在祥子用坚强的"抵抗""和狂风决一死战"时，作者描写了"那些老弱的车夫"，并对他们的生活做了概述："冬天，他们整个的是在地狱里，比鬼多了一口活气，而没有鬼那样清闲自在；鬼没有他们这么多的吃累！像条狗似的死在街头，是他们最大的平安自在；冻死鬼，据说，脸上有些笑容！"两相对比之下，作者在肯定祥子"在心中有了一定的主意，眼前便增多了光明；在光明中不会觉得寒冷"的同时，也否定了祥子的漠不关心和无动于衷，"自然，他既不瞎，必定也看见了那些老弱的车夫""祥子怎能没看见这些呢"，但是"他没工夫为他们忧虑思索"，因为"正如在饭馆或宅门外遇上驶汽车的，他们不肯在一块儿闲谈；驶汽车的觉得有失身份，要是和洋车夫们有什么来往。汽车夫对洋车夫的态度，正有点像祥子的对那些老弱残兵；同是在地狱里，可是层次不同"。然后，作者议论如下："他们想不到大家须立在一块儿，而是各走各的路，个人的希望与努力蒙住了各个人的眼，每个人都觉得赤手空拳可以成家立业，在黑暗中各自去摸索个人的路。"祥子正是这种个人主义的典型代表，"祥子不想别人，不管别人，他只想着自己的钱与将来的成功"。

《骆驼祥子》第二十三章，作者通过小马儿祖父的故事为个人主义者的失败提供鲜活的例子，又通过小马儿祖父的话为个人主义者的人生提供深刻的教诲："干苦活儿的打算独自一个人混好，比登天还难。一个人能有什么蹦儿？看见过蚂蚱吧？独自一个儿也蹦得怪远的，可是教个小孩子逮住，用线儿拴上，连飞也飞不起来。赶到成了群，打成阵，哼，一阵就把整顷的庄稼吃净，谁也没法儿治它们！你说是不是？"接下来，作者通过祥子的心理活动进一步强化这样的人生体悟，"自己，专仗着自己，真像老人所说的，就是被小孩子用线拴上的蚂蚱，有翅膀又怎样呢？"

就这样，祥子走上了跟小马儿祖父一样的人生道路，甚至走上了比小马儿祖父更惨的人生道路。可以想见，祥子很难苟延残喘到下一个春天。

就这样，"为个人努力的"祥子毁灭了自己，成为又一个失败的个体。

二、沉沦的群体

"群"的概念基于人的社会属性，社会属性是人的本质属性，因此，"群"与"己"的关系即社会关系是每一个在社会中生活的个体都必然要建构、要面临的关系，正如作者所说："虽然不大爱说话，但是不出声的雁也喜欢群飞。"但是，即便"群"是必然的、普遍的规律，个体和个体之间在"群性"或者说社会化的程度上也是有差异的。

就祥子而言，他的天性显然是不合群的，在同行车夫眼中，"闷着头儿干，不大和气"的祥子带着一股子"干倔的劲儿"，"他们多少以为他不大合群，别扭"，用书中的话说就是“不得哥儿们”。祥子是一个没有朋友的人。虽然有些时候“他不便太不随群”会做一点大家都做的事情，如在刘四爷的寿诞上，“祥子看大家喝”“也就跟着喝了两盅”。但是，总体上说来，他是在个人奋斗的道路上奋力向前。

祥子的不合群，固然有他不善于言谈、不善于表达的原因，但主要因为他对群体持疏离态度。在他看来，“喝酒，赌钱，下棋，或聊天”是“一般洋车夫的可以原谅而不便效法的恶习”，因此“他平日不和他们一块喝酒，赌钱，下棋，或聊天，他的话只能圈在肚子里，无从往外说”。他对群体是不信任的，“在洋车夫里，个人的委屈与困难是公众的话料，‘车口儿’上，小茶馆中，大杂院里，每人报告着形容着或吵嚷着自己的事，而后这些事成为大家的财产，像民歌似的由一处传到一处”。这是城里人、是“老油子们”的“贫嘴恶舌”，因此，对于“车口儿”这一车夫凑群的公共场合，他一般是回避的，“至于讲价争座，他的嘴慢气盛，弄不过那些老油子们。知道这个短处，他干脆不大到‘车口儿’上去；哪里没车，他放在哪里”。在“小茶馆”之类的场合，他往往也是“独自抱着壶茶”，而且只“喝那一个子儿一包的碎末”。

正因为如此，祥子和群体的关系是紧张的。“在车口儿上，或茶馆里，他看大家瞪他，本想对大家解释一下，及至看到大家是那么冷淡，……难堪渐渐变为羞恼，他的火也上来了；他们瞪他，他也瞪他们。”甚至有几次祥子想用打架的方式解决和群体之间的矛盾，“他不想打架，虽然不怕打架。大家呢，本不怕打架，可是和祥子动手是该当想想的事儿，他们谁也不是他的对手，而大家打一个又是不大光明的”。“祥子独自立在那里，比别人都高着许多，他觉出自己的孤立。但是气在心头，他仿佛也深信就是他们大家都动手，也不是他的对手。”“打一场也没什么，好在祥子知道自己的力气大，先把巡警揍了，再去坐狱也不吃亏。在打架的时候，他又觉出自己的力气与本事，把力气都砸在别人的肉上，他见了光明，太阳好像特别的亮起来。”

尽管祥子是个不合群的个人主义者，他还是需要他人的帮助，“今天，祥子觉得老程完全可爱了。坐在那儿，说不出什么来，心中可是感激，亲热。刚才，立在中海的桥上；现在，与个熟人坐在屋里……”他还特别需要被他人、被群体肯定和认同，“想起乍由山上逃回来的时候，大家对他是怎样的敬重，现在会这样的被人轻看，他更觉得难过了”。“祥子整着身子——因为一得意就不知怎么好了——走出来。他很高兴，这是向来没有经验过的事，大家的笑脸全朝着他自己，仿佛他是个很重要的人似的。”

有了这样的心理基础，加上一连串的遭遇，祥子意识到没有朋友、孤立于人群之中的痛苦。比如，在被虎妞纠缠时，“更让他难过的是没地方去诉诉委屈。他没有父母兄弟，没有朋友。平日，他觉得自己是头顶着天，脚踩着地，无牵无挂的一条好汉。现在，他才明白过来，悔悟过来，人是不能独自活着的。特别是对那些同行的，现在都似乎有点可爱。假若他平日交下几个，他想，像他自己一样的大汉，再多有个虎妞，他也不怕；他们会给他出主意，会替他拔创卖力气。可是，他始终是一个人；临时想抓朋友是不大容易的！他感到一点向来没有过的恐惧。照这么下去，谁也会欺侮他；独自一个是顶不住天的！”祥子慢慢开始对群体产生认同：“有时候他看别人喝酒吃烟跑土窑子，几乎感到一点羡慕。要强既是没用，何不乐乐眼前呢？他们是对的。他，即使先不跑土窑子，也该喝两盅酒，自在自在。烟，酒，现在仿佛对他有种特别的诱惑力，他觉得这两样东西是花钱不多，而必定足以安慰他；使他依然能往前苦奔，而同时能忘了过去的苦痛。”“祥子始终一语未发，可是很留心他们说了什么。大家的话，虽然口气，音调，事实，各有不同，但都是咒骂与不平。这些话，碰到他自己心上的委屈，就像一些雨点儿落在干透了的土上，全都吃了进去。他没法，也不会，把自己的话有头有尾的说给大家听；他只能由别人的话中吸收些生命的苦味，大家都苦恼，他也不是例外；认识了自己，也想同情大家。大家说到悲苦的地方，他皱上眉；说到可笑的地方，他也撇撇嘴。这样，他觉得他是和他们打成一气，大家都是苦朋友，虽然他一言不发，也没大关系。从前，他以为大家是贫嘴恶舌，凭他们一天到晚穷说，就发不了财。今天仿佛是头一次觉到，他们并不是穷说，而是替他说呢，说出他与一切车夫的苦处。”

从心理上的认同发展到行为上的融入，是在祥子处理完虎妞的后事之后。祥子重新找好车厂，“只休息了一天，便照旧去拉车”了，但是他的变化显而易见，“他不像先前那样火着心拉买卖了，可也不故意的偷懒，就那么淡而不厌一天天的混”。他的脸色“不像原先那么红扑扑”，他的眼睛“没有什么表情，老是那么亮亮的似乎挺有精神，又似乎什么也没看见”“原先他就不喜欢说话，现在更不爱开口了。……除了必须开口，他简直的不大和人家过话”。除了“烟卷可是已吸上了瘾”和拉车“不再拼命的跑”之外，祥子最大的变化就是“在厂子里，他可是交了朋友”：

> 虽然不大爱说话，但是不出声的雁也喜欢群飞。再不交朋友，他的寂寞恐怕就不是他所能忍受得了。他的烟卷盒儿，只要一掏出来，便绕着圈儿递给大家。有时候人家看他的盒里只剩下一支，不好意思伸手，他才简捷的说：“再买！”赶上大家赌钱，他不像从前那样躲在一边，也过来看看，并且有时候押上一注，输赢都不在乎的，似乎只为向大家表示他很合群，很明白大家奔忙了几天之后应当快乐一下。他们喝酒，他也陪着；不多喝，可是自己出钱买些酒菜让大家吃。以前他所看不上眼的事，现在他都觉得有些意思——自己的路既走不通，便没法不承认别人作得对。朋友之中若有了红白事，原先他不懂得行人情，现在他也出上四十铜子的份子，或随个“公议儿”。不但是出了钱，他还亲自去吊祭或庆贺，因为他明白了这些事并非是只为糟蹋钱，而是有些必须尽到的人情。在这里人们是真哭或真笑，并不是瞎起哄。

交朋友本来应该是件好事，遗憾的是，这是一个沉沦的群体。融入群体的祥子不再像从前那样向上努力，而是不可避免地随着群体向下沉沦。他染上了性病，对于从前的他来说，这是“平日最怕最可耻的一件事”，但现在却“打着哈哈似的泄露给大家”，

“大家争着告诉他去买什么药，或去找哪个医生。谁也不觉得这可耻，都同情的给他出主意，并且红着点脸而得意的述说自己这种的经验。……祥子这点病使他们都打开了心，和他说些知己的话”。

在这段时间里，“当他独自坐定的时候，想起以前的自己，他还想要强，不甘心就这么溜下去。虽然要强并没有用处，可是毁掉自己也不见得高明。在这种时候，他又想起买车”。这么一想，他又想“从此烟酒不动，咬上牙攒钱”，他又“想到小福子”。然而，沉沦的群体给予他的是一种向下的力量，“及至见了朋友们，他照旧吸着烟，有机会也喝点酒，把小福子忘得一干二净。和朋友们在一块，他并不挑着头儿去干什么，不过别人要作点什么，他不能不陪着。一天的辛苦与一肚子的委屈，只有和他们说说玩玩，才能暂时忘掉”。就这样，“祥子完全入了辙，他不比别的车夫好，也不比他们坏，就是那么个车夫样的车夫。这么着，他自己觉得倒比以前舒服。别人也看他顺眼；老鸦是一边黑的，他不希望独自成为白毛儿的”。

从失败的个体陷入沉沦的群体之中，祥子在悲剧的泥淖中越陷越深。这一悲剧故事中的个体走向和群体逻辑也给读者提出了一些值得深思的问题。第一，个人主义者必然失败，群体必然沉沦吗？第二，如果个人主义者一定失败，群体一定沉沦，人类社会的希望在哪里呢？第三，如果个人主义者不一定失败，群体不一定沉沦，那么如何让个人主义者成功，如何让群体积极向上呢？

第四节　一个时代：假如祥子穿越到今天

《骆驼祥子》创作于 1936 年，反映的是 20 世纪 20 年代末 30 年代初旧中国个体劳动者的悲惨命运。当时中国处于半殖民地半封建社会，加上军阀混战和政治黑暗，导致乡村凋敝破产，城市腐朽败落，广大劳动人民生活在水深火热之中。祥子正是这一时代背景之下旧中国个体劳动者的典型代表。祥子的悲剧命运，很大程度上是黑暗的时代造成的，是时代和社会的悲剧。

一、时代的阴霾

（一）战乱

“祥子和光头的矮子连车带人都被十来个兵捉了去！”这是《骆驼祥子》中祥子遭遇的第一次厄运。作者老舍虽然只用一句话对此进行书写，此前却做了很多铺垫：“外面的谣言他不大往心里听，什么西苑又来了兵，什么长辛店又打上了仗，什么西直门外又在拉夫，什么齐化门已经关了半天，他都不大注意。自然，街上铺户已都上了门，而马路上站满了武装警察与保安队，他也不便故意去找不自在，也和别人一样急忙收了车。”“战争的消息与谣言几乎每年随着春麦一块儿往起长，麦穗与刺刀可以算作北方人的希望与忧惧的象征。祥子的新车刚交半岁的时候，正是麦子需要春雨的时节。春雨不一定顺着人民的盼望而降落，可是战争不管有没有人盼望总会来到。”

被捉之后，祥子被大兵虐待，过着生不如死的生活。“祥子的身上没有任何累赘，除了一件灰色单军服上身，和一条蓝布军裤，都被汗沤得奇臭——自从还没到他身上的时候已经如此。”“他的衣服鞋帽，洋车，甚至于系腰的布带，都被他们抢了去；只留给他青一块紫一块的一身伤，和满脚的疱！”“这些日子了，他随着兵们跑，汗从头上一直流到脚后跟。走，得扛着拉着或推着兵们的东西；站住，他得去挑水烧火喂牲口。他一天到晚只知道怎样把最后的力气放在手上脚上，心中成了块空白。到了夜晚，头一挨地他便像死了过去，而永远不再睁眼也并非一定是件坏事。”

显然，这一段经历不仅给祥子带来了巨大的现实打击，而且给他留下了深重的心理阴影：“他越想着过去便越恨那些兵们”“他不但恨那些兵，而且恨世上的一切了”。

事实上，战乱影响和破坏的不仅是祥子一个人的生活和命运，由小马儿的祖父所说的“儿子当兵去了，一去不回头”，可见战争的影响面非常广，破坏力非常大。

（二）白色恐怖

“寒假是肃清学校的好机会，侦探们开始忙着调查与逮捕。”通过祥子的遭遇，《骆驼祥子》书写了这样一种白色恐怖的社会氛围。“白色恐怖”一词，一般用来形容专制执政者迫害政治异见人士而导致的社会不安氛围。祥子是一个在社会底层挣扎的普通劳动者，按说，这样的白色恐怖应该不会和他发生关系，但既然是一种社会氛围，自然也是弥散性的、无所不在的，在《骆驼祥子》一书中，因为雇主曹先生的原因，祥子和白色恐怖直接打了两次交道。

第一次是阮明出卖曹先生。阮明本是曹先生的学生，“一向跟曹先生不错，时常来找他谈谈”，只因为“到考试的时候，曹先生没有给阮明及格的分数”，阮明因此“特别的恨曹先生。他以为曹先生太不懂面子；面子，在中国是与革命有同等价值的”。于是，“他把曹先生在讲堂上所讲的，和平日与他闲谈的，那些关于政治与社会问题的话编辑了一下，到党部去告发——曹先生在青年中宣传过激的思想”。值得关注的是，“曹先生是一个社会主义者，阮明的思想更激烈”“所以二人很说得来”。仅仅因为私人恩怨，学生出卖老师，思想更激烈的青年出卖“那点社会主义是怎样的不彻底”的长者。就这样，白色恐怖推动着人性中的阴暗面潜滋暗长，让“出卖”一词成为一个没有任何感情色彩、没有任何道德附加值的动作。由于阮明的出卖，祥子被孙侦探胁迫和讹诈，遭遇他人生中的第二次打击。

第二次是祥子出卖阮明。“阮明作了官以后，颇享受了一些他以前看作应该打倒的事”“他穿上华美的洋服，去嫖，去赌，甚至于吸上口鸦片”。等到“钱不够用了”的时候，他决定用从前“那些激烈的思想”“换点钱来”，他投入“急于宣传革命的机关”“参加了组织洋车夫的工作”，就这样“认识了祥子”。“阮明知道，遇必要的时候，可以牺牲了祥子。祥子并没作过这样的打算，可是到时候就这么作了——出卖了阮明”“他把阮明卖了六十块钱”。对于祥子来说，“骗钱，他已作惯”，但“出卖人命，这是头一遭”，怎么花掉这笔来路不正的钱呢？祥子选择了“白房子”，因为“晚上能有人陪伴着他，使他麻醉，使他不怕，是理想的去处；白房子是这样的理想地方”。

果然是个“破烂的世界”！但那些有志于“革命的事业”的所谓“有志的青年”，却原来是如此的猥琐卑下。而如曹先生一般的所谓“革命的导师”，也不过是“冒牌的战士”。至于底层劳动者祥子，尽管“听着阮明所说的，十分有理”“可是看阮明的享受也十分可羡慕！”如果说如阮明所想：“钱会把人引进恶劣的社会中去，把高尚的理想撇开，而甘心走入地狱中去”，那么，革命该会是一种怎样的前景？

（三）不合理的婚姻制度和等级制度

《骆驼祥子》一书写到了几处宅门，其中，正面描写的有祥子拉过包月的杨宅、曹宅和夏宅，还写到了教他在邮局“储金”的方宅，曹宅的邻居、老程的雇主王宅，曹宅的朋友左宅等。曹宅一夫一妻一子，家庭关系和谐，家庭氛围安宁，而杨宅和夏宅却不是这样。

杨宅：“杨先生是上海人，杨太太是天津人，杨二太太是苏州人。一位先生，两位太太，南腔北调的生了不知有多少孩子。”“大太太和二太太一向是不和的。”

夏宅：“主人姓夏，五十多岁，知书明礼；家里有太太和十二个儿女。最近娶了个姨太太，不敢让家中知道，所以特意的挑个僻静地方另组织了个小家庭。在雍和宫附近的这个小家庭，只有夏先生和新娶的姨太太；此外还有一个女仆，一个车夫——就是祥子。”“夏先生一生的使命似乎就是鞠躬尽瘁的把所有的精力与金钱全敬献给姨太太；此外，他没有任何生活与享受。他的钱必须借着姨太太的手才会出去，他自己不会花，更说不到给人——据说，他的原配夫人与十二个儿女住在保定，有时候连着四五个月得不到他的一个小钱。”

显然，一夫多妻的婚姻制度给社会带来很多不稳定的因素。而贫富悬殊、宅门用人的态度以及宅门生活和大杂院生活的强烈对比，也折射出那个时代的社会等级差别是极其不合理的。

《骆驼祥子》的第二章，作者用讽刺的笔法对战争来临时“干苦工的人们”和“阔人们”的行为表现进行了场面描写：

> 不过，干苦工的人们——拉车的也在内——虽然不会欢迎战争，可是碰到了它

也不一定就准倒霉。每逢战争一来，最着慌的是阔人们。他们一听见风声不好，赶快就想逃命；钱使他们来得快，也跑得快。他们自己可是不会跑，因为腿脚被钱赘得太沉重。他们得雇许多人作他们的腿，箱子得有人抬，老幼男女得有车拉；在这个时候，专卖手脚的哥儿们的手与脚就一律贵起来……

第五章，作者写到杨宅如何对待下人："在家政上，二位的政见倒一致，其中的一项是不准仆人闲一会儿，另一项是不肯看仆人吃饭。""杨宅用人，向来是三五天一换的，先生与太太们总以为仆人就是家奴，非把穷人的命要了，不足以对得起那点工钱。"

第十二章，作者写到成家后的祥子第一次出门拉车，拉了一个"四辆一同走"的"帮儿车"买卖后，几位同伴的对话：

看着高个子走远了，矮子自言自语的说："混他妈的一辈子，连个媳妇都摸不着！人家他妈的宅门里，一人搂着四五个娘们！"

"先甭提人家，"另个小伙子把话接过去，"你瞧干这个营生的，还真得留神，高个子没说错。你就这么说吧，成家为干吗？能摆着当玩意儿看？不能！好，这就是楼子！成天啃窝窝头，两气夹攻，多么棒的小伙子也得趴下！"

正是这样的对比，凸显了穷人的境遇、社会的矛盾，以及大时代背景之下整体性的贫穷、落后和愚昧。

（四）整体性的贫穷、落后和愚昧

在《骆驼祥子》一书中，大杂院人们的生活集中体现了大时代背景之下整体的贫穷、落后和愚昧，可以说大杂院正是底层社会的缩影。

这是一个住着七八户人家的大杂院，他们"有的拉车，有的作小买卖，有的当巡警，有的当仆人。各人有各人的事，谁也没个空闲"，至于"那些妇人们，既得顾着老的，又得顾着小的，还得敷衍年轻挣钱的男人。她们怀着孕也得照常操作，……不，不但要照常工作，还得去打粥，兜揽些活计——幸而老少都吃饱了躺下，她们得抱着个小煤油灯给人家洗，作，缝缝补补""连小孩子们也都提着小筐，早晨去打粥，下午去拾煤核"。但他们仍然在无衣无食、缺衣少食的赤贫的生活状态中挣扎。先说衣，"她们的身上只挂着些破布""那些姑娘们，十六七岁了，没有裤子，只能围着块什么破东西在屋中——天然的监狱——帮着母亲作事，赶活。要到茅房去，她们得看准了院中无人才敢贼也似的往外跑"。再说食，"老人们空着肚子得拿眼泪当作水，咽到肚中去""喝碗粥""只吃着窝窝头与白薯粥"。至于住，他们"多数的都住着一间房；一间房里有的住着老少七八口""屋子是那么小，墙是那么破，冷风从这面的墙缝钻进来，一直的从那面出去，把所有的一点暖气都带了走"。一场大雨，"院墙塌了好几处，大家没工夫去管，只顾了收拾自己的屋角：有的台阶太矮，水已灌到屋中，大家七手八脚的拿着簸箕破碗往外淘水。有的倒了山墙，设法去填堵。有的屋顶漏得像个喷壶，把东西全淋湿，忙着往出搬运，放在炉旁去烤，或搁在窗台上去晒”“小福子屋的后檐墙塌了一块，姐儿三个忙着把炕席揭起来，堵住窟窿”。

不只是贫困，医疗水平、教育水平和社会发展水平的整体落后，以及由此带来的愚昧和死亡，既是祥子悲惨命运的成因，也是祥子痛苦生活的舞台。对此，作品中最典型的描写是面对疾病，人们往往先请巫医神婆。祥子生病了，“昏昏沉沉的睡了两昼夜，虎妞着了慌。到娘娘庙，她求了个神方：一点香灰之外，还有两三味草药。给他灌下去，他的确睁开眼看了看，可是待了一会儿又睡着了，嘴里唧唧咕咕的不晓得说了些什么。虎妞这才想起去请大夫。扎了两针，服了剂药，他清醒过来”。虎妞生产时，“收生婆没办法，大家都没办法，还是她自己出的主意，教祥子到德胜门外去请陈二奶奶——顶着一位虾蟆大仙”。这位大仙何许人也？她又是怎么助产的呢？且看书中描写：

> 她有五十来岁，穿着蓝绸子袄，头上戴着红石榴花，和全份的镀金首饰。眼睛直勾勾的，进门先净了手，而后上了香；她自己先磕了头，然后坐在香案后面，呆呆的看着香苗。忽然连身子都一摇动，打了个极大的冷战，垂下头，闭上眼，半天没动静。屋中连落个针都可以听到，虎妞也咬上牙不敢出声。慢慢的，陈二奶奶抬起头来，点着头看了看大家；“童儿”扯了扯祥子，教他赶紧磕头。祥子不知道自己信神不信，只觉得磕头总不会出错儿。迷迷糊糊的，他不晓得磕了几个头。立起来，他看着那对直勾勾的“神”眼，和那烧透了的红亮香苗，闻着香烟的味道，心中渺茫的希望着这个阵势里会有些好处，呆呆的，他手心上出着凉汗。

大仙“在香苗上抓了几抓，而后沾着唾沫”在“黄绵纸”上画“催生符”，“然后她指导着祥子怎样教虎妞喝下那道神符，并且给她一丸药，和神符一同服下去”。等到虎妞的“眼珠已慢慢往上翻”时，“陈二奶奶还有主意，不慌不忙的教祥子跪一股高香”。于是祥子便“直挺挺的跪在高香前面，他不晓得求的是什么神，可是他心中想要虔诚”。

正是因为整体的贫困、落后与愚昧，“在这杂院里，小孩的生与母亲的死已被大家习惯的并为一谈”。

（五）邪恶的社会风气

在《骆驼祥子》第五章，“还是闷着头儿干，不大和气”的祥子被大家“另眼看待了”，原因是他“发了邪财”。大家众说纷纭，“有人说他拾了个金表，有人说他白弄了三百块大洋，那自信知道得最详确的才点着头说，他从西山拉回三十匹骆驼！”“说法虽然不同，结论是一样的”，那就是“祥子发了邪财！”

在一个劳动不能致富的时代，发邪财成了人们的追求，能够发邪财的人得到人们的尊崇。“祥子发了邪财！对于发邪财的人，不管这家伙是怎样的‘不得哥儿们’，大家照例是要敬重的。卖力气挣钱既是那么不容易，人人盼望发点邪财；邪财既是那么千载难遇，所以有些彩气的必定是与众不同，福大命大。”

邪恶的社会风气必然推动着人性之恶的释放，人性之恶又必然强化着社会风气的邪恶。在这样的文化土壤中，学生出卖老师，祥子卖友求金，也就不难理解了。

二、祥子的穿越

如果说祥子的悲剧是时代与社会的悲剧，那么，有一个问题浮现出来：假如祥子穿越到今天，他的悲剧是否就不再上演？

比较之下，我们生活在一个没有战乱、没有白色恐怖的时代，随着科技的进步、医学的发达，以及教育的普及，我们过上了物质丰裕、精神富足的生活，不合理的婚姻制度已被废除，社会只有阶层的分别，没有阶级的对立，劳动致富的观念深入人心，努力奋斗蔚然成风，也就是说，20世纪二三十年代北平城的社会问题已经基本得到解决。祥子虽然有自身的局限性，除了相信个人奋斗、不愿意承担家庭责任之外，他还歧视女性（“头一个买卖必须拉个穿得体面的人，绝对不能是个女的”）、愚昧无知（不愿把钱存进邮局、不识字、不会使用电话、极少乘坐汽车等），但正如作者所说：“假若他的环境好一些，或多受着点教育，他一定不会落在‘胶皮团’里，而且无论是干什么，他总不会辜负了他的机会。”

由此，我们可以相信，假如祥子穿越到今天，他可以凭借自己诚实而又勤苦的劳动实现梦想，和相爱的人一起过上幸福的生活。

第五章　新读：评价得失，拓展迁移

经过“通读”“品读”“细读”“研读”四个环节，我们对文本的内容、形式、主旨都已经非常熟悉，接下来的任务是要对文本做出适宜的评价，并在总结阅读方法的基础上进行拓宽阅读视野和迁移读写能力。这一环节即“新读”环节，可通过封面带读、三题导读、以写促读、互文参读等方法和路径落实评价与迁移任务。

第一节　封面带读：阅读的起始与结束

一本书的阅读应该从封面开始，一本书的教学亦是。不仅如此，针对封面阅读而设计的学习任务，可以在阅读的起点和阅读的终点分别进行，从而统领和引导阅读教学的全过程。

——题记

封面是一本书极其重要的组成部分，不管有意无意，读者对一本书的阅读往往都是从封面开始的。一个经典的或者凝练而又新鲜的书名、一个引人注目的画面、一种文字排列与色彩运用的奇妙组合，都有可能成为吸引读者阅读一本书的理由。遗憾的是，正如“得鱼忘筌”之说所表达的，人们在成功之后，便忘了原本依靠的东西。大多数读者一旦进入书本的内容世界，就淡忘了封面曾经给予他的视觉冲击和阅读冲动，忽视了封面所包含的丰富意蕴及其所承载的独特价值。

事实上，封面不应该被忽略。封面犹如一个人的衣装，承载着这个人身上全部的社会性内容，甚至承载着其隐秘的内心世界，是予他人以第一印象的凭借，更是引导他人了解这个人、进入这个人内心世界的一条路径。一般来说，作者本人会高度重视其作品的封面设计，很多专业的读者也能从作品的封面设计中读出许多信息。大名鼎鼎的鲁迅先生就非常重视书刊封面的设计，他不仅是中国现代文学的奠基人，而且堪称现代书刊装帧设计的先驱。据不完全统计，他一生设计的书刊封面多达六七十种，其中不乏精品。鲁迅先生的封面设计大多通过独特的色彩运用和文字变化来表达他内心的痛苦与希望，同时对读者形成视觉冲击，其命意之深与格调之高至今仍让人赞叹不已。

当然，封面设计是装帧艺术的一种，一般读者不见得具备足够的美术修养，不一定能从封面设计的艺术品鉴中获得审美的愉悦，但封面上的书名是作者对这本书内容的高度凝练和概括，体现着作者的创作意图和艺术匠心，封面的艺术设计尤其是画面设计也不能任由设计者随意挥洒，它必须高度关联作品本身，是图书编撰者基于对作品主旨、内容和艺术特色的深度理解，借助封面设计者的专业技能而呈现出来的阅读心得的外化形式。因此，即使是一个普通的读者，在对封面的阅读中也能获得与作品有关的重要信息。

与作品高度相关的封面内容主要体现在两方面：书名和画面内容。一般读者对封面的阅读，也主要集中在这两方面，因此整本书阅读教学中的任务设计，也可通过探究封面上的书名和画面内容来进行。

一、关于“任务”这个热词

《普通高中语文课程标准（2017年版）》（以下简称“新课标”）颁布之后，“任务”成为高中语文教学领域的一个热词。“任务”不单是新课标中“学习任务群”这一重要概念的核心语汇，也是以“整合”为目标的“学习任务群”教学设计和教学实施的首要环节。课标组专家蔡可博士在《基于“学习任务群”的语文教学设计》一文中指出：“‘语文学习任务群’以任务为导向，以学习项目为载体，整合学习情境、学习内容、学习方法和学习资源，引导学生在运用语言的过程中提升语文素养。”① “任务”是经由“整合”之途达成语文“素养”提升这一目标诉求的前提和抓手，其重要性不言而喻。想要让新课标中的18个“学习任务群”在一线教师的课堂教学中成功落地，针对每一个学习项目的“任务”设计既是一个难点，也是一个极其重要的突破口。

如何攻坚克难，寻找突破口，设计出既能够带动学习项目的推进和完成，又有助学科素养的提升，既体现学习内容整合性，又具有现实情境关联性的“任务”？不少老师进行了有益的探索。在王岱老师“战国四公子”专题阅读教学这一项目学习的经典案例中，“请比较四公子，若你是当时的一名士，你更愿意到谁的门下生活？”② 这一挑战性任务是一个突出的亮点。在“整本书阅读与研讨”任务群实施过程中，余党绪老师通过“母题、议题、问题”三题定位，以思辨性教学任务来推动阅读理解的深入和思辨能力的拓展③，获得了广泛的认同。

“整本书阅读与研讨”在18个任务群中位居首位，整本书阅读的重要性已为业界所公认，关于整本书阅读教学的研究也方兴未艾。尽管如此，由于整本书往往内容丰赡，场景宏阔，主旨深隐，加之个体的阅读经验和理解角度各异，整本书阅读教学中的任务设计仍然缺乏很有效的路径。照搬或改用专家们的实践成果和研究心得难免食而不化，甚至可能淹没了宝贵的个性化理解和可持续的专业化成长。借鉴或运用专家们的设计思路和解读路径又必须以自身的深厚学养以及对整本书的沉潜涵泳和深入研究为前提。对于广大一线教师来说，自主进行整本书阅读教学的任务设计仍然存在难度。

---

① 蔡可．基于“学习任务群”的语文教学设计［J］．语文学习，2018（1）：17－22．

② 王岱．以挑战性学习任务提升学生的语文核心素养：“战国四公子”专题阅读教学案例［J］．语文学习，2017（3）：34－39．

③ 余党绪．整本书阅读教学中的母题、议题、问题：思辨需要方向、框架与抓手［J］．语文学习，2018（9）：10－15．

在"鱼"与"渔"之间，笔者始终认为"渔"至关重要。那么，有没有一条可行的路径，能够既帮助教师设计出闭合性与开放性并存、整合性与关联性俱佳的任务，又为教师的个性化解读和专业化发展保留空间呢？有没有一种有效的任务，能够既帮助学生达成对一本书的深度理解，又帮助他们建构阅读其他作品的经验和方法，同时发展其发现、分类、综合、实证、推理和批判的思维能力，从而全方位提高学生的语文素养呢？笔者的回答是：有！通过对封面的阅读，从书名和画面内容要素两个方面着手进行探究，由此设计"给作品重新命名"和"选择最喜欢的封面设计并陈述理由"这两个总任务，通过阶段性阅读任务的配合，便可以既引领和推动整本书中"这一本"的阅读，也实现教师发展和学生成长的双重目标。

笔者现以《骆驼祥子》为例，分别论述与书名有关的和与画面内容有关的任务设计有何特征，以及应该如何进行任务设计。

二、与书名有关的任务设计

书名一般出自作者本人，是作者对这本书全部内容所做的高度浓缩和精简概括，也是作者创作意图和艺术匠心的含蓄表达。以"人民艺术家"老舍先生的代表作、中国现代文学史上的经典之作、国家统编语文教材七年级下册的指定读本《骆驼祥子》一书为例，这本书的书名即作品中主人公的名号，老舍先生之所以用作品中主人公的"外号＋名字"给这本书命名，能够合理推断出是因为他对祥子、对以祥子为代表的社会底层老百姓充满了关注和同情。

与书名有关的任务设计为：为本书重新命名。这一任务必须以全面且深入地了解作品内容为基础，以充分理解书名内涵、充分理解作者命名意图为前提。这是一个既具有闭合性，又呈现开放性；既要求关联和整合作品内容，又体现学生思维水平与概括能力的学习任务。这一任务可分为以下三步来完成。

（一）对书名进行解读和探究，充分理解作者的命名意图

对书名的解读和探究最好以提出并解决问题的方式来进行，在问题的提出和解决中达成对作品内容的理解和思维水平的提升。"好的问题，既能将作品的内容聚合起来，形成清晰的理解与旨归，又能触及作品的诸多因素，关涉作品中的局部与细节。这样有开有合，有聚有散，思维才能在感性与理性的对话中趋向清明与开放。"① 针对"骆驼祥子"这一书名，可以提出的问题是：（1）为什么书中的主人公祥子得了个"骆驼"的外号？（2）老舍先生为何要用祥子的"外号＋名字"为这部作品命名？

---

① 余党绪．整本书阅读教学中的母题、议题、问题：思辨需要方向、框架与抓手［J］．语文学习，2018（9）：10－15.

关于第一个问题，老舍先生在作品开篇便以“骆驼与祥子那点关系”做了类似的表达。骆驼和祥子有什么关系呢？祥子为什么得了“骆驼”的外号呢？二者其实是同一个问题。对这个问题的回答首先关联的便是作品中祥子的一段经历。祥子在连人带车被抓到军营之后，机智大胆地带着三匹骆驼逃了出来，这是祥子得名“骆驼祥子”的直接原因。书中第四章第一自然段就有解释：“恐怕就是在这三天里，他与三匹骆驼的关系由梦话或胡话中被人家听了去。一清醒过来，他已经是‘骆驼祥子’了。”

如果祥子与骆驼的关系只存在于祥子的一小段人生中，只关联到书中的一小部分内容，“骆驼祥子”的名号不会如此深入人心。所以，祥子与骆驼之间还有更深刻的关联，那就是二者在性格上的高度相似，这正是祥子得名“骆驼”的深层次原因。至于祥子和骆驼在哪些方面具有相似性，可以由学生进行概括，并在作品中寻找依据。

关于第二个问题，除了前述老舍先生关注和同情社会底层老百姓的情感态度和创作视野外，还可以从小说各要素的角度，结合作品内容进行回答。

（二）对书名进行评价

对“骆驼祥子”这一书名进行评价，即评价这一书名好坏并陈述理由，这是一个开放式、探究性的问题。但是，学生的回答不能天马行空，必须要灵活、综合运用小说文体的知识，同时以作品内容为依据，分点逐条陈述。

示例：

（1）我认为《骆驼祥子》这一书名好。理由：①______　②______　③______

（2）我认为《骆驼祥子》这一书名不好。理由：①______　②______　③______

（三）为本书重新命名

为本书重新命名是一个具有挑战性的任务，学生对作品的熟悉程度、语言材料积累水平、概括能力、思辨能力和创造性思维能力将在完成这一任务的过程中得到综合体现和全面提升。小说文体要素这一知识系统可以作为学生思考的路径和完成任务的支架，也就是说，为作品重新命名可分别从人物、情节、环境和主旨等小说要素出发，有章有法地开展。陈述理由必须联系作品内容，有理有据地进行。

示例：

（1）人物角度：

命名一：《末路鬼》

命名理由：①作者在全书结尾处用“个人主义的末路鬼”来概括祥子的个性和命运。②该书名指的是作品主人公，但与“骆驼祥子”相比，它不仅指向人物，还暗示了情节的走向和人物的命运。③“鬼”更深刻更尖锐地揭示了人物与环境的冲突，更能凸显作品主题。

命名二：________________

命名理由：________________

（2）情节角度：

命名一：《求车记》

命名理由：________________

命名二：________________

命名理由：________________

（3）环境角度：

命名一：《病胎》

命名理由：________________

命名二：________________

命名理由：________________

（4）主题角度：

命名一：《奋斗与沉沦》

命名理由：________________

命名二：________________

命名理由：________________

在教学实施过程中，这一步骤可以安排在阅读全书之前和阅读全书之后。学生在阅读全书之前对书名进行解读、对作品的命名意图进行合理的推测、对书名得失进行评点、自己为作品重新命名；在阅读全书之后，再一次完成此学习任务。两次活动中学生答案的不同，体现的正是他在本次整本书阅读学习中的收获与成长。

三、与画面内容有关的任务设计

自《骆驼祥子》一书首次出版以来，很多出版社都出版过这一经典作品。不管是哪个版本的《骆驼祥子》，封面上的书名是不会变的，各有不同的是其中的画面内容。这些画面内容看似寻常简单，却蕴含着编者和设计者对作品的理解，颇有细读和探究的必要。细读和探究封面设计中画面内容的构成要素，可以作为整本书阅读教学的另外一个总任务。这一任务设计可以有两种方式，一是评点自己手中的某个版本，二是比较多个不同的版本并从中找出自己认同的版本。评点和选择都可以分别在阅读全书前和阅读全书后进行，学生可以在自己前后答案的变化中发现自己的阅读所得。

评点自己手中的某个版本这一操作方式相对简单，只需要对其画面中的内容要素进行读解和分析，结合作品内容评价其优劣得失，说出自己理想中的、切合作品题旨和内容的画面内容要素即可。

比较多个不同的版本这一操作方式则相对复杂，需要寻找不同版本的图书，就其封面设计中画面内容的构成要素进行分类研究，评价其优劣，选择自己最喜欢的设计并陈述理由，甚至可以开展相关辩论活动。

（一）对画面内容进行分类研究

对画面内容进行分类研究，最大的难点是确定分类的依据和标准。以画面内容中形象要素的不同为依据，是一条可行的路径。不同版本的《骆驼祥子》封面设计中的画面要素，主要有以下六种组合和呈现方式。

1. 人 + 骆驼

此处的“人”是《骆驼祥子》一书的主人公祥子，“骆驼”是他的外号。基于作品中祥子从军营逃出时牵回了三匹骆驼的情节，以及祥子和骆驼在性格上的相似性，部分版本的《骆驼祥子》在封面设计时采用了“人 + 骆驼”的画面要素组合。见图 5－1 的封面设计。

图 5－1　“人 + 骆驼”式封面

2. 一辆车

众所周知，祥子是一个车夫，也是一个车迷，买车、开车厂是他的梦想。虽然这一梦想落了空，但《骆驼祥子》一书全部的情节内容都是围绕“车”展开的。因此，部分版本的《骆驼祥子》在封面设计时仅用一辆车作为画面要素来呈现全书内容。见图 5－2 的封面设计。

图 5－2　“一辆车”式封面

3. 一个人 + 一辆车

此处的“人”当然也是《骆驼祥子》一书的主人公祥子，这一类封面设计的意图与仅有“一辆车”的设计意图相似。见图 5 - 3 的封面设计。

图 5 - 3 “一个人 + 一辆车”式封面

4. 一个人 + 一辆车 + 一座城

这一类封面设计把作为人物活动背景的北平城体现了出来。见图 5 - 4 的封面设计。

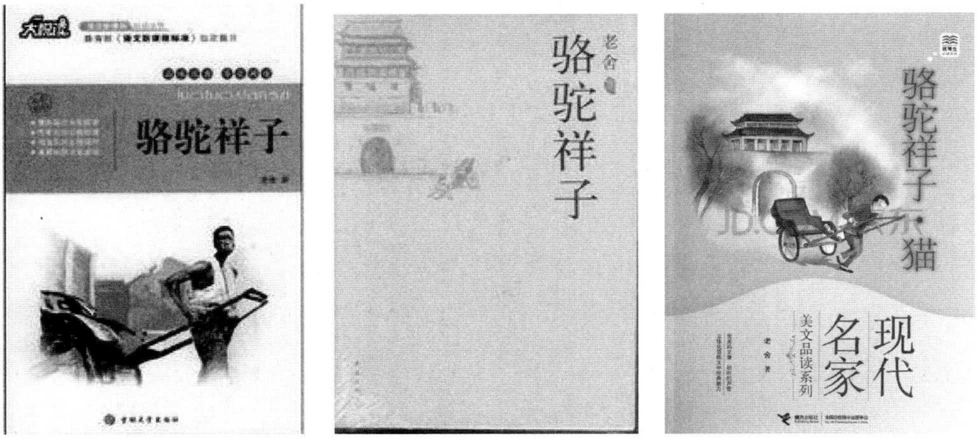

图 5 - 4 “一个人 + 一辆车 + 一座城”式封面

5. 一个人 + 一辆车 + 一座城 + 一位乘客

这一类封面设计在祥子所拉的车上加上一位乘客，这位乘客有可能是祥子拉包月的曹先生，也有可能是祥子拉散座时的某一位重要顾客。见图 5 - 5 的封面设计。

图 5－5　“一个人＋一辆车＋一座城＋一位乘客”式封面

6. 一个人＋一辆车＋一座城＋一位乘客＋人物群像

这一类封面设计在上一类的基础上加上了人物群像。人物群像实际上也构成了祥子的社会环境。见图 5－6 的封面设计。

图 5－6　“一个人＋一辆车＋一座城＋一位乘客＋人物群像”式封面

（二）评价画面内容的优劣

对封面设计中的画面内容进行评价时，要围绕小说文体的知识系统进行思考，并按照小说文体的知识系统进行分点分条的话语建构，同样既要基于对作品内容的准确理解，也要容许学生言之有据的个性化解读。

示例：

（1）人（祥子）+骆驼

优：①与书名高度吻合；②直观呈现了人（祥子）与骆驼的相似性；③突出人（祥子）的孤独境遇。

劣：①不能表现作品中的主要情节；②完全忽视了人物生存的社会环境；③不能表达人与社会相冲突的主旨。

（2）一辆车

优：____

劣：____

（3）一个人+一辆车

优：____

劣：____

（4）一个人+一辆车+一座城

优：____

劣：____

（5）一个人+一辆车+一座城+一位乘客

优：____

劣：____

（6）一个人+一辆车+一座城+一位乘客+人物群像

优：____

劣：____

（三）选择自己最喜欢的画面并撰文陈述理由

在对封面上的画面内容进行分类研究和优劣评价的过程中，学生已经在进行比较分析。事实上，每一种设计都有其合理性，也有其不足（如第5种组合有严重的错误，画面中的乘客是一位女性，而这，显然不符合女性较少参与社会公共生活的时代背景和祥子并未拉过女性乘客的作品内容）。学生要在给出的选择项中进行选择，必然要加入合理的个性化解读，撰文陈述理由便是让学生充分展现其个性化解读的成果。

与封面画面内容有关的学习任务除了具备与作品相关联的闭合性和开放性兼备的特征，还充分体现了与学生思维发展相关的思辨性特征，以及与学生学习兴趣习惯相关的趣味性特征，可以作为整本书阅读教学的起始和终结。在教学过程的开始，老师可以请学生做一次评点或选择，在阅读活动结束之后，老师可以请学生再做一次评点或选择。两次评点或选择的对比，体现了学生在阅读中的收获和成长。

综上，一本书的阅读及教学应该从书的封面开始；一本书的阅读及教学应该以回到书的封面而结束。通过对封面上书名和画面内容的解读和探究，老师可以设计出关联全书内容、指向深度学习、提升阅读能力和语文素养的阅读学习总任务。通过有章有法、有理有据地为作品重新命名，以及对作品封面上画面的内容要素进行评价并陈述理由，学生不仅可以“读会”一部作品，而且还能建构起“会读”其他作品的经验和方法，同时发展多种思维能力，全方位提高语文素养。

第二节　三题导读：阅读的深度与尺度

如何在读通、读懂一部作品的前提下充分挖掘其教育教学价值，从而理性选择教学内容并进行合理的课程安排与有效的教学设计？如何在引导学生“读会”一部作品的同时，帮助他们建构起“会读”其他作品的经验和方法，同时发展发现、实证、推理和批判的思维能力，全方位提高语文素养？

笔者认为，上海师范大学附属中学余党绪老师以中学生批判性思维培育为旨归所构建的针对整本书阅读与教学的以“母题、议题、问题”为抓手的“三题定位”法是一种可行的解读策略。“三题”为“母题、议题、问题”，其中，母题是整本书阅读思考的方向与范畴，议题是整本书阅读的思维框架，而问题是切入作品的抓手，“母题、议题与问题，从抽象到具体，由宏观到微观，最终聚焦人物、情节等具体内容，聚焦文本的细读与分析”。①

“三题定位”法聚焦思维，在思维的方向、框架和抓手三个维度上和文本对接，通过寻找文本的母题、议题和问题实现对文本内容批判性的理解。应该说，“三题定位”法在整本书的文本解读、课程开发和教学实践中，都能发挥独特而又重要的作用。参见图 5－7。

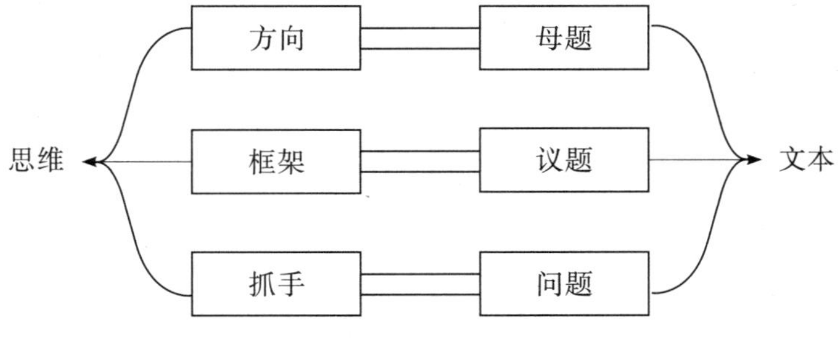

图 5－7　“三题定位”法示意图

① 余党绪．整本书阅读教学中的母题、议题、问题：思辨需要方向、框架与抓手［J］．语文学习，2018（9）：10－15．

当然，在实际操作的过程中，我们一方面要从“问题”出发，通过对“问题”的回答达成对“议题”的分析、判断与论证，最后聚合到“母题”上，也就是说，在路径上要有一个从“问题”到“议题”再到“母题”的转向；另一方面为了更好地集中思维、聚焦文本、落实知识，在多个“问题”和多个“议题”之间建立关联，在“问题”“议题”“母题”之间建立关联，笔者在“问题”“议题”“母题”三个概念的基础上提出“元问题”“总议题”“大母题”三个新概念。

具体到《骆驼祥子》一书，围绕结尾一段老舍先生提出的“个人主义的末路鬼”一语，通过对“为什么说祥子是个人主义的末路鬼”这一元问题所生发出来的系列问题的回答，通过对“个人主义一定会成为末路鬼吗”这一总议题所生发出来的系列议题的探究，最后通过对文本大母题的探讨和归纳，可逐步深入文本，达成对作品的深度理解。

一、元问题：为什么说祥子是个人主义的末路鬼?

经典之作往往内容丰富、场景广阔、主旨宏大，加之个体的阅读经验和理解角度各异，书中的“问题”自然林林总总。通读时如何发现有意义且有意思的元问题和好问题呢?“整本书阅读的关键，在于找到具有‘生发性’与‘整合性’的问题，以问题切入作品，以问题的解决来引导和推动整本书的理解和思辨。‘整合性’与‘生发性’是设计问题的两个考量。好的问题，既能将作品的内容聚合起来，形成清晰的理解与旨归，又能触及作品的诸多因素，关涉作品中的局部与细节。这样有开有合，有聚有散，思维才能在感性与理性的对话中趋向清明与开放。”① 对此，笔者十分认同。不过，如果要让每一个问题都能够落实知识、聚焦文本，并且形成序列，我们需要找到文本的“元问题”。对于《骆驼祥子》一书来说，“为什么说祥子是个人主义的末路鬼”就是这样一个元问题。通过对这一“元问题”及其生发出来的问题进行回答来切入作品、关联作品，可以让细读阶段的学习不仅仅停留在寻找和梳理相关信息上，而且还有所分析、有所解释，从而在对“问题”的解决中达成对作品的理解。

作者为什么要说祥子是个人主义的末路鬼呢?这一元问题首先可以分解为“为什么说祥子是个人主义者”和“祥子是怎么变成末路鬼的”两个子问题，前者关联小说的人物形象，后者关联小说的故事情节。对这两个问题的回答一般要在整本书的通读和细读环节完成。

为什么说祥子是个人主义者?要回答这一问题，就必须对祥子的社会关系和性格特征做一番梳理和分析。具体参见表 5 – 1。

---

① 余党绪. 整本书阅读教学中的母题、议题、问题：思辨需要方向、框架与抓手［J］. 语文学习，2018（9）：10 – 15.

表 5－1　祥子的社会关系和性格特征

<table>
<tr><th colspan="3">项目</th><th>内容</th><th>分析</th></tr>
<tr><td rowspan="10">社会关系</td><td rowspan="3">爱情、婚姻和家庭关系</td><td>原生家庭</td><td>父母死得早，没有亲人</td><td>无</td></tr>
<tr><td>新生家庭</td><td>妻子虎妞</td><td>祥子不情愿，家长不同意——畸形</td></tr>
<tr><td>爱情关系</td><td>小福子</td><td>负不起责任——离散</td></tr>
<tr><td rowspan="7">其他社会关系</td><td rowspan="4">主雇关系</td><td>刘四爷</td><td>闹翻</td></tr>
<tr><td>杨宅：杨先生、大太太、二太太、一群孩子</td><td>一位先生，两位太太，数个孩子；蛮横、吝啬，只干了四天</td></tr>
<tr><td>曹宅：曹先生、太太、一个孩子</td><td>沙漠中的一个小绿洲</td></tr>
<tr><td>夏宅：夏先生、姨太太</td><td>五十多岁的夏先生，原配夫人与十二个儿女住在保定；新娶了二十出头的姨太太，家中并不知道。祥子与夏太太有染，辞工，患上性病</td></tr>
<tr><td>同行关系</td><td>小马儿和他的祖父、二强子、老程、高个子车夫等</td><td>他们要么与祥子一样陷入人生的绝境，要么与祥子一样走向堕落、沉沦。整体上来说与祥子关系不深</td></tr>
<tr><td>其他关系</td><td>张妈、高妈、杨妈，阮明、孙侦探，陈二奶奶（虾蟆大仙）</td><td>偶然的机缘之下发生的联系，与祥子关系都不深。但有些人影响甚至决定了祥子的命运走向</td></tr>
<tr><td colspan="3"></td></tr>
<tr><td rowspan="2">性格特征</td><td>人物表现</td><td colspan="3">不合群、不关注环境变化、不关心他人感受、不愿意承担责任、不适应现代生活</td></tr>
<tr><td>作者描述</td><td colspan="3">从“体面的，要强的，好梦想的，利己的，个人的，健壮的，伟大的”到“堕落的，自私的，不幸的”</td></tr>
</table>

综上，作为在社会底层谋生的一个人力车夫，祥子没有稳定的、可以依仗的社会关系，他就是孤苦伶仃的一个人。虽然文本前后他的性格特征发生了巨大的变化，但“个人主义”贯彻始终，在老舍先生的概括中，祥子前半段“利己”“个人”，后半段“自私”。显然，在老舍先生笔下，祥子始终是一个不折不扣的个人主义者。

祥子是怎么变成末路鬼的？这一问题在设问上可以有多种变式，如“祥子的性格为什么发生这么大的变化”“祥子经历了什么样的变故”等。要回答这些问题，必须对作品的故事情节做一番梳理和分析。因为祥子是一个人力车夫，他的梦想是买上自己的车，最后开一个车厂子，所以对“车”的关注和追求是祥子人生的核心，以此为核心梳理作品的故事情节是最合理的路径。

在作品第二十章，虎妞难产而死后，祥子在心里对自己的经历有一番回溯：“到城里来了几年，这是他努力的结果，就是这样，就是这样！他连哭都哭不出声来！车，车，车是自己的饭碗。买，丢了；再买，卖出去；三起三落，像个鬼影，永远抓不牢，而空受那些辛苦和委屈。”“三起三落”是作者对书中情节的高度概括。此后，祥子性情大变，走上堕落和沉沦之路。具体参见表5－2。

表5－2　“三起三落”祥子的心理活动

项目		内容	所在章节	祥子的心理活动
一	起	买车	第一章	“祥子的手哆嗦得更厉害了……”
	落	车没了（被抢）	第二章	“祥子落了泪！他不但恨那些兵……”
二	起	准备买车	第三至第十一章	“只差几十块钱就能买上车了……”
	落	钱没了（被讹）	第十一章	“祥子看着那些钱洒在地上，心要裂开”
三	起	买车	第十七章	“他还觉得有些高兴。……”
	落	人没了（卖车）	第二十章	“祥子像傻了一般……”

从“落泪”到“心要裂开”再到“傻了一般”，祥子所受的打击一次比一次深重，虽然在此过程中还有小马儿祖孙的境遇和虎妞的纠缠，以及最后摧毁祥子的小马儿祖孙的结局和小福子之死等情节。但总体说来，“三起三落”是书中描写最详尽、最细微的情节。祥子的认知和个性在“三起三落”的过程中逐渐发生变化，并在经历了“三起三落”之后彻底堕落。祥子与主雇家的姨太太有染，得了性病，从前，这对他来说是“平日最怕最可耻的一件事”，现在却“打着哈哈似的泄露给大家”；他沾染上抽烟、喝酒、赌钱、偷懒、打架等以前讨厌的各种恶习；最严重的是，作为一个车夫，他冷淡了买车的心，对车也漠不关心。

当然，虎妞死后，祥子的故事并没有结束，他还因与刘四爷的偶遇激发出昙花一现的“四起”，只不过很快又遭遇了致命的最后一击：小福子“作了吊死鬼”。这一回起落让祥子彻底走上末路，成为一个混吃等死的行尸走肉。具体参见表5－3。

表5－3　祥子在“四起”和“四落”时的心理活动

项目		内容	所在章节	祥子的心理活动
四	起	偶遇刘四爷	第二十一章	“越想他越高兴，他真想高声的唱几句什么，教世人都听到这凯歌——祥子又活了，祥子胜利了！”
	落	魂没了（小福子之死）	第二十三章	“今天快活一天吧，明天就死！”

有了“为什么说祥子是个人主义的末路鬼”这一元问题和“为什么说祥子是个人主义者”与“祥子是怎么变成末路鬼的”两个子问题，我们关于《骆驼祥子》一书的所有问题都有了归宿。围绕“祥子”这一人物形象和“悲剧”这一故事内容，我们可以提出

大大小小的问题，在训练批判性思维的同时，进一步深入文本。

二、总议题：个人主义者为何成为末路鬼？

“在整本书阅读中，我用‘结构化的议题’来解决思维框架的问题。所谓议题，就是需要辨析与判断的命题；‘结构化’指的是议题之间的逻辑关联。”① 这是余党绪老师对议题的理解，这里的议题从母题出发，以对母题的思考为旨归。笔者认为，议题也可以从元问题及其由元问题生发出来的种种问题出发，对问题进行归纳和提升，因此，议题具有可讨论性。当然，为了实现议题的结构化、关联知识和文本、训练思维，我们用“个人主义者为何成为末路鬼”这一总议题来展开探究。

围绕“个人主义者为何成为末路鬼”这一总议题，我们可以提出“是什么让个人主义者成为末路鬼”“个人主义者一定要成为末路鬼吗”这两个议题。

是什么让个人主义者成为末路鬼呢？我们不妨把目光聚焦于祥子的“三落”，在文本的细读与研读中探讨祥子遭遇“三落”的主客观原因。具体参见表 5－4。

表 5－4　祥子遭遇“三落”的主客观原因

“三落”	具体内容	主观原因	客观原因	所在章节
车没了	祥子冒险把车拉出城，在西直门外连车带人都被十来个兵捉了去	自信（身体好，车技好） 贪图两块钱车资（平常只是二三毛钱） 守信（不能说了不算）	战乱 兵匪	第二章
钱没了	存款被侦缉队孙侦探讹诈抢夺	胆怯 把钱存放在家里	白色恐怖：雇主曹先生是“乱党”； 社会阶层：“咱们都是底儿上的”	第十一章
人没了	虎妞因难产而死	愚蠢（请虾蟆大仙陈二奶奶） 残忍（没钱送医）	整体性的贫困落后：“在这杂院里，小孩的生与母亲的死已被大家习惯的并为一谈。”	第十九章

综上，祥子的“三落”有主观原因，也有客观原因。主观原因中既有祥子自身性格中的弱点，也有祥子所处时代人们整体的贫困和愚昧。客观原因中除了时代的因素，更

---

① 余党绪. 整本书阅读教学中的母题、议题、问题：思辨需要方向、框架与抓手［J］. 语文学习，2018（9）：10－15.

有阶级的不平等和风气的颓废等社会因素。

接下来，我们把祥子“三落”后的沉沦和挣扎，尤其是“四落”时的心理活动纳入视野，在更全面地占有和整合信息的基础上对其进行分析。具体参见表5－5。

表5－5

“四落”	具体内容	主观原因	客观原因	所在章节
魂没了	小福子上吊而死	错误归因：不幸是因为那些对自己不好的人	要强的人的下场头	第二十三章

是什么让个人主义者成为末路鬼呢？表5－6是从个人、社会、时代三方面对造成祥子悲剧的原因所进行的归纳和整合。

表5－6

项目	原因			
个人	不合群	不关注外部环境和他人生活	不愿意承担责任	愚昧无知：不适应现代生活，错误归因
社会	城市之恶	阶级之别	群体之沼	制度之弊
时代	战乱	白色恐怖	整体性的贫穷落后	邪恶的社会风气

综上，在探讨祥子悲剧的成因时，一系列议题生发出来：祥子有那么多优点，为什么不能战胜其缺点，从而实现梦想，获得成功？祥子的悲剧是必然的还是偶然的？如果祥子没有把车拉出城外、祥子没有受雇于曹先生或者曹先生没有被追捕、虎妞或者小福子不死，祥子是不是就不至于走向堕落呢？

在这样的探讨中，不难得出结论：时代的和社会的原因是导致祥子悲剧人生的主要原因。遗憾的是，祥子认识不到这一点，他只能把他的厄运归因于某些个人。我们的思维水平和认知能力不应该和祥子处在一个水平线上，由此，对于“个人主义者一定要成为末路鬼吗”这一问题的回答，我们主要要从时代和社会等外部原因中去寻找。同样，围绕这样一个议题，可以生成诸多相关问题：在那个时代，一个怎样的人才能开得了车厂？在怎样的社会、怎样的时代，个人主义者才能取得成功？个人主义者成为末路鬼是合理的吗？有没有一种社会可以让个人主义者获得成功？一个让个人主义者获得成功的社会具有什么特点？

事实上，作为一个个人主义者，祥子的身上确实有很多优点，但也有很多不足。我们应该在充分肯定他的奋斗和抗争，从而弘扬人性中的真善美追求的同时，致力于建构一个能够鼓励人性趋向真善美的社会。如果一个社会不奖励专业能力强、勤奋肯干、积极向上的人，社会的整体风气就一定会是颓废的。总之，我们期望人性不断趋向真善美，期望社会更加公平。

三、大母题：美好人性和合理社会

“母题是人类文学中最基本的、最普适的意义范畴，它超越古今中外，无关文化差异，举凡人类精神文化产品，都会涉及这些范畴，比如冒险、功名、成长、野心、苦难、罪恶等，无论题材怎样，主题如何，文学作品都不可能脱离这些母题。”①

诚然，找到一部作品的母题，围绕这部作品的思考和解读便有了方向与范畴，但如果仅以“冒险、功名、成长、野心、苦难、罪恶等”等语汇来概括和归纳母题，依据的便只能是文本中主要人物的经历，很难确定思维的方向和范畴。

经典作品之所以成为经典，是因为作品中蕴含超越于人物命运之上的大母题，即对趋向真善美的人性和鼓励人性趋向真善美的社会的双向诉求。因此，美好人性和合理社会是一部经典作品的大母题，这样的大母题往往潜藏在人物的经历、命运走向、内心活动以及人物和环境的冲突中。一部文学作品母题的表述往往表现为二元对立或统一的语言形态，如余党绪老师归纳的流浪与穿越（《鲁滨逊漂流记》）、成长与成功（《西游记》）、功名与道义（《三国演义》）、野心与尊严（《红与黑》）、反叛与规驯（《水浒传》）、使命与命运（《哈姆莱特》）、苦难与罪恶（《悲惨世界》）、命运与担当（《俄狄浦斯王》）等。

就《骆驼祥子》一书而言，我们对祥子的人生经历、命运走向、内心世界和外在环境进行梳理和归纳，并以能够指向美好人性和合理社会的大母题为要求，得出“奋斗与沉沦”或“抗争与堕落”的作品母题。

综上，不管是从母题到议题，由议题到问题，还是从问题到议题，由议题到母题，我们的文本解读、课程开发和教学设计都有了方向、框架和抓手。确立了方向，获得了框架，再借助合适的抓手，阅读过程就转化成了思考的过程、发现的过程、建构的过程。

第三节 以写促读：阅读的理解与表达

如果说阅读是一种以语言文字符号为载体的多种信息的输入过程，写作则是一种以语言文字符号为载体的多种信息的输出过程。在《普通高中语文课程标准（2017年版）》对语文学科核心素养的表述中，“语言建构与运用”是基础，学生的“思维发展与提升”“审美鉴赏与创造”“文化传承与理解”都是以“语言建构与运用”为基础，在积极的语

① 余党绪．整本书阅读教学中的母题、议题、问题：思辨需要方向、框架与抓手［J］．语文学习，2018（9）：10－15．

言实践活动中得以实现的。所以，在阅读和鉴赏经典文学作品的过程中，综合性地开展表达与交流、梳理与探究等语文学习活动，通过有效的读写结合的活动设计来实现以写促读，甚至以读促写的素养目的，无疑是文本新读的重要策略之一。

经典作品阅读时的读写结合和以写促读可分为基础性写作、创造性写作和批判性写作三大类。其中，基础性写作有仿写、扩写和缩写等写作方式，创造性写作有改写、补写和续写等写作方式，批判性写作可以学术小论文的方式呈现。

一、基础性写作

仿写、扩写和缩写是经典作品阅读时读写结合、以写促读的几种基础性写作方式。

（一）仿写

仿写即模仿式写作。经典作品中的语言建构往往很有功底、很有特色，在阅读时对作品中一些好的表达尤其是好的描写进行模仿式写作，是读写结合、以写促读最基础的写作方式。

比如，《骆驼祥子》中的第一章和第十六章，分别对祥子拉车时好看的跑法和高个子车夫拉车时不好看的跑法进行了描写：

> 他晓得自己的跑法很好看。跑法是车夫的能力与资格的证据。那撇着脚，像一对蒲扇在地上扇乎的，无疑的是刚由乡间上来的新手。那头低得很深，双脚蹭地，跑和走的速度差不多，而颇有跑的表示的，是那些五十岁以上的老者们。那经验十足而没什么力气的却另有一种方法：胸向内含，度数很深；腿抬得很高；一走一探头；这样，他们就带出跑得很用力的样子，而在事实上一点也不比别人快；他们仗着“作派”去维持自己的尊严。祥子当然绝不采取这几种姿态。他的腿长步大，腰里非常的稳，跑起来没有多少响声，步步都有些伸缩，车把不动，使座儿觉到安全，舒服。说站住，不论在跑得多么快的时候，大脚在地上轻蹭两蹭，就站住了；他的力气似乎能达到车的各部分。脊背微俯，双手松松拢住车把，他活动，利落，准确；看不出急促而跑得很快，快而没有危险。就是在拉包车的里面，这也得算很名贵的。
>
> 他的跑法可不好看：高个子，他塌不下腰去，腰和背似乎是块整的木板，所以他的全身得整个的往前扑着；身子向前，手就显着靠后；不像跑，而像是拉着点东西往前钻。腰死板，他的胯骨便非活动不可；脚几乎是拉拉在地上，加紧的往前扭。扭着真不慢，可是看着就知道他极费力。到拐弯抹角的地方，他整着身子硬拐，大家都替他攥着把汗；他老像是只管身子往前钻，而不管车过得去过不去。

在阅读时要对作者的写法进行细致分析，然后认真观察运动员或同学的某种运动方式，模仿作者的描写方法进行写作。如果我们做读写结合、以写促读的有心人，我们还可以在文本中找到不少可供学生仿写的文段，在教学中安排仿写活动。

（二）扩写

扩写即扩展式写作。经典作品中的详略安排往往很有匠心。其中，一些略写的部分为读者的个性化解读留下了很大的空间，在阅读时对作品中一些略写的部分进行扩展式写作，是读写结合、以写促读的另一种基础方式。

比如，在《骆驼祥子》的第二章，祥子被抓的情节，作者只略写了一句“还没拉到便道上，祥子和光头的矮子连车带人都被十来个兵捉了去”。

我们可以针对这一句话进行扩写，扩写时应充分发挥想象力，对人物的神情、语言、动作和心理进行细致入微的描写。特别要注意的是，描写要符合人物性格特点，深入挖掘人物的内心活动，同时要有机关联作者写的这一句话。

（三）缩写

缩写即浓缩式写作。如前所述，经典作品中的详略安排往往很有匠心。其中，部分内容在文字上充分铺陈，富有画面感，针对这样的详写内容可安排缩写练习，从而训练学生提取重要信息、对信息进行分类和综合、对信息进行概括等方面的能力。缩写也是读写结合、以写促读的一种基础方式。

比如，在《骆驼祥子》的第八章，有一段对祥子抵御狂风的描写：

> 有时候起了狂风，把他打得出不来气，可是他低着头，咬着牙，向前钻，像一条浮着逆水的大鱼；风越大，他的抵抗也越大，似乎是和狂风决一死战。猛的一股风顶得他透不出气，闭住口，半天，打出一个嗝，仿佛是在水里扎了一个猛子。打出这个嗝，他继续往前奔走，往前冲进，没有任何东西能阻止住这个巨人；他全身的筋肉没有一处松懈，像被蚂蚁围攻的绿虫，全身摇动着抵御。这一身汗！等到放下车，直一直腰，吐出一口长气，抹去嘴角的黄沙，他觉得他是无敌的；看着那裹着灰沙的风从他面前扫过去，他点点头。风吹弯了路旁的树木，撕碎了店户的布幌，揭净了墙上的报单，遮昏了太阳，唱着，叫着，吼着，回荡着！忽然直驰，像惊狂了的大精灵，扯天扯地的疾走；忽然慌乱，四面八方的乱卷，像不知怎好而决定乱撞的恶魔；忽然横扫，趁其不备的袭击着地上的一切，扭折了树枝，吹掀了屋瓦，撞断了电线；可是，祥子在那里看着；他刚从风里出来，风并没能把他怎样了！胜利是祥子的！及至遇上顺风，他只须拿稳了车把，自己不用跑，风会替他推转了车轮，像个很好的朋友。

针对这一段描写，我们可以进行缩写练习，缩写时应注意提取关键信息，特别要注意对同类信息进行整合，概要表达。

另外，作为读写结合、以写促读的基础性写作方式，在阅读经典作品的过程中，仿写、扩写和缩写可以综合开展、同步进行。比如，《骆驼祥子》的第二十三章有一段关于祥子借钱的文字，既有简略的概括式书写，又有详尽的细节描写：

> 他也学会跟朋友们借钱，借了还是不想还；逼急了他可以撒无赖。初一上来，大家一点也不怀疑他，都知道他是好体面讲信用的人，所以他一张嘴，就把钱借到。他利用着这点人格的残余到处去借，借着如白捡，借到手便顺手儿花去。人家要债，他会作出极可怜的样子去央求宽限；这样还不成，他会去再借二毛钱，而还上一毛五的债，剩下五分先喝了酒再说。一来二去，他连一个铜子也借不出了，他开始去骗钱花。凡是以前他所混过的宅门，他都去拜访，主人也好，仆人也好，见面他会编一套谎，骗几个钱；没有钱，他央求赏给点破衣服，衣服到手马上也变了钱，钱马上变了烟酒。他低着头思索，想坏主意，想好一个主意就能进比拉一天车还多的钱；省了力气，而且进钱，他觉得非常的上算。他甚至于去找曹宅的高妈。远远的等着高妈出来买东西，看见她出来，他几乎是一步便赶过去，极动人的叫她一声高大嫂。
>
> “哟！吓死我了！我当是谁呢？祥子啊！你怎这么样了？”高妈把眼都睁得圆了，像看见一个怪物。
>
> “甭提了！”祥子低下头去。
>
> “你不是跟先生都说好了吗？怎么一去不回头了？我还和老程打听你呢，他说没看见你，你到底上哪儿啦？先生和太太都直不放心！”
>
> “病了一大场，差点死了！你和先生说说，帮我一步，等我好利落了再来上工！”祥子把早已编好的话，简单的，动人的，说出。
>
> “先生没在家，你进来见见太太好不好？”
>
> “甭啦！我这个样儿！你给说说吧！”
>
> 高妈给他拿出两块钱来：“太太给你的，嘱咐你快吃点药！”
>
> “是了！谢谢太太！”祥子接过钱来，心里盘算着上哪儿开发了它。高妈刚一转脸，他奔了天桥，足玩了一天。

对于这一段文字，我们既可以安排扩写，仿照文段中对祥子到曹宅借钱的描写，对“凡是以前他所混过的宅门，他都去拜访，主人也好，仆人也好，见面他会编一套谎，骗几个钱”一句进行扩写，也可以安排缩写，把祥子到曹宅借钱的一段对话描写缩写成一句话等。

二、创造性写作

改写、补写和续写是经典作品阅读时读写结合、以写促读的几种创造性写作方式。这一类写作活动以文本中的某些内容为基础或线索，通过感性和理性相结合的更高阶的思维活动，根据写作要求展开想象和推断，再通过语言建构活动把思维过程和思维结果外化为文字。

（一）改写

在《骆驼祥子》的第二十四章，在一段全城围观阮明被杀的场面描写之后，追叙了阮明和祥子的交往情况。其中有两句这样的话：“阮明知道，遇必要的时候，可以牺牲了祥子。祥子并没做过这样的打算，可是到时候就这么做了——出卖了阮明。”

“祥子并没做过这样的打算，可是到时候就这么做了——出卖了阮明。”显然，文本中落实的是这一句话，所有描写都是围绕这一句话展开的。“阮明知道，遇必要的时候，可以牺牲了祥子”并没有落到实处。所以，我们可以假设这一句话成为事实，并通过对“阮明知道，遇必要的时候，可以牺牲了祥子”进行扩写来改写故事。

温馨提示：改写时可参考鲁迅先生《阿Q正传》第九章“大团圆”。

（二）补写

在《骆驼祥子》的第二十三章，祥子到白房子寻找小福子，了解到小福子已经“吊死在树林里了”。白房子的“名妓”“白面口袋”追述了小福子寻死的过程：“……小嫩肉把客人的衣裳剥下来，自己穿上，逃了。她真有心眼。要不是天黑了，要命她也逃不出去。天黑，她又女扮男装，把大伙儿都给蒙了。马上老叉杆派人四处去找，哼，一进树林，她就在那儿挂着呢。摘下来，她已断了气，可是舌头并没吐出多少，脸上也不难看，到死的时候她还讨人喜欢呢！……”

还记得在第二十章，祥子搬离大杂院前，曾经对小福子说过这么两句：“等着吧！等我混好了，我来！一定来！”

祥子走后，小福子经历了什么？她是如何被卖到白房子里去的？她如何下了决死之心？临死之前，她是否想到过祥子？作者并没有正面回答这一系列问题，没有对小福子的最后挣扎进行正面描写。所以，我们可以针对作者留下的空白，以“小福子之死”为题，以小福子的口吻，用第一人称进行改写，或者以全知全能的视角，用第三人称进行书写。

（三）续写

对于祥子命运的走向，文本中有几处暗示：“他只剩下那个高大的肉架子，等着溃烂，预备着到乱死岗子去。”“今天快活一天吧，明天就死！管什么冬天不冬天呢！不幸，到了冬天，自己还活着，那就再说吧。”“为个人努力的也知道怎样毁灭个人，这是个人主义的两端。”“他为自己努力，也为自己完成了死亡。他等着吸那最后的一口气，他是个还有口气的死鬼，个人主义是他的灵魂。这个灵魂将随着他的身体一齐烂化在泥土中。”“祥子，不知陪着人家送了多少回殡；不知道何时何地会埋起他自己来，埋起这堕落的，自私的，不幸的，社会病胎里的产儿，个人主义的末路鬼！”同时，根据祥子无法四回人和、无法四进宅门的情节设计来推断，我们可以判断祥子在经历了三个春夏秋冬之后，无法再度过第四个冬季。

不过，祥子究竟会怎么死去呢？是饿死？是冻死？还是病死？无疑，祥子的命运会引起读者的牵挂。由此，我们可以以“祥子之死”为题，续写故事。

温馨提示：续写前可对照阅读鲁迅先生《祝福》中的一段对话描写。

“刚才，四老爷和谁生气呢？”我问。

“还不是和祥林嫂？”那短工简捷的说。

“祥林嫂？怎么了？”我又赶紧的问。

“老了。”

“死了？”我的心突然紧缩，几乎跳起来，脸上大约也变了色，但他始终没有抬头，所以全不觉。我也就镇定了自己，接着问：

“什么时候死的？”

“什么时候？——昨天夜里，或者就是今天罢。——我说不清。”

“怎么死的？”

“怎么死的？——还不是穷死的？”他淡然的回答，仍然没有抬头向我看，出去了。

三、批判性写作

批判性写作即以批判性思维为指导、以文本为基础而展开的写作，多以学术小论文为主要写作样式。一般而言，批判性写作针对文本的内容、形式和主题而展开，就小说文体而言，主要针对小说的人物以及在人物与环境的冲突中凸显出来的主题来立论，相关论据和论证不能背离文本内容。

就《骆驼祥子》中的人物而言，可以以主要人物祥子为批评对象，以“我看祥子”或“祥子其人”为题进行写作，对祥子的个性特点及其个性特点与命运的关系进行深入研究；也可以以次要人物虎妞为批评对象，以“我看虎妞”或“虎妞其人”为题进行写作，也可在标题中直接或间接表明观点，如“虎妞：妇女解放的先锋”或“在姐弟恋尚不流行时”等，对虎妞的个性特点及其个性特点与自身命运、与祥子命运的关系进行深入研究；还可以以人物群像为批评对象，以“祥子身边的女性”“《骆驼祥子》中的仆妇形象”“《骆驼祥子》中的父亲形象”“车夫”等题目展开写作。

众所周知，《骆驼祥子》一书批评了黑暗的旧社会，祥子的奋斗之所以无法成功，文本中的每一个人物之所以走向沉沦，跟20世纪二三十年代黑暗的社会现实密切相关。

读了《骆驼祥子》一书，人们免不了思考“一个怎么样的社会才是合理的”，因此，可以以“且让劳动能致富”等题展开写作，就祥子的遭遇来探究合理的社会建构问题。

第四节　互文参读：阅读的广度与限度

互文，即互相解释。在中国古代诗文创作中，互文是一种常见的修辞手法，意为“参互成文，含而见文”。具体来说，即上下两句或一句话中的两个部分，看似各说两件事，实则是互相呼应、互相阐发、互相补充地同说一件事。如“烟笼寒水月笼沙”“秦时明月汉时关”两句，并非“烟笼寒水”和“月笼沙”或“秦时明月”和“汉时关”，而是“烟”“月”同笼“寒水”和“沙”，“秦”“汉”时的“明月”照耀着“秦”“汉”时的“关”。在西方现代文论中，互文性理论是一种重要的文本理论，主要有两个方面的基本含义：一是“一个确定的文本与它所引用、改写、吸收、扩展，或在总体上加以改造的其他文本之间的关系”。二是“任何文本都是一种互文，在一个文本之中，不同程度地以各种多少能辨认的形式存在着其他的文本；譬如，先时文化的文本和周围文化的文本，任何文本都是对过去的引文的重新组织”。[①] 可见，互文性规律普遍地存在于文学类文本阅读和创作之中，尤其是经典作品，一方面因为其所反映的乃人性发掘和人类社会建构中共同的重大命题，所以大量地存在着文本间互文现象，另一方面因为作者在情节设计和结构安排上的特殊匠心，所以存在文本内互文现象。对于文本间互文现象，需要我们拓宽阅读视野，进行拓展性阅读；对于文本内互文现象，需要我们深入文本的世界，仔细挖掘，发现文本的秘密。

阅读《骆驼祥子》，不难发现其中的文本内互文现象和文本间互文现象。

一、文本内互文阅读

在《骆驼祥子》的第一章，祥子学会拉车之后，用了整整三年才凑够买车的钱。对祥子这三年拉车挣钱的生活，作者仅用一个自然段的文字进行概略的介绍：

> 他真拉上了包月。可是，事实并不完全帮助希望。不错，他确是咬了牙，但是到了一年半他并没还上那个誓愿。包车确是拉上了，而且谨慎小心的看着事情；不幸，世上的事并不是一面儿的。他自管小心他的，东家并不因此就不辞他；不定是三两个月，还是十天八天，吹了；他得另去找事。自然，他得一边儿找事，还得一边儿拉散座；骑马找马，他不能闲起来。在这种时节，他常常闹错儿。他还强打着

① 龙彼德．互文性［J］．散文诗（上半月），2018（10）：95－96.

精神，不专为混一天的嚼谷，而且要继续着积储买车的钱。可是强打精神永远不是件妥当的事：拉起车来，他不能专心一志的跑，好像老想着些什么，越想便越害怕，越气不平。假若老这么下去，几时才能买上车呢？为什么这样呢？难道自己还算个不要强的？在这么乱想的时候，他忘了素日的谨慎。皮轮子上了碎铜烂瓷片，放了炮；只好收车。更严重一些的，有时候碰了行人，甚至有一次因急于挤过去而把车轴盖碰丢了。设若他是拉着包车，这些错儿绝不能发生；一搁下了事，他心中不痛快，便有点愣头磕脑的。碰坏了车，自然要赔钱；这更使他焦躁，火上加了油；为怕惹出更大的祸，他有时候懊睡一整天。及至睁开眼，一天的工夫已白白过去，他又后悔，自恨。还有呢，在这种时期，他越着急便越自苦，吃喝越没规则；他以为自己是铁作的，可是敢情他也会病。病了，他舍不得钱去买药，自己硬挺着；结果，病越来越重，不但得买药，而且得一气儿休息好几天。这些个困难，使他更咬牙努力，可是买车的钱数一点不因此而加快的凑足。

一心要强的祥子在这三年中遭遇了辞工、闹错儿、懊睡和生病等困难，值得关注的是，这几种困难在祥子后面的三年奋斗中也有出现，形成文本内互文关系。

《骆驼祥子》的第五章，祥子在杨宅工作了四天之后，愤而辞工：“祥子的脸忽然紫了，挺了挺腰，好像头要顶住房梁，一把抓起那张毛票，摔在太太的胖脸上：‘给我四天的工钱！’”对此，祥子颇觉伤心和无望：“以自己的体格，以自己的忍性，以自己的要强，会让人当作猪狗，会维持不住一个事情，他不只怨恨杨家那一伙人，而渺茫的觉到一种无望，恐怕自己一辈子不会再有什么起色了。”“祥子明知道上工辞工是常有的事，此处不留爷，自有留爷处。可是，他是低声下气的维持事情，舍着脸为是买上车，而结果还是三天半的事儿，跟那些串惯宅门的老油子一个样，他觉着伤心。”

《骆驼祥子》的第七章，在曹宅拉包月时，因为“无缘无故的丢了车，无缘无故的又来了这层缠绕”，祥子的情绪始终“不高兴”。中秋节后十多天的一日晚间，祥子拉着曹先生“跑上了劲来。许多日子心中的憋闷，暂时忘记了，听着自己的脚步，和车弓子的轻响，他忘记了一切。解开了纽扣，凉风嗖嗖的吹着胸，他觉到痛快，好像就这么跑下去，一直跑到不知什么地方，跑死也倒干脆”。没想到，“祥子刚想收步，脚已碰到一些高起来的东西。脚到，车轮也到了。祥子栽了出去。喀喳，车把断了。‘怎么了？’曹先生随着自己的话跌出来。祥子没出一声，就地爬起”。曹先生的右手擦去一块皮，祥子满脸是血，双膝和右肘全破了，崭新黑漆的车把头折了一段，秃碴碴的露着两块白木茬儿。祥子为此颇觉沮丧和惭愧，主动提出辞工，不过高妈的劝解让他意识到“什么也是假的，只有钱是真的”，加上曹先生也没有责怪他的意思，他也就“没再提辞工的事”。

《骆驼祥子》的第二十三章，祥子得知小福子吊死的消息后，“回到车厂，他懊睡了两天”。他“决不想上曹宅去了，连个信儿也不必送，曹先生救不了祥子的命。睡了两天，他把车拉出去，心中完全是块空白，不再想什么，不再希望什么，只为肚子才出来受罪，肚子饱了就去睡，还用想什么呢，还用希望什么呢？看着一条瘦得出了棱的狗在白薯挑子旁边等着吃点皮和须子，他明白了他自己就跟这条狗一样，一天的动作只为捡些白薯皮和须子吃。将就着活下去是一切，什么也无须乎想了”。

《骆驼祥子》的第十八章，祥子在烈日和暴雨下拉车之后生了病，先是“昏昏沉沉的睡了两昼夜”，后又“躺了十天”“越躺着越起急”“歇了有一个月”之后，“他不管病完全好了没有，就拉上车”，因为“身子本来没好利落，又贪着多拉几号，好补上病中的亏空”，所以“拉了几天，病又回来了。这回添上了痢疾”，以至于“他又歇了一个月！”

就这样，第一章中祥子在前三年遇到的困难和问题，这些作者略写的内容，在后面的三年全都遇到，并且通过作者的详写对前文做了详尽的注脚。

二、文本间互文

在中外文学史上，无论车夫形象、穷苦人的命运还是贫富悬殊带来的社会丑恶现象，都多见于诸多经典作品中，这些作品可以和《骆驼祥子》形成文本间互文关系，可以参考阅读。

（一）车夫的境遇

《骆驼祥子》的主人公是一个车夫。在中外文学史上，通过车夫的悲惨生活和黑暗命运呈现社会苦难的作品并不少见，我们选择白话文学的首倡者、新文化运动领导者胡适的短诗《人力车夫》和世界短篇小说巨匠、俄罗斯19世纪文学家契诃夫的短篇小说作品《苦恼：我向谁去诉说我的悲伤?》来进行文本间互文阅读。

人力车夫①

胡　适

警察法令，十八岁以下，五十岁以上，皆不得为人力车夫。

“车子！车子！”
车来如飞。
客看车夫，忽然心中酸悲。
客问车夫：“你今年几岁？拉车拉了多少时?”
车夫答客：“今年十六，拉过三年车了，你老别多疑。”
客告车夫：“你年纪太小，我不能坐你车，我坐你车，我心中惨凄。”

---

① 胡适．中国新诗库第3辑：胡适卷［M］．武汉：长江文艺出版社，1991：7.

车夫告客："我半日没有生意，又寒又饥，你老的好心肠，饱不了我的饿肚皮，我年纪小拉车，警察还不管，你老又是谁？"

客人点头上车，说，"拉到内务部西！"

苦　恼①

［俄］契诃夫

我向谁去诉说我的悲伤？……

暮色昏暗。大片的湿雪绕着刚点亮的街灯懒洋洋地飘飞，落在房顶、马背、肩膀、帽子上，积成又软又薄的一层。车夫约纳·波塔波夫周身雪白，像是一个幽灵。他在赶车座位上坐着，一动也不动，身子往前伛着，伛到了活人的身子所能伛到的最大限度。即使有一个大雪堆倒在他的身上，仿佛他也会觉得不必把身上的雪抖掉似的……他那匹小马也是一身白，也是一动都不动。它那呆呆不动的姿态、它那瘦骨棱棱的身架、它那棍子般直挺挺的腿，使它活像那种花一个戈比就能买到的马形蜜糖饼干。它多半在想心思。不论是谁，只要被人从犁头上硬拉开，从熟悉的灰色景致里硬拉开，硬给丢到这儿来，丢到这个充满古怪的亮光、不停的喧嚣、熙攘的行人的漩涡当中来，那他就不会不想心事……

约纳和他的瘦马已经有很久停在那个地方没动了。他们还在午饭以前就从大车店里出来，至今还没拉到一趟生意。可是现在傍晚的暗影已经笼罩全城。街灯的黯淡的光已经变得明亮生动，街上也变得热闹起来了。

"赶车的，到维堡区去！"约纳听见了喊声，"赶车的！"

约纳猛地哆嗦一下，从粘着雪花的睫毛里望出去，看见一个军人，穿一件带风帽的军大衣。

"到维堡区去！"军人又喊了一遍，"你睡着了还是怎么的？到维堡区去！"

为了表示同意，约纳就抖动一下缰绳，于是从马背上和他肩膀上就有大片的雪撒下来……那个军人坐上了雪橇。车夫吧嗒着嘴唇叫马往前走，然后像天鹅似的伸长了脖子，微微欠起身子，与其说是由于必要，不如说是出于习惯地挥动一下鞭子。那匹瘦马也伸长脖子，弯起它那像棍子一样的腿，迟疑地离开原地走动起来了……

"你往哪儿闯，鬼东西！"约纳立刻听见那一团团川流不息的黑影当中发出了喊叫声，"鬼把你支使到哪儿去啊？靠右走！"

"你连赶车都不会！靠右走！"军人生气地说。

一个赶轿式马车的车夫破口大骂。一个行人恶狠狠地瞪他一眼，抖掉自己衣袖上的

---

① 契诃夫. 世界十大中短篇小说家契诃夫［M］. 汝龙，译. 北京：人民文学出版社，2014：20－26.

雪，行人刚刚穿过马路，肩膀撞在那匹瘦马的脸上。约纳在赶车座位上局促不安，像是坐在针尖上似的，往两旁撑开胳膊肘，不住转动眼珠，就跟有鬼附了体一样，仿佛他不明白自己是在什么地方，也不知道为什么在那儿似的。

“这些家伙真是混蛋!”那个军人打趣地说，“他们简直是故意来撞你，或者故意要扑到马蹄底下去。他们这是互相串通好的。”

约纳回过头去瞧着乘客，努动他的嘴唇……他分明想要说话，然而从他的喉咙里却没有吐出一个字来，只发出咝咝的声音。

“什么?”军人问。

约纳撇着嘴苦笑一下，嗓子眼用一下劲，这才沙哑地说出口：

“老爷，那个，我的儿子……这个星期死了。”

“哦！……他是害什么病死的?”

约纳掉转整个身子朝着乘客说：

“谁知道呢！多半是得了热病吧……他在医院里躺了三天就死了……这是上帝的旨意哟。”

“你拐弯啊，魔鬼!”黑地里发出了喊叫声，“你瞎了眼还是怎么的，老狗！用眼睛瞧着!”

“赶你的车吧，赶你的车吧……”乘客说，“照这样走下去，明天也到不了。快点走!”

车夫就又伸长脖子，微微欠起身子，用一种稳重的优雅姿势挥动他的鞭子。后来他有好几次回过头去看他的乘客，可是乘客闭上眼睛，分明不愿意再听了。他把乘客拉到维堡区以后，就把雪橇赶到一家饭馆旁边停下来，坐在赶车座位上伛下腰，又不动了……湿雪又把他和他的瘦马涂得满身是白。一个钟头过去，又一个钟头过去了……

人行道上有三个年轻人路过，把套靴踩得很响，互相诟骂，其中两个人又高又瘦，第三个却矮而驼背。

“赶车的，到警察桥去!”那个驼子用破锣般的声音说，“一共三个人……二十戈比!”

约纳抖动缰绳，吧嗒嘴唇。二十戈比的价钱是不公道的，然而他顾不上讲价了……一个卢布也罢，五戈比也罢，如今在他都是一样，只要有乘客就行……那几个青年人就互相推搡着，嘴里骂声不绝，走到雪橇跟前，三个人一齐抢到座位上去。这就有一个问题需要解决：该哪两个坐着，哪一个站着呢？经过长久的吵骂、变卦、责难以后，他们总算做出了决定：应该让驼子站着，因为他最矮。

“好，走吧!”驼子站在那儿，用破锣般的嗓音说，对着约纳的后脑壳喷气，“快点跑！嘿，老兄，瞧瞧你的这顶帽子！全彼得堡也找不出比这更糟的了……”

“嘻嘻……嘻嘻……”约纳笑着说，“凑合着戴吧……”

“喂，你少废话，赶车！莫非你要照这样走一路？是吗？要给你一个脖儿拐吗？……”

“我的脑袋痛得要炸开了……”一个高个子说，“昨天在杜克玛索夫家里，我跟瓦西卡一块儿喝了四瓶白兰地。”

“我不明白，你何必胡说呢？”另一个高个子愤愤地说，“他胡说八道，就跟畜生似的。”

“要是我说了假话，就叫上帝惩罚我！我说的是实情……”

“要说这是实情，那么，虱子能咳嗽也是实情了。”

“嘻嘻！”约纳笑道，“这些老爷真快活！”

“呸，见你的鬼！……”驼子愤慨地说，“你到底赶不赶车，老不死的？难道就这样赶车？你抽它一鞭子！唷，魔鬼！唷！使劲抽它！”

约纳感到他背后驼子的扭动的身子和颤动的声音。他听见那些骂他的话，看到这几个人，孤单的感觉就逐渐从他的胸中消散了。驼子骂个不停，诌出一长串稀奇古怪的骂人话，直骂得透不过气来，连连咳嗽。那两个高个子讲起一个叫娜杰日达·彼得罗夫娜的女人。约纳不住地回过头去看他们。正好他们的谈话短暂地停顿一下，他就再次回过头去，嘟嘟哝哝说：

“我的……那个……我的儿子这个星期死了！”

“大家都要死的……”驼子咳了一阵，擦擦嘴唇，叹口气说，“得了，你赶车吧，你赶车吧！诸位先生，照这样的走法我再也受不住了！他什么时候才会把我们拉到呢？”

“那你就稍微鼓励他一下……给他一个脖儿拐！”

“老不死的，你听见没有？真的，我要揍你的脖子了！……跟你们这班人讲客气，那还不如索性走路的好！……你听见没有，老龙？莫非你根本就不把我们的话放在心上？”

约纳与其说是感到，不如说是听到他的后脑勺上啪的一响。

“嘻嘻……”他笑道，“这些快活的老爷……愿上帝保佑你们！”

“赶车的，你有老婆吗？”高个子问。

“我？嘻嘻……这些快活的老爷！我的老婆现在成了烂泥地啰……哈哈哈！……在坟墓里！……现在我的儿子也死了，可我还活着……这真是怪事，死神认错门了……它原本应该来找我，却去找了我的儿子……”

约纳回转身，想讲一讲他儿子是怎样死的，可是这时候驼子轻松地呼出一口气，声明说，谢天谢地，他们终于到了。约纳收下二十戈比以后，久久地看着那几个游荡的人的背影，后来他们走进一个黑暗的大门口，不见了。他又孤身一人，寂静又向他侵袭过来……他的苦恼刚淡忘了不久，如今重又出现，更有力地撕扯他的胸膛。约纳的眼睛不安而痛苦地打量街道两旁川流不息的人群：在这成千上万的人当中有没有一个人愿意听他倾诉衷曲呢？然而人群奔走不停，谁都没有注意到他，更没有注意到他的苦恼……那种苦恼是广大无垠的。如果约纳的胸膛裂开，那种苦恼滚滚地涌出来，那它仿佛就会淹没全世界，可是话虽如此，它却是人们看不见的。这种苦恼竟包藏在这么一个渺小的躯壳里，就连白天打着火把也看不见……

约纳瞧见一个扫院子的仆人拿着一个小蒲包，就决定跟他攀谈一下。

“老哥，现在几点钟了？”他问。

“九点多钟……你停在这儿干什么？把你的雪橇赶开！”

约纳把雪橇赶到几步以外去，伛下腰，听凭苦恼来折磨他……他觉得向别人诉说也没有用了……可是五分钟还没过完，他就挺直身子，摇着头，仿佛感到一阵剧烈的疼痛似的；他拉了拉缰绳……他受不住了。

“回大车店去，”他想，“回大车店去！”

那匹瘦马仿佛领会了他的想法，就小跑起来。大约过了一个半钟头，约纳已经在一个肮脏的大火炉旁边坐着了。炉台上，地板上，长凳上，人们鼾声四起。空气又臭又闷。约纳瞧着那些睡熟的人，搔了搔自己的身子，后悔不该这么早就回来……

“连买燕麦的钱都还没挣到呢，”他想，“这就是我会这么苦恼的缘故了。一个人要是会料理自己的事……让自己吃得饱饱的，自己的马也吃得饱饱的，那他就会永远心平气和……”

墙角上有一个年轻的车夫站起来，带着睡意嗽一嗽喉咙，往水桶那边走去。

“你是想喝水吧？”约纳问。

“是啊，想喝水！”

“那就痛痛快快地喝吧……我呢，老弟，我的儿子死了……你听说了吗？这个星期在医院里死掉的……竟有这样的事！”

约纳看一下他的话产生了什么影响，可是一点影响也没看见。那个青年人已经盖好被子，连头蒙上，睡着了。老人就叹气，搔他的身子……如同那个青年人渴望喝水一样，他渴望说话。他的儿子去世快满一个星期了，他却至今还没有跟任何人好好地谈一下这件事……应当有条有理，详详细细地讲一讲才是……应当讲一讲他的儿子怎样生病，怎样痛苦，临终说过些什么话，怎样死掉……应当描摹一下怎样下葬，后来他怎样到医院里去取死人的衣服。他有个女儿阿尼西娅住在乡下……关于她也得讲一讲……是啊，他现在可以讲的还会少吗？听的人应当惊叫，叹息，掉泪……要是能跟娘们儿谈一谈，那就更好。她们虽然都是蠢货，可是听不上两句就会哭起来。

“去看一看马吧，”约纳想，“要睡觉，有的是时间……不用担心，总能睡够的。”

他穿上衣服，走到马房里，他的马就站在那儿。他想起燕麦、草料、天气……关于他的儿子，他独自一人的时候是不能想的……跟别人谈一谈倒还可以，至于想他，描摹他的模样，那太可怕，他受不了……

“你在吃草吗？”约纳问他的马说，看见了它的发亮的眼睛，“好，吃吧，吃吧……

既然买燕麦的钱没有挣到，那咱们就吃草好了……是啊……我已经太老，不能赶车了……该由我的儿子来赶车才对，我不行了……他才是个地道的马车夫……只要他活着就好了……”

约纳沉默了一会儿，继续说：

“就是这样嘛，我的小母马……库兹马·约内奇不在了……他下世了……他无缘无故死了……比方说，你现在有个小驹子，你就是这个小驹子的亲娘……忽然，比方说，这个小驹子下世了……你不是要伤心吗？”

那匹瘦马嚼着草料，听着，向它主人的手上呵气。

约纳讲得入了迷，就把他心里的话统统对它讲了……

（二）穷人的命运

“二强子在去年夏天把女儿小福子——十九岁——卖给了一个军人……二强嫂是全院里最矮最丑的妇人……她也红着眼皮，一边哭着女儿，一边穿上新蓝大衫。”穷人的女儿免不了被卖，甚至大多被卖去卖淫，而穷人的母亲一边哭着女儿，一边穿上用卖女儿的钱买回的新衣服，这就是穷人的命运。在世界文学史上，书写穷人命运的作品中类似《骆驼祥子》中小福子这样穷苦人家的女孩子一步步走向堕落和毁灭的故事也较为多见，我们选择19世纪俄国批判现实主义作家、被称为“现实主义艺术大师”的屠格涅夫的微型小说《白菜汤》和老舍先生自己的作品《月牙儿》来进行文本间互文阅读。

白　菜　汤①

［俄］屠格涅夫

一个乡下寡妇的独子死了，这个二十岁的青年是全村最好的工人。

地主太太知道了乡下女人的不幸的遭遇，便在儿子下葬的那一天去探望他的母亲。

母亲正在家里。

她站在小屋的当中，在一张桌子跟前，伸出右手（左手无力地垂在腰间）不慌不忙地从熏黑的锅底舀起稀薄的菜汤，一调羹一调羹地吞下肚里去。

她的脸颊很消瘦，颜色发黑；眼睛红肿……然而她的身子却挺得笔直，像在教堂里一样。

“主啊！”太太想道，“她这种时候还能够吃东西……她们这种人的心肠真是硬，都是一样！”

这时候太太记起来了：几年前她死去九个月的小女儿以后，她很悲痛，她不肯住到

① 屠格涅夫．屠格涅夫文集：第六卷　散文诗、文论、回忆录［M］．巴金，卢永，译．北京：人民文学出版社，2001：42－43.

彼得堡郊外美丽的别墅去，她宁愿在城里度过整个夏天！然而这个乡下女人却还在喝她的菜汤。

太太到底忍不住了。

“塔季扬娜，”她说。“啊哟，你真叫我吃惊！难道你不爱你儿子吗？你怎么还有胃口？你怎么还能够喝这菜汤？”

“我的瓦夏死了，”妇人安静地说，悲哀的眼泪又顺着她的憔悴的脸颊流下来。“自然，我的日子也完了；我活活地给人把心挖走了。然而汤是不该糟蹋的；里面放得有盐呢。”

太太只是耸了耸肩，就走开了。在她看来盐是不值钱的。

月 牙 儿①

老 舍

一

是的，我又看见月牙儿了，带着点寒气的一钩儿浅金。多少次了，我看见跟现在这个月牙儿一样的月牙儿；多少次了，它带着种种不同的感情，种种不同的景物，当我坐定了看它，它一次一次的在我记忆中的碧云上斜挂着。它唤醒了我的记忆，像一阵晚风吹破一朵欲睡的花。

二

那第一次，带着寒气的月牙儿确是带着寒气。它第一次在我的云中是酸苦，它那一点点微弱的浅金光儿照着我的泪。那时候我也不过是七岁吧，一个穿着短红棉袄的小姑娘。戴着妈妈给我缝的一顶小帽儿，蓝布的，上面印着小小的花，我记得。我倚着那间小屋的门垛，看着月牙儿。屋里是药味，烟味，妈妈的眼泪，爸爸的病；我独自在台阶上看着月牙儿，没人招呼我，没人顾得给我做晚饭。我晓得屋里的惨凄，因为大家说爸爸的病……可是我更感觉自己的悲惨，我冷，饿，没人理我。一直的我立到月牙儿落下去。什么也没有了，我不能不哭。可是我的哭声被妈妈的压下去；爸，不出声了，面上蒙了块白布。我要掀开白布，再看看爸，可是我不敢。屋里只是那么点点地方，都被爸占了去。妈妈穿上白衣，我的红袄上也罩了个没缝襟边的白袍，我记得，因为不断地撕扯襟边上的白丝儿。大家都很忙，嚷嚷的声儿很高，哭得很恸，可是事情并不多，也似乎值不得嚷：爸爸就装入那么一个四块薄板的棺材里，到处都是缝子。然后，五六个人把他抬了走。妈和我在后边哭。我记得爸，记得爸的木匣。那个木匣结束了爸的一切：每逢我想起爸来，我就想到非打开那个木匣不能见着他。但是，那木匣是深深的埋在地里，我明知在城外哪个地方埋着它，可又像落在地上的一个雨点，似乎永难找到。

---

① 老舍．骆驼祥子·月牙儿［M］．北京：北京联合出版公司，2015：251－286.

三

妈和我还穿着白袍，我又看见了月牙儿。那是个冷天，妈妈带我出城去看爸的坟。妈拿着很薄很薄的一摞儿纸。妈那天对我特别的好，我走不动便背我一程，到城门上还给我买了一些炒栗子。什么都是凉的，只有这些栗子是热的；我舍不得吃，用它们热我的手。走了多远，我记不清了，总该是很远很远吧。在爸出殡的那天，我似乎没觉得这么远，或者是因为那天人多；这次只是我们娘儿俩，妈不说话，我也懒得出声，什么都是静寂的；那些黄土路静寂得没有头儿。天是短的，我记得那个坟：小小的一堆儿土，远处有一些高土岗儿，太阳在黄土岗儿上头斜着。妈妈似乎顾不得我了，把我放在一旁，抱着坟头儿去哭。我坐在坟头的旁边，弄着手里那几个栗子。妈哭了一阵，把那点纸焚化了，一些纸灰在我眼前卷成一两个旋儿，而后懒懒的落在地上；风很小，可是很够冷的。妈妈又哭起来。我也想爸，可是我不想哭他；我倒是为妈妈哭得可怜而也落了泪。过去拉住妈妈的手："妈不哭！不哭！"妈妈哭得更恸了。她把我搂在怀里。眼看太阳就落下去，四外没有一个人，只有我们娘儿俩。妈似乎也有点怕了，含着泪，扯起我就走，走出老远，她回头看了看，我也转过身去：爸的坟已经辨不清了；土岗的这边都是坟头，一小堆一小堆，一直摆到土岗底下。妈妈叹了口气。我们紧走慢走，还没有走到城门，我看见了月牙儿。四外漆黑，没有声音，只有月牙儿放出一道儿冷光。我乏了，妈妈抱起我来。怎样进的城，我就不知道了，只记得迷迷忽忽的天上有个月牙儿。

四

刚八岁，我已经学会了去当东西。我知道，若是当不来钱，我们娘儿俩就不要吃晚饭；因为妈妈但凡有点主意，也不肯叫我去。我准知道她每逢交给我个小包，锅里必是连一点粥底儿也看不见了。我们的锅有时干净得像个体面的寡妇。这一天，我拿的是一面镜子。只有这件东西似乎是不必要的，虽然妈妈天天得用它。这是个春天，我们的棉衣都刚脱下来就入了当铺。我拿着这面镜子，我知道怎样小心，小心而且要走得快，当铺是老早就上门的。我怕当铺的那个大红门，那个大高长柜台。一看见那个门，我就心跳。可是我必须进去，似乎是爬进去，那个高门坎儿是那么高。我得用尽了力量，递上我的东西，还得喊："当当！"得了钱和当票，我知道怎样小心的拿着，快快回家，晓得妈妈不放心。可是这一次，当铺不要这面镜子，告诉我再添一号来。我懂得什么叫"一号"。把镜子搂在胸前，我拼命的往家跑。妈妈哭了；她找不到第二件东西。我在那间小屋住惯了，总以为东西不少；及至帮着妈妈一找可当的衣物，我的小心里才明白过来，我们的东西很少，很少。妈妈不叫我去了。可是"妈妈咱们吃什么呢?"妈妈哭着递给我她头上的银簪——只有这一件东西是银的。我知道，她拔下来过几回，都没肯交给我去当。这是妈妈出门子时，姥姥家给的一件首饰。现在，她把这末一件银器给了我，叫我把镜子放下。我尽了我的力量赶回当铺，那可怕的大门已经严严的关好了。我坐在那门墩上，握着那根银簪。不敢高声的哭，我看着天，啊，又是月牙儿照着我的眼泪！哭了好久，妈妈在黑影中来了，她拉住了我的手，呕，多么热的手。我忘了一切的苦处，连饿也忘了，只要有妈妈这只热手拉着我就好。我抽抽搭搭地说："妈！咱们回家睡觉吧。明儿早上再来！"妈一声没出。又走了一会儿："妈！你看这个月牙，爸死的那天，它就是这么斜斜着。为什么她老这么斜着呢？"妈还是一声没出，她的手有点颤。

五

妈妈整天的给人家洗衣裳。我老想帮助妈妈，可是插不上手。我只好等着妈妈，非到她完了事，我不去睡。有时月牙儿已经上来，她还哼哧哼哧的洗。那些臭袜子，硬牛皮似的，都是买卖地的伙计们送来的。妈妈洗完这些"牛皮"就吃不下饭去。我坐在她旁边，看着月牙儿，蝙蝠专会在那条光儿底下穿过来穿过去，像银线上穿着个大菱角，极快的又掉到暗处去。我越可怜妈妈，便越爱这个月牙儿，因为看着它，使我心中痛快一点。它在夏天更可爱，它老有那么点凉气，像一条冰似的。我爱它给地上的那点小影子，一会儿就没了；迷迷忽忽的不甚清楚，及至影子没了，地上就特别的黑，星也特别的亮，花也特别的香——我们的邻居有许多花木，那棵高高的洋槐总把花儿落到我们这边来，像一层雪似的。

六

妈妈的手起了层鳞，叫她给搓搓背顶解痒痒了。可是我不敢常劳动她，她的手是洗粗了的。她瘦，被臭袜子熏得常不吃饭。我知道妈妈要想主意了，我知道。她常把衣裳推到一边，愣着。她和自己说话。她想什么主意呢？我可是猜不着。

七

妈妈嘱咐我不叫我别扭，要乖乖的叫"爸"：她又给我找到一个爸。这是另一个爸，我知道，因为坟里已经埋好一个爸了。妈嘱咐我的时候，眼睛看着别处。她含着泪说："不能叫你饿死！"呕，是因为不饿死我，妈才另给我找了个爸！我不明白多少事，我有点怕，又有点希望——果然不再挨饿的话。多么凑巧呢，离开我们那间小屋的时候，天上又挂着月牙儿。这次的月牙儿比哪一回都清楚，都可怕；我是要离开这住惯了的小屋了。妈坐了一乘红轿，前面还有几个鼓手，吹打得一点也不好听。轿在前边走，我和一个男人在后边跟着，他拉着我的手。那可怕的月牙儿放着一点光，仿佛在凉风里颤动。街上没有什么人，只有些野狗追着鼓手们咬；轿子走得很快。上哪去呢？是不是把妈抬到城外去，抬到坟地去？那个男人扯着我走，我喘不过气来，要哭都哭不出来。那男人的手心出了汗，凉得像个鱼似的，我要喊"妈"，可是不敢。一会儿，月牙儿像个要闭上的一道大眼缝，轿子进了个小巷。

八

我在三四年里似乎没再看见月牙。新爸对我们很好，他有两间屋子，他和妈住在里间，我在外间睡铺板。我起初还想跟妈妈睡，可是几天之后，我反倒爱"我的"小屋了。屋里有白白的墙，还有条长桌，一把椅子。这似乎都是我的。我的被子也比从前的厚实暖和了。妈妈也渐渐胖了点，脸上有了红色，手上的那层鳞也慢慢掉净。我好久没去当当了。新爸叫我去上学。有时候他还跟我玩一会儿。我不知道为什么不爱叫他“爸”，虽然我知道他很可爱。他似乎也知道这个，他常常对我那么一笑；笑的时候他有很好看的眼睛。可是妈妈偷偷告诉我叫爸，我也不愿十分的别扭。我心中明白，妈和我现在是有吃有喝的，都因为有这个爸，我明白。是的，在这三四年里我想不起曾经看见过月牙儿；也许是看见过而不大记得了。爸死时那个月牙儿，妈轿子前面那个月牙儿，我永远忘不了。那一点点光，那一点寒气，老在我心中，比什么都亮，都清凉，像块玉似的，有时候想起来仿佛能用手摸到似的。

九

我很爱上学。我老觉得学校里有不少的花，其实并没有；只是一想起学校就想到花罢了，正像一想起爸的坟就想起城外的月牙儿——在野外的小风里歪歪着。妈妈是很爱花的，虽然买不起，可是有人送给她一朵，她就顶喜欢的戴在头上。我有机会便给她折一两朵来；戴上朵鲜花，妈的后影还很年轻似的。妈喜欢，我也喜欢。在学校里我也很喜欢。也许因为这个，我想起学校便想起花来？

十

当我要在小学毕业那年，妈又叫我去当当了。我不知道为什么新爸忽然走了。他上了哪儿，妈似乎也不晓得。妈妈还叫我上学，她想爸不久就会回来的。他许多日子没回来，连封信也没有。我想妈又该洗臭袜子了，这使我极难受。可是妈妈并没这么打算。她还打扮着，还爱戴花；奇怪！她不落泪，反倒好笑；为什么呢？我不明白！好几次，我下学来，看她在门口儿立着。又隔了不久，我在路上走，有人“嗨”我了：“嗨！给你妈捎个信儿去！”“嗨！你卖不卖呀？小嫩的！”我的脸红得冒出火来，把头低得无可再低。我明白，只是没办法。我不能问妈妈，不能。她对我很好，而且有时候极庄重的说我：“念书！念书！”妈是不识字的，为什么这样催我念书呢？我疑心；又常由疑心而想到妈是为我才做那样的事。妈是没有更好的办法。疑心的时候，我恨不能骂妈妈一顿。再一想，我要抱住她，央告她不要再做那个事。我恨自己不能帮助妈妈。所以我也想到：我在小学毕业后又有什么用呢？我和同学们打听过了，有的告诉我，去年毕业的有好几个做姨太太的。有的告诉我，谁当了暗门子。我不大懂这些事，可是由她们的说法，我猜到这不是好事。她们似乎什么都知道，也爱偷偷的谈论她们明知是不正当的事——这些事叫她们的脸红红的而显出得意。我更疑心妈妈了，是不是等我毕业好去做……这么一想，有时候我不敢回家，我怕见妈妈。妈妈有时候给我点心钱，我不肯花，饿着肚子去上体操，常常要晕过去。看着别人吃点心，多么香甜呢！可是我得省着钱，万一妈妈叫我去……我可以跑，假如我手中有钱。我最阔的时候，手中有一毛多钱！在这些时候，即使在白天，我也有时望一望天上，找我的月牙儿呢。我心中的苦处假若可以用个形状比喻起来，必是个月牙儿形的。它无依无靠的在灰蓝的天上挂着，光儿微弱，不大会儿便被黑暗包住。

十一

叫我最难过的是我慢慢地学会了恨妈妈。可是每当我恨她的时候，我不知不觉的便想起她背着我上坟的光景。想到了这个，我不能恨她了。我又非恨她不可。我的心像——还是像那个月牙儿，只能亮那么一会儿，而黑暗是无限的。妈妈的屋里常有男人来了，她不再躲避着我。他们的眼像狗似的看着我，舌头吐着，垂着涎。我在他们的眼中是更解馋的，我看出来。在很短的期间，我忽然明白了许多的事。我知道我得保护自己，我觉出我身上好像有什么可贵的地方，我闻得出我已有一种什么味道，使我自己害羞，多感。我身上有了些力量，可以保护自己，也可以毁了自己。我有时很硬气，有时候很软。我不知怎样好。我愿爱妈妈，这时候我有好些必要问妈妈的事，需要妈妈的安慰；可是正在这个时候，我得躲着她，我得恨她；要不然我自己便不存在了。当我睡不着的时节，我很冷静的思索，妈妈是可原谅的。她得顾我们俩的嘴。可是这个又使我要拒绝再吃她给我的饭菜。我的心就这么忽冷忽热，像冬天的风，休息一会儿，刮得更要猛；我静候着我的怒气冲来，没法儿止住。

十二

事情不容我想好方法就变得更坏了。妈妈问我，“怎样?”假若我真爱她呢，妈妈说，我应该帮助她。不然呢，她不能再管我了。这不像妈妈能说得出的话，但是她确是这么说了。她说得很清楚：“我已经快老了，再过二年，想白叫人要也没人要了!”这是对的，妈妈近来擦许多的粉，脸上还露出褶子来。她要再走一步，去专伺候一个男人。她的精神来不及伺候许多男人了。为她自己想，这时候能有人要她——是个馒头铺掌柜的愿要她——她该马上就走。可是我已经是个大姑娘了，不像小时候那样容易跟在妈妈轿后走过去了。我得打主意安置自己。假若我愿意“帮助”妈妈呢，她可以不再走这一步，而由我代替她挣钱。代她挣钱，我真愿意；可是那个挣钱方法叫我哆嗦。我知道什么呢，叫我像个半老的妇人那样去挣钱?！妈妈的心是狠的，可是钱更狠。妈妈不逼着我走哪条路，她叫我自己挑选——帮助她，或是我们娘儿俩各走各的。妈妈的眼没有泪，早就干了。我怎么办呢?

十三

我对校长说了。校长是个四十多岁的妇人，胖胖的，不很精明，可是心热。我是真没了主意，要不然我怎会开口述说妈妈的……我并没和校长亲近过。当我对她说的时候，每个字都像烧红了的煤球烫着我的喉，我哑了，半天才能吐出一个字。校长愿意帮助我。她不能给我钱，只能供给我两顿饭和住处——就住在学校和个老女仆作伴儿。她叫我帮助文书写写字，可是不必马上就这么办，因为我的字还需要练习。两顿饭，一个住处，解决了天大的问题。我可以不连累妈妈了。妈妈这回连轿也没坐，只坐了辆洋车，摸着黑走了。我的铺盖，她给了我。临走的时候，妈妈挣扎着不哭，可是心底下的泪到底翻上来了。她知道我不能再找她去，她的亲女儿。我呢，我连哭都忘了怎么哭了，我只咧着嘴抽达，泪蒙住了我的脸。我是她的女儿，朋友，安慰。但是我帮助不了她，除非我得做那种我决不肯做的事。在事后一想，我们娘儿俩就像两个没人管的狗，为我们的嘴我们得受着一切的苦处，好像我们身上没有别的，只有一张嘴。为这张嘴，我们得把其余一切的东西都卖了。我不恨妈妈了，我明白了。不是妈妈的毛病，也不是不该长那张嘴，是粮食的毛病，凭什么没有我们的吃食呢？这个别离，把过去一切的苦楚都压过去了。那最明白我的眼泪怎流的月牙儿这会没出来，这回只有黑暗，连点萤火的光也没有。妈妈就在暗中像个活鬼似的走了，连个影子也没有。即使她马上死了，恐怕也不会和爸埋在一处了，我连她将来的坟在哪里都不会知道。我只有这么个妈妈，朋友。我的世界里剩下我自己。

十四

妈妈永不能相见了，爱死在我心里，像被霜打了的春花。我用心的练字，为是能帮助校长抄抄写写些不要紧的东西。我必须有用，我是吃着别人的饭。我不像那些女同学，她们一天到晚注意别人，别人吃了什么，穿了什么，说了什么；我老注意我自己，我的影子是我的朋友。“我”老在我的心上，因为没人爱我。我爱我自己，可怜我自己，鼓励我自己，责备我自己；我知道我自己，仿佛我是另一个人似的。我身上有一点变化都使我害怕，使我欢喜，使我莫名其妙。我在我自己手中拿着，像捧着一朵娇嫩的花。我只能顾目前，没有将来，也不敢深想。嚼着人家的饭，我知道那是晌午或晚上了，要不然我简直想不起时间来；没有希望，就没有时间。我好像钉在个没有日月的地方。想起妈妈，我晓得我曾经活了十几年。对将来，我不像同学们那样盼望放假，过节，过年；假期，节，年，跟我有什么关系呢？可是我的身体是往大了长呢，我觉得出。觉出我又长大了一些，我更渺茫，我不放心我自己。我越往大了长，我越觉得自己好看，这是一点安慰；美使我抬高了自己的身份。可是我根本没身份，安慰是先甜后苦的，苦到末了又使我自傲。穷，可是好看呢！这又使我怕：妈妈也是不难看的。

十五

我又老没看月牙儿了，不敢去看，虽然想看。我已毕了业，还在学校里住着。晚上，学校里只有两个老仆人，一男一女。他们不知怎样对待我好，我既不是学生，也不是先生，又不是仆人，可有点像仆人。晚上，我一个人在院中走，常被月牙儿给赶进屋来，我没有胆子去看它。可是在屋里，我会想象它是什么样，特别是在有点小风的时候。微风仿佛会给那点微光吹到我的心上来，使我想起过去，更加重了眼前的悲哀。我的心就好像在月光下的蝙蝠，虽然是在光的下面，可是自己是黑的；黑的东西，即使会飞，也还是黑的，我没有希望。我可是不哭，我只常皱着眉。

十六

我有了点进款：给学生织些东西，她们给我点工钱。校长允许我这么办。可是进不了许多，因为她们也会织。不过她们自己急于要用，而赶不来，或是给家中人打双手套或袜子，才来照顾我。虽然是这样，我的心似乎活了一点，我甚至想到：假若妈妈不走那一步，我是可以养活她的。一数我那点钱，我就知道这是梦想，可是这么想使我舒服一点。我很想看看妈妈。假若她看见我，她必能跟我来，我们能有方法活着，我想——不十分相信。可是，我想妈妈，她常到我的梦中来。有一天，我跟着学生们去到城外旅行，回来的时候已经是下午四点多了。为的是快点回来，我们抄了个小道。我看见了妈妈！在个小胡同里有一家卖馒头的，门口放着个元宝筐，筐上插着个顶大的白木头馒头。顺着墙坐着妈妈，身儿一仰一弯的拉风箱呢。从老远我就看见了那个大木馒头与妈妈，我认识她的后影。我要过去抱住她。可是我不敢，我怕学生们笑话我，她们不许我有这样的妈妈。越走越近了，我的头低下去，从泪中看了她一眼，她没看见我。我们一群人擦着她的身子走过去，她好像是什么也没看见，专心的拉她的风箱。走出老远，我回头看了看，她还在那儿拉呢。我看不清她的脸，只看到她的头发在额上披散着点。我记住这个小胡同的名儿。

十七

像有个小虫在心中咬我似的，我想去看妈妈，非看见她我心中不能安静。正在这个时候，学校换了校长。胖校长告诉我得打主意，她在这儿一天便有我一天的饭食与住处，可是她不能保险新校长也这么办。我数了数我的钱，一共是两块七毛零几个铜子。这几个钱不会叫我在最近的几天中挨饿，可是我上哪儿呢？我不敢坐在那儿呆呆的发愁，我得想主意。找妈妈去是第一个念头。可是她能收留我吗？假若她不能收留我，而我找了她去，即使不能引起她与那个卖馒头的吵闹，她也必定很难过。我得为她想，她是我的妈妈，又不是我的妈妈，我们母女之间隔着一层用穷做成的障碍。想来想去，我不肯找她去了。我应当自己担着自己的苦处。可是怎么担着自己的苦处呢？我想不起。我觉得世界很小，没有安置我与我的小铺盖卷的地方。我还不如一条狗，狗有个地方便可以躺下睡；街上不准我躺着。是的，我是人，人可以不如狗。假若我扯着脸不走，焉知新校长不往外撵我呢？我不能等着人家往外推。这是个春天。我只看见花儿开了，叶儿绿了，而觉不到一点暖气。红的花只是红的花，绿的叶只是绿的叶，我看见些不同的颜色，只是一点颜色；这些颜色没有任何意义，春在我的心中是个凉的死的东西。我不肯哭，可是泪自己往下流。

十八

我出去找事了。不找妈妈，不依赖任何人，我要自己挣饭吃。走了整整两天，抱着希望出去，带着尘土与眼泪回来。没有事情给我做。我这才真明白了妈妈，真原谅了妈妈。妈妈还洗过臭袜子，我连这个都做不上。妈妈所走的路是唯一的。学校里教给我的本事与道德都是笑话，都是吃饱了没事时的玩艺。同学们不准我有那样的妈妈，她们笑话暗门子；是的，她们得这样看，她们有饭吃。我差不多要决定了：只要有人给我饭吃，什么我也肯干；妈妈是可佩服的。我才不去死，虽然想到过；不，我要活着。我年轻，我好看，我要活着。羞耻不是我造出来的。

十九

这么一想，我好像已经找到了事似的。我敢在院中走了，一个春天的月牙儿在天上挂着。我看出它的美来。天是暗蓝的，没有一点云。那个月牙儿清亮而温柔，把一些软光儿轻轻送到柳枝上。院中有点小风，带着南边的花香，把柳条的影子吹到墙角有光的地方来，又吹到无光的地方去；光不强，影儿不重，风微微地吹，都是温柔，什么都有点睡意，可又要轻软的活动着。月牙儿下边，柳梢上面，有一对星儿好像微笑的仙女的眼，逗着那歪歪的月牙和那轻摆的柳枝。墙那边有棵什么树，开满了白花，月的微光把这团雪照成一半儿白亮，一半儿略带点灰影，显出难以想到的纯净。这个月牙儿是希望的开始，我心里说。

二十

我又找了胖校长去，她没在家。一个青年把我让进去。他很体面，也很和气。我平素很怕男人，但是这个青年不叫我怕他。他叫我说什么，我便不好意思不说；他那么一笑，我心里就软了。我把找校长的意思对他说了，他很热心，答应帮助我。当天晚上，他给我送了两块钱来，我不肯收，他说这是他婶母——胖校长——给我的。他并且说他的婶母已经给我找好了地方住，第二天就可以搬过去。我要怀疑，可是不敢。他的笑脸好像笑到我的心里去。我觉得我要疑心便对不起人，他是那么温和可爱。

二十一

他的笑唇在我的脸上，从他的头发上我看着那也在微笑的月牙儿。春风像醉了，吹破了春云，露出月牙儿与一两对儿春星。河岸上的柳枝轻摆，春蛙唱着恋歌，嫩蒲的香味散在春晚的暖气里。我听着水流，像给嫩蒲一些生力，我想象着蒲梗轻快的往高里长。小蒲公英在潮暖的地上似乎正往叶尖花瓣上灌着白浆。什么都在溶化着春的力量，把春收在那微妙的地方，然后放出一些香味，像花蕊顶破了花瓣。我忘了自己，像四外的花草似的，承受着春的透入；我没了自己，像化在了那点春风与月的微光中。月儿忽然被云掩住，我想起来自己，我觉得他的热力在压迫我。我失去那个月牙儿，也失去了自己，我和妈妈一样了！

二十二

我后悔，我自慰，我要哭，我喜欢，我不知道怎样好。我要跑开，永不再见他；我又想他，我寂寞。两间小屋，只有我一个人，他每天晚上来。他永远俊美，老那么温和。他供给我吃喝，还给我做了几件新衣。穿上新衣，我自己看出我的美。可是我也恨这些衣服，又舍不得脱去。我不敢思想，也懒得思想，我迷迷忽忽的，腮上老有那么两块红。我懒得打扮，又不能不打扮，太闲在了，总得找点事做。打扮的时候，我怜爱自己；打扮完了，我恨自己。我的泪很容易下来，可是我设法不哭，眼终日老那么湿润润的，可爱。我有时候疯了似的吻他，然后把他推开，甚至于破口骂他；他老笑。

二十三

我早知道，我没希望；一点云便能把月牙儿遮住，我的将来是黑暗。果然，没有多久，春便变成了夏，我的春梦做到了头儿。有一天，也就是刚晌午吧，来了一个少妇。她很美，可是美得不玲珑，像个磁人儿似的。她进到屋中就哭了。不用问，我已明白了。看她那个样儿，她不想跟我吵闹，我更没预备着跟她冲突。她是个老实人。她哭，可是拉住我的手，"他骗了咱们俩!"她说。我以为她也只是个"爱人"。不，她是他的妻。她不跟我闹，只口口声声的说："你放了他吧!"我不知怎么才好，我可怜这个少妇。我答应了她。她笑了。看她这个样儿，我以为她是缺个心眼，她似乎什么也不懂，只知道要她的丈夫。

二十四

我在街上走了半天。很容易答应那个少妇呀，可是我怎么办呢？他给我的那些东西，我不愿意要；既然要离开他，便一刀两断。可是，放下那点东西，我还有什么呢？我上哪儿呢？我怎么能当天就有饭吃呢？好吧，我得要那些东西，无法。我偷偷的搬了走。我不后悔，只觉得空虚，像一片云那样的无依无靠。搬到一间小屋里，我睡了一天。

二十五

我知道怎样俭省，自幼就晓得钱是好的。凑合着手里还有那点钱，我想马上去找个事。这样，我虽然不希望什么，或者也不会有危险了。事情可是并不因我长了一两岁而容易找到。我很坚决，这并无济于事，只觉得应当如此罢了。妇女挣钱怎这么不容易呢！妈妈是对的，妇人只有一条路走，就是妈妈所走的路。我不肯马上就往那么走，可是知道它在不很远的地方等着我呢。我越挣扎，心中越害怕。我的希望是初月的光，一会儿就要消失。一两个星期过去了，希望越来越小。最后，我去和一排年轻的姑娘们在小饭馆受选阅。很小的一个饭馆，很大的一个老板；我们这群都不难看，都是高小毕业的少女们，等皇赏似的，等着那个破塔似的老板挑选。他选了我。我不感谢他，可是当时确有点痛快。那群女孩子们似乎很羡慕我，有的竟自含着泪走去，有的骂声"妈的!"女人够多么不值钱呢！

二十六

我成了小饭馆的第二号女招待。摆菜、端菜、算账、报菜名，我都不在行。我有点害怕。可是"第一号"告诉我不用着急，她也都不会。她说，小顺管一切的事；我们当招待的只要给客人倒茶，递手巾把，和拿账条；别的不用管。奇怪！"第一号"的袖口卷起来很高，袖口的白里子上连一个污点也没有。腕上放着一块白丝手绢，绣着"妹妹我爱你"。她一天到晚往脸上拍粉，嘴唇抹得血瓢似的。给客人点烟的时候，她的膝往人家腿上倚；还给客人斟酒，有时候她自己也喝了一口。对于客人，有的她伺候得非常的周到；有的她连理也不理，她会把眼皮一搭拉，假装没看见。她不招待的，我只好去。我怕男人。我那点经验叫我明白了些，什么爱不爱的，反正男人可怕。特别是在饭馆吃饭的男人们，他们假装义气，打架似的让座儿让账；他们拼命的猜拳，喝酒；他们野兽似的吞吃，他们不必要而故意的挑剔毛病，骂人。我低头递茶递手巾，我的脸发烧。客人们故意的和我说东说西，招我笑；我没心程说笑。晚上九点多钟完了事，我非常的疲乏了。到了我的小屋，连衣裳没脱，我一直的睡到天亮。醒来，我心中高兴了一些，我现在是自食其力，用我的劳力自己挣饭吃。我很早的就去上工。

二十七

“第一号”九点多才来，我已经去了两点多钟。她看不起我，可也并非完全恶意的教训我：“不用那么早来，谁八点来吃饭？告诉你，丧气鬼，把脸别奔拉得那么长；你是女跑堂的，没让你在这儿送殡玩。低着头，没人多给酒钱；你干什么来了？不为挣子儿吗？你的领子太矮，咱这行全得弄高领子，绸子手绢，人家认这个！”我知道她是好意，我也知道设若我不肯笑，她也得吃挂落，少分酒钱；小账是大家平分的。我也并非看不起她，从一方面看，我实在佩服她，她是为挣钱。妇女挣钱就得这么着，没第二条路。但是，我不肯学她。我仿佛看得很清楚：有朝一日，我得比她还开通，才能挣上饭吃。可是那得到了山穷水尽的时候；“万不得已”老在那儿等我们女子，我只能叫它多等几天。这叫我咬牙切齿，叫我心中冒火，可是妇女的命运不在自己手里。又干了三天，那个大掌柜的下了警告：再试我两天，我要是愿意往长了干呢，得照“第一号”那么办。“第一号”一半嘲弄，一半劝告的说：“已经有人打听你，干吗藏着乖的卖傻的呢？咱们谁不知道谁是怎着？女招待嫁银行经理的，有的是；你当是咱们低搭呢？闯开脸儿干呀，咱们也他妈的坐几天汽车！”这个，逼上我的气来，我问她：“你什么时候坐汽车？”她把红嘴唇撇得要掉下去：“不用你耍嘴皮子，干什么说什么；天生下来的香屁股，还不会干这个呢！”我干不了，拿了一块零五分钱，我回了家。

二十八

最后的黑影又向我迈了一步。为躲它，就更走近了它。我不后悔丢了那个事，可我也真怕那个黑影。把自己卖给一个人，我会。自从那回事儿，我很明白了些男女之间的关系。女人把自己放松一些，男人闻着味儿就来了。他所要的是肉，他所给的也是肉。他咬了你，压着你，他发散了兽力，你便暂时有吃有穿；然后他也许打你骂你，或者停止了你的供给。女人就这么卖了自己，有时候还很得意，我曾经觉到得意。在得意的时候，说的净是一些天上的话；过了会儿，你觉得身上的疼痛与丧气。不过，卖给一个男人，还可以说些天上的话；卖给大家，连这些也没法说了，妈妈就没说过这样的话。怕的程度不同，我没法接受“第一号”的劝告；“一个”男人到底使我少怕一点。可是，我并不想卖我自己。我并不需要男人，我还不到二十岁。我当初以为跟男人在一块儿必定有趣，谁知道到了一块他就要求那个我所害怕的事。是的，那时候我像把自己交给了春风，任凭人家摆布；过后一想，他是利用我的无知，畅快他自己。他的甜言蜜语使我走入梦里；醒过来，不过是一个梦，一些空虚；我得到的是两顿饭，几件衣服。我不想再这样挣饭吃，饭是实在的，实在的去挣好了。可是，若真挣不上饭吃，女人得承认自己是女人，得卖肉！一个多月，我找不到事做。

二十九

我遇见几个同学，有的升入了中学，有的在家里做姑娘。我不愿理她们，可是一说起话儿来，我觉得我比她们精明。原先，在学校的时候，我比她们傻；现在，“她们”显着呆傻了。她们似乎还都做梦呢。她们都打扮得很好，像铺子里的货物。她们的眼溜着年轻的男人，心里好像作着爱情的诗。我笑她们。是的，我必定得原谅她们，她们有饭吃，吃饱了当然只好想爱情，男女彼此织成了网，互相捕捉；有钱的，网大一些，捉住几个，然后从容的选择一个。我没有钱，我连个结网的屋角都找不到。我得直接的捉人，或是被捉，我比她们明白一些，实际一些。

三十

有一天，我碰见那个小媳妇，像磁人似的那个。她拉住了我，倒好像我是她的亲人似的。她有点颠三倒四的样儿。“你是好人！你是好人！我后悔了，”她很诚恳地说，“我后悔了！我叫你放了他，哼，还不如在你手里呢！他又弄了别人，更好了，一去不回头了！”由探问中，我知道她和他也是由恋爱而结的婚，她似乎还很爱他。他又跑了。我可怜这个小妇人，她也是还做着梦，还相信恋爱神圣。我问她现在的情形，她说她得找到他，她得从一而终。要是找不到他呢？我问。她咬上了嘴唇，她有公婆，娘家还有父母，她没有自由，她甚至于羡慕我，我没有人管着。还有人羡慕我，我真要笑了！我有自由，笑话！她有饭吃，我有自由；她没自由，我没饭吃，我俩都是女子。

三十一

自从遇上那个小磁人，我不想把自己专卖给一个男人了，我决定玩玩了；换句话说，我要“浪漫”的挣饭吃了。我不再为谁负着什么道德责任，我饿。浪漫足以治饿，正如同吃饱了才浪漫，这是个圆圈，从哪儿走都可以。那些女同学与小磁人都跟我差不多，她们比我多着一点梦想，我比她们更直爽，肚子饿是最大的真理。是的，我开始卖了。把我所有的一点东西都折卖了，作了一身新行头，我的确不难看。我上了市。

三十二

我想我要玩玩，浪漫。啊，我错了。我还是不大明白世故。男人并不像我想的那么容易勾引。我要勾引文明一些的人，要至多只赔上一两个吻。哈哈，人家不上那个当，人家要初次见面便得到便宜。还有呢，人家只请我看电影，或逛逛大街，吃杯冰激凌；我还是饿着肚子回家。所谓文明人，懂得问我在哪儿毕业，家里做什么事。那个态度使我看明白，他若是要你，你得给他相当的好处；你若是没有好处可贡献呢，人家只用一角钱的冰激凌换你一个吻。要卖，得痛痛快快的，拿钱来，我陪你睡。我明白了这个。

小磁人们不明白这个。我和妈妈明白，我很想妈了。

三十三

据说有些女人是可以浪漫的挣饭吃，我缺乏资本；也就不必再这样想了。我有了买卖。可是我的房东不许我再住下去，他是讲体面的人。我连瞧他也没瞧，就搬了家，又搬回我妈妈和新爸爸曾经住过的那两间房。这里的人不讲体面，可也更真诚可爱。搬了家以后，我的买卖很不错。连文明人也来了。文明人知道了我是卖，他们是买，就肯来了；这样，他们不吃亏，也不丢身份。初干的时候，我很害怕，因为我还不到二十岁。及至做过了几天，我也就不怕了。多咱他们像了一摊泥，他们才觉得上了算，他们满意，还替我做义务的宣传。干过了几个月，我明白的事情更多了，差不多每一见面我就能断定他是怎样的人。有的很有钱，这样的人一开口总是问我的身价，表示他买得起我。他也很嫉妒，总想包了我；逛暗娼他也想独占，因为他有钱。对这样的人，我不大招待。他闹脾气，我不怕，我告诉他，我可以找上他的门去，报告给他的太太。在小学里念了几年书，到底是没白念，他唬不住我。“教育”是有用的，我相信了。有的人呢，来的时候，手里就攥着一块钱，唯恐上了当。对这种人，我跟他细讲条件，干什么多少钱，他就乖乖的回家去拿钱，很有意思。最可恨的是那些油子，不但不肯花钱，反倒要占点便宜走，什么半盒烟卷呀，什么一小瓶雪花膏呀，他们随手拿去。这种人还是得罪不的，他们在地面上很熟，得罪了他们，他们会叫巡警跟我捣乱。我不得罪他们，我喂着他们；乃至我认识了警官，才一个个的收拾他们。世界就是狼吞虎咽的世界，谁坏谁就有便宜。顶可怜的是那像中学学生样儿的，袋里装着一块钱，和几十铜子，叮当的直响，鼻子上出着汗。我可怜他们，可是也照常卖给他们。我有什么办法呢！还有老头子呢，都是些规矩人，或者家中已然儿孙成群。对他们，我不知道怎样好；但是我知道他们有钱，想在死前买些快乐，我只好供给他们所需要的。这些经验叫我认识了“钱”与“人”。钱比人更厉害一些，人若是兽，钱就是兽的胆子。

三十四

我发现了我身上有了病。这叫我非常的苦痛，我觉得已经不必活下去了。我休息了，我到街上去走；无目的，乱走。我想去看看妈，她必能给我一些安慰，我想象着自己已是快死的人了。我绕到那个小巷，希望见着妈妈；我想起她在门外拉风箱的样子。馒头铺已经关了门。打听，没人知道搬到哪里去。这使我更坚决了，我非找到妈妈不可。在街上丧胆游魂地走了几天，没有一点用。我疑心她是死了，或是和馒头铺的掌柜的搬到别处去，也许在千里以外。这么一想，我哭起来。我穿好了衣裳，擦上了脂粉，在床上躺着，等死。我相信我会不久就死去的。可是我没死。门外又敲门了，找我的。好吧，我伺候他，我把病尽力地传给他。我不觉得这对不起人，这根本不是我的过错。我又痛快了些，我吸烟，我喝酒，我好像已是三四十岁的人了。我的眼圈发青，手心发热，我不再管；有钱才能活着，先吃饱再说别的吧。我吃得并不错，谁肯吃坏的呢！我必须给自己一点好吃食，一些好衣裳，这样才稍微对得起自己一点。

三十五

一天早晨，大概有十点来钟吧，我正披着件长袍在屋中坐着，我听见院中有点脚步声。我十点来钟起来，有时候到十二点才想穿好衣裳，我近来非常的懒，能披着件衣服呆坐一两个钟头。我想不起什么，也不愿想什么，就那么独自呆坐。那点脚步声向我的门外来了，很轻很慢。不久，我看见一对眼睛，从门上那块小玻璃向里面看呢。看了一会儿，躲开了；我懒得动，还在那儿坐着。待了一会儿，那对眼睛又来了。我再也坐不住，我轻轻的开了门。“妈！”

三十六

我们母女怎么进了屋，我说不上来。哭了多久，也不大记得。妈妈已老得不像样儿了。她的掌柜的回了老家，没告诉她，偷偷的走了，没给她留下一个钱。她把那点东西变卖了，辞退了房，搬到一个大杂院里去。她已找了我半个多月。最后，她想到上这儿来，并没希望找到我，只是碰碰看，可是竟自找到了我。她不敢认我了，要不是我叫她，她也许就又走了。哭完了，我发狂似的笑起来：她找到了女儿，女儿已是个暗娼！她养着我的时候，她得那样；现在轮到我养着她了，我得那样！女人的职业是世袭的，是专门的！

三十七

我希望妈妈给我点安慰。我知道安慰不过是点空话，可是我还希望来自妈妈的口中。世上的妈妈都最会骗人，我们把妈妈的诓骗叫作安慰。我的妈妈连这个都忘了。她是饿怕了，我不怪她。她开始检点我的东西，问我的进项与花费，似乎一点也不以这种生意为奇怪。我告诉她，我有了病，希望她劝我休息几天。没有；她只说出去给我买药。“我们老干这个吗？”我问她。她没言语。可是从另一方面看，她确是想保护我，心疼我。她给我做饭，问我身上怎样，还常常偷看我，像妈妈看睡着了的小孩那样。只是有一层她不肯说，就是叫我不用再干这行了。我心中很明白——虽然有一点不满意她——除了干这个，还想不到第二个事情做。我们母女得吃得穿——这个决定了一切。什么母女不母女，什么体面不体面，钱是无情的。

三十八

妈妈想照应我，可是她得听着看着人家蹂躏我。我想好好对待她，可是我觉得她有时候讨厌。她什么都要管管，特别是对于钱。她的眼已失去年轻时的光泽，不过看见了钱还能发点光。对于客人，她就自居为仆人，可是当客人给少了钱的时候，她张嘴就骂。这有时候使我很为难。不错，既干这个还不是为钱吗？可是干这个的也似乎不必骂人。我有时候也会慢待人，可是我有我的办法，使客人急不得恼不得。妈妈的方法太笨了，很容易得罪人。看在钱的面上，我们不应当得罪人。我的方法或者出于我还年轻，还幼稚；妈妈便不顾一切的单单站在钱上了，她应当如此，她比我大着好些岁。恐怕再过几年我也就这样了，人老心也跟着老，渐渐老得和钱一样的硬。是的，妈妈不客气。她有时候劈手就抢客人的皮夹，有时候留下人家的帽子或值钱一点的手套与手杖。我很怕闹出事来，可是妈妈说的好："能多弄一个是一个，咱们是拿十年当作一年活着的，等七老八十还有人要咱们吗？"有时候，客人喝醉了，她便把他架出去，找个僻静地方叫他坐下，连他的鞋都拿回来。说也奇怪，这种人倒没有来找账的，想是已人事不知，说不定也许病一大场。或者事过之后，想过滋味，也就不便再来闹了，我们不怕丢人，他们怕。

三十九

妈妈是说对了：我们是拿十年当一年活着。干了二三年，我觉出自己是变了。我的皮肤粗糙了，我的嘴唇老是焦的，我的眼睛里老灰不溜的带着血丝。我起来得很晚，还觉得精神不够。我觉出这个来，客人们更不是瞎子，熟客渐渐少起来。对于生客，我更努力的伺候，可是也更厌恶他们，有时候我管不住自己的脾气。我暴躁，我胡说，我已经不是我自己了。我的嘴不由的老胡说，似乎是惯了。这样，那些文明人已不多照顾我，因为我丢了那点"小鸟依人"——他们唯一的诗句——的身段与气味。我得和野鸡学了。我打扮得简直不像个人，这才招得动那不文明的人。我的嘴擦得像个红血瓢，我用力咬他们，他们觉得痛快。有时候我似乎已看见我的死，接进一块钱，我仿佛死了一点。钱是延长生命的，我的挣法适得其反。我看着自己死，等着自己死。这么一想，便把别的思想全止住了。不必想了，一天一天的活下去就是了，我的妈妈是我的影子，我至好不过将来变成她那样，卖了一辈子肉，剩下的只是一些白头发与抽皱的黑皮。这就是生命。

四十

我勉强的笑，勉强的疯狂，我的痛苦不是落几个泪所能减除的。我这样的生命是没什么可惜的，可是它到底是个生命，我不愿撒手。况且我所做的并不是我自己的过错。死假如可怕，那只因为活着是可爱的。我决不是怕死的痛苦，我的痛苦久已胜过了死。我爱活着，而不应当这样活着。我想象着一种理想的生活，像做着梦似的；这个梦一会儿就过去了，实际的生活使我更觉得难过。这个世界不是个梦，是真的地狱。妈妈看出我的难过来，她劝我嫁人。嫁人，我有了饭吃，她可以弄一笔养老金。我是她的希望。我嫁谁呢？

四十一

因为接触的男子很多了，我根本已忘了什么是爱。我爱的是我自己，及至我已爱不了自己，我爱别人干什么呢？但是打算出嫁，我得假装说我爱，说我愿意跟他一辈子。我对好几个人都这样说了，还起了誓；没人接受。在钱的管领下，人都很精明。嫖不如偷，对，偷省钱。我要是不要钱，管保人人说爱我。

四十二

正在这个期间，巡警把我抓了去。我们城里的新官儿非常的讲道德，要扫清了暗门子。正式的妓女倒还照旧做生意，因为她们纳捐；纳捐的便是名正言顺的，道德的。抓了去，他们把我放在了感化院，有人教给我做工。洗、做、烹调、编织，我都会；要是这些本事能挣饭吃，我早就不干那个苦事了。我跟他们这样讲，他们不信，他们说我没出息，没道德。他们教给我工作，还告诉我必须爱我的工作。假如我爱工作，将来必定能自食其力，或是嫁个人。他们很乐观。我可没这个信心。他们最好的成绩，是已经有十几多个女的，经过他们感化而嫁了人。到这儿来领女人的，只须花两块钱的手续费和找一个妥实的铺保就够了。这是个便宜。从男人方面看；据我想，这是个笑话。我干脆就不受这个感化。当一个大官儿来检阅我们的时候，我唾了他一脸唾沫。他们还不肯放了我，我是带危险性的东西。可是他们也不肯再感化我。我换了地方，到了狱中。

四十三

狱里是个好地方，它使人坚信人类的没有起色；在我做梦的时候都见不到这样丑恶的玩艺。自从我一进来，我就不再想出去，在我的经验中，世界比这儿并强不了许多。我不愿死，假若从这儿出去而能有个较好的地方；事实上既不这样，死在哪儿不一样呢。在这里，在这里，我又看见了我的好朋友，月牙儿！多久没见着它了！妈妈干什么呢？我想起来一切。

（三）穷恶的花朵

“虎妞看着院中将化的冰，与那些破碎不堪的衣服，闻着那复杂而微有些热气的味道，听着老人们的哀叹与小儿哭叫，心中凉了半截。在冬天，人都躲在屋里，脏东西都冻在冰上；现在，人也出来，东西也显了原形，连碎砖砌的墙都往下落土，似乎预备着到了雨天便塌倒。满院花花绿绿，开着穷恶的花，比冬天要更丑陋着好几倍。”

大杂院里的花花绿绿原来是穷恶开出的花朵，让人联想起19世纪法国诗人、象征主义诗歌先驱波德莱尔的经典诗歌作品《恶之花》。作为波德莱尔的代表作，《恶之花》的一大创新便在于他描写了大城市的丑恶现象。在他笔下，巴黎风光是阴暗而神秘的，吸引诗人注目的是被社会抛弃的穷人、盲人、妓女，甚至不堪入目的横陈街头的女尸。以《忧郁之四》为例，诗中出现的意象全部是丑的：锅盖、黑光、潮湿的牢狱、胆怯的蝙蝠、腐烂的天花板、铁窗护条、卑污的蜘蛛、蛛网、游荡的鬼怪、长列柩车、黑旗。这些令人恶心的、丑陋的，具有不祥意味的意象纷至沓来，充塞全诗，它们显示了“精神的骚动”。波德莱尔正是通过对丑和丑恶事物的描写，开创了一种新的美学原则。

我们选择《恶之花》中的“忧郁”篇来与《骆驼祥子》中的这一部分内容进行文本间互文阅读。

忧郁之四[①]

［法］波德莱尔

当低沉的天空如大盖般压住
被长久的厌倦折磨着的精神；
当环抱着的天际向我们射出
比夜还要愁惨的黑色的黎明；

当大地变成一间潮湿的牢房，
在那里啊，希望如蝙蝠般飞去，
冲着墙壁鼓动着胆怯的翅膀，
又把脑袋向朽坏的屋顶撞击；

当密密麻麻的雨丝向四面伸展，
模仿着大牢里的铁栅的形状，
一大群无言的蜘蛛污秽不堪，
爬过来在我们的脑里结网，

几口大钟一下子疯狂地跳起，
朝着天空迸发出可怕的尖叫，
就仿佛是一群游魂无家可依，
突然发出一阵阵执拗的哀号。

——送葬的长列，无鼓声也无音乐，
在我的灵魂里缓缓行进，希望
被打败；在哭泣，而暴虐的焦灼
在我低垂的头顶把黑旗插上。

三、跨媒介互文阅读

媒介，在传播学意义上是指利用媒质存储和传播信息的物质工具。当今时代科学技术高度发达，当代社会的媒介既包括书籍、报纸、杂志等传统媒介，也包括无线电、电

① 波德莱尔．恶之花［M］．郭宏安，译．北京：华夏出版社，2007：110.

视和国际互联网等电子媒介。相比较之下，后者在青少年中的认同度更高，影响更大。或许正因为如此，《普通高中语文课程标准（2017 年版）》把“跨媒介阅读与交流”作为“学习任务群”之一，旨在帮助学生在跨文化、跨媒介的语言实践中开阔视野，发展思维，培养能力，提升素养。

一般来说，经典文学作品往往会衍生出跨媒介创编作品，对同一文本的不同媒介呈现形式进行互文阅读，不仅是“跨媒介阅读与交流”学习任务群的一种落实策略，更是深度阅读的一条可行路径。

《骆驼祥子》曾经被改编为电影，由著名导演凌子风执导，张丰毅、斯琴高娃、殷新等主演，北京电影制片厂出品，1982 年上映。影片创编者基于对《骆驼祥子》的深入解读，充分利用电影媒介的特点，创编了具有很强的艺术性和观赏性的电影剧本，虎妞扮演者斯琴高娃因此获得中国电影金鸡奖和大众电影百花奖最佳女演员奖。

对图书版《骆驼祥子》和电影版《骆驼祥子》进行互文阅读，既可以借助电影艺术语言的直观性和电影表现手段的丰富性激发阅读兴趣，又能够初步了解文字语言和电影艺术语言在审美特征和艺术表现力之间的不同，还可以从人物的塑造、情节的取舍、环境的描绘、主题的呈现等方面进行比较，从而深化对于文本的理解。

附录　词语学习

一、在语用中积累

在下面各章词语积累表中的空格处填写相应内容。

词语积累表

章节	序号	词语	释义	文中出处	造句
第一章	1	年轻力壮	年纪轻，身体壮，力气大		
	2	随机应变	随着情况的变化灵活机动地应付		
	3	与众不同	跟大家不一样		
	4	目不旁视	形容对身边的事物不关心		
	5	省吃俭用	形容生活简朴，吃用节俭		
	6	口齿伶俐	形容口才好		
	7	贫嘴恶舌	指话多而尖酸刻薄，使人厌恶		
第二章	1	无中生有	指本无其事，凭空捏造		
	2	谈鬼说狐	谈论鬼怪和狐狸，意为胡说八道		
	3	立竿见影	在阳光下竖起竹竿，立刻就看到竹竿的影子。比喻立即见到功效		
	4	兵荒马乱	兵、马：指战争。形容战争造成的社会动荡、百姓生活不得安宁的景象		
	5	此路不通	这条路走不通的意思。“路”可喻指方法、做法等		
第三章	1	破烂狼狈			
	2	噩梦初醒			
	3	褴褛污浊			
	4	谁是谁非			
	5	自尊自傲			
	6	无缘无故			
	7	欢蹦乱跳			
第四章	1	迷迷忽忽			
	2	昏昏沉沉			
	3	干净利落			
	4	神头鬼脸			
	5	刻不容缓			
	6	软弱疲乏			

续上表

章节	序号	词语	释义	文中出处	造句
第四章	7	晃晃悠悠			
	8	天旋地转			
	9	荤汤腊水			
	10	细小无力			
	11	暮色将近			
	12	虎头虎脑			
	13	引经据典			
	14	招门纳婿			
	15	卖好讨俏			
	16	改邪归正			
第五章	1	另眼看待			
	2	贵人语迟			
	3	一声不响			
	4	轻描淡写			
	5	任劳任怨			
	6	无法无天			
	7	南腔北调			
	8	礼尚往来			
	9	油光水滑			
	10	莫名其妙			
	11	人喊马叫			
第六章	1	低声下气			
	2	千言万语			
	3	一清二白			
	4	一刀两断			
	5	忘恩负义			
第七章	1	答非所问			
	2	翻来覆去			
	3	果不其然			
	4	起承转合			
	5	老实巴交			
	6	七开八得			

续上表

章节	序号	词语	释义	文中出处	造句
第八章	1	冒儿咕咚			
	2	清闲自在			
	3	相提并论			
	4	挨饿受冻			
	5	老弱残兵			
	6	成家立业			
第九章	1	愣头磕脑			
	2	先斩后奏			
	3	无因白故			
	4	顺水推舟			
	5	无可抵御			
	6	挨打受气			
	7	无可脱逃			
第十章	1	善罢甘休			
	2	无牵无挂			
	3	一言不发			
	4	不约而同			
	5	胡子拉碴			
第十一章	1	前功尽弃			
	2	东摇西摆			
	3	赶尽杀绝			
第十二章	1	黑灯下火			
	2	不知不觉			
	3	马马虎虎			
	4	冰天雪地			
	5	自投罗网			
第十三章	1	丰年瑞雪			
	2	忽起忽落			
	3	结结巴巴			
	4	一五一十			
	5	热热闹闹			
	6	零零碎碎			
	7	规规矩矩			

续上表

章节	序号	词语	释义	文中出处	造句
第十四章	1	孤苦伶仃			
	2	大模大样			
	3	鳌里夺尊			
	4	美中不足			
	5	听天由命			
	6	喊喊喳喳			
	7	英雄好汉			
	8	火火炽炽			
	9	白费心机			
	10	穿孝跪灵			
	11	人模狗样			
	12	野调无腔			
	13	口口声声			
	14	过河拆桥			
第十五章	1	水落石出			
	2	死心塌地			
	3	谢天谢地			
	4	一五一十			
	5	安分守己			
	6	游手好闲			
	7	狼吞虎咽			
	8	无拘无束			
	9	痛痛快快			
	10	回心转意			
第十六章	1	无衣无食			
	2	缝缝补补			
	3	倚老卖老			
	4	拐弯抹角			

续上表

章节	序号	词语	释义	文中出处	造句
第十七章	1	老老实实			
	2	言归于好			
	3	鸡毛蒜皮			
	4	破碎不堪			
	5	花花绿绿			
	6	嫁鸡随鸡			
	7	七手八脚			
	8	狼吞虎咽			
第十八章	1	急叉白脸			
	2	三五成团			
	3	安闲自在			
	4	名正言顺			
	5	骂骂咧咧			
	6	无精打采			
	7	惊疑不定			
第十九章	1	昏昏沉沉			
	2	满不在乎			
	3	弄假成真			
	4	零七八碎			
	5	笨手笨脚			
第二十章	1	歪歪拧拧			
	2	于心不安			
	3	远走高飞			
	4	目不旁视			
	5	鞠躬尽瘁			
	6	知书明礼			
	7	不通人情			
	8	绫罗绸缎			
	9	有棱有角			

续上表

章节	序号	词语	释义	文中出处	造句
第二十一章	1	粗心大意			
	2	清清楚楚			
	3	胡胡涂涂			
	4	心平气和			
	5	圆满利落			
	6	吊儿郎当			
	7	以毒攻毒			
	8	赤手空拳			
	9	漠不关心			
第二十二章	1	无牵无挂			
	2	逍遥自在			
	3	勤苦耐劳			
	4	掐头去尾			
	5	迟疑不决			
	6	一笔勾销			
第二十三章	1	丧胆游魂			
	2	天罗地网			
	3	开门见山			
	4	女扮男装			
	5	晃晃悠悠			
	6	四四方方			
	7	似笑非笑			
第二十四章	1	骚人雅士			
	2	大家闺秀			
	3	和风晴日			
	4	有声有色			
	5	千刀万剐			
	6	破口大骂			
	7	四面八方			
	8	不虚此行			
	9	轻手蹑脚			
	10	光明正大			

续上表

章节	序号	词语	释义	文中出处	造句
第二十四章	11	官派大样			
	12	黄金时代			
	13	有气无力			
	14	施号发令			

二、在语境中辨析和推断

写出下面各句中加点词的常用意义和句中意义。

第一章

1. 人与车都有相当的漂亮，所以在要价儿的时候也还能保持住相当的尊严。

（答案示例：“相当”有以下义项：①两方面差不多；配得上或能够相抵。②适宜；合适。③很；十分；极。④足可以；尚。现常用意义为③，句中第一处意为④，第二处意为①。）

2. 二十来的岁，他已经很大很高，虽然肢体还没被年月铸成一定的格局，可是已经像个成人了——一个脸上身上都带出天真淘气的样子的大人。

［答案示例：“格局”本意为结构和格式，形容人时指一个人对局势、态势的理解和把握，即一个人对事物所处的位置（时间和空间）及未来变化的认知程度。格，指人格；局，指气度、胸怀。此句中用本意。］

3. 就是在拉包车的里面，这也得算很名贵的。

（答案示例：“名贵”意为著名而且珍贵，句中意为难得、少见。）

第二章

1. 关于战争的，只是因为根本没有正确消息，谣言反倒能立竿见影。在小节目上也许与真事有很大的出入，可是对于战争本身的有无，十之八九是正确的。

（答案示例：“节”的本义为树木枝干交接的地方，“目”的本义为树木纹理纠结不顺的地方。“节目”一词现多用来指文艺演出或电台、电视台播送的项目。此处意为事项或情节。）

2. 光头也看出不妙，可是还笑着说：“招呼吧，伙计！是福不是祸，今儿个就是今儿个啦！”

（答案示例：“招呼”的义项很多，有“叫；呼唤”“用语言或动作表示问候”“吩咐；告诉”“照顾；照管；关照”“接待”等。此处应为“干，硬干；闯，猛闯”的意思。）

第三章

1. 他的思想很慢，可是想得很周到，而且想起来马上就去执行。

2. 对于调动骆驼的口号，他只晓得“色，色”是表示跪下；他很得意的应用出来，特意叫村人们明白他并非是外行。

第四章

1. 看着自己的大手大脚，明明是自己的，可是又像忽然由什么地方找到的。

2. 踏上了细软污浊的灰土，祥子想趴下去吻一吻那个灰臭的地，可爱的地，生长洋钱的地！

3. 土混混出身，他晓得怎样对付穷人，什么时候该紧一把儿，哪里该松一步儿，他有善于调动的天才。

4. 祥子的叙述只有这么个缝子，可是祥子一点没发毛咕的解释开，老头子放了心。

第五章

1. 这个工作在条件之外，祥子为对付事情，没敢争论，一声没响的给挑满了缸。

2. 张妈既是得伺候着烟茶手巾把，那群小猴自然全归祥子统辖。

第六章

1. 他好容易把这口酒调动下去，听到这个笑声，赶紧向东间那边看了看。

2. 刚走到门脸上，灯光下走来个四十多岁的男人，他似乎认识这个人的面貌态度，可是不敢去招呼。

第七章

1. 他所信仰的那一点点，都能在生活中的小事件上实行出来。

2. 曹先生也轻快的坐起来。

第九章

1. 看见祥子出来，她的嘴唇撇了几撇，脸上的各种神情一时找不到个适当的归束。

2. 她咽了口唾沫，把复杂的神气与情感似乎镇压下去……

3. 祥子似乎把全身的力量都放在唇上，爆裂出这两个字，音很小，可是极有力。

4. 她的嗓门又高起来，街上的冷静使她的声音显着特别的清亮，使祥子特别的难堪。

第十一章

1. 祥子没有过这种经验，他冒了汗。

2. 这还算小事，碰巧了他们花钱一运动，闹个几年徒刑……

第十三章

1. 祥子也递个和气。

第十四章

1. 喝着喝着，大家的眼睛红起来，嘴不再受管辖。

2. 几天的容忍缄默似乎不能再维持，像憋足了的水，遇见个出口就要激冲出去。

第十七章

1. 在这里，春风先把院中那块冰吹得起了些小麻子坑儿，从秽土中吹出一些腥臊的气味，把鸡毛蒜皮与碎纸吹到墙角，打着小小的旋风。

第二十章

1. 接回他来，祥子一天的工作就算交代了。

2. 况且太太还很开通，吃的用的都常得到一些……

第二十二章

1. 事情自己似乎会找到相当的字眼，一句挨着一句，每一句都是实在的，可爱的，可悲的。

2. 除非我这儿可以将就你们。

3. 惭愧令人动作，好补补自己的过错。

第二十四章

1. 老幼男女，丑俊胖瘦，有的打扮得漂亮近时，有的只穿着小褂，都谈笑着，盼望着，时时向南或向北探探头。

2. 当良心发现的时候，他以为这是万恶的社会陷害他，而不完全是自己的过错……

后　记

明知道阅读无比重要，却总是在行色匆匆的红尘奔走中、在琳琅满目的物质世界里让书籍远离我们的生活，我们在这种观念和行为的悖论中蹉跎了不少时光。为此，多年前，笔者用《阅读调查——网络时代青少年文学阅读的社会学研究》作为自己的硕士学位论文选题，以表示自己对阅读问题的关注，呼吁全社会共同关注阅读问题，该成果于2004年由海南出版社出版。

十多年过去，在“全民阅读”活动的推动下，书籍越来越多地进入人们的生活；随着“整本书阅读与研讨”成为《普通高中语文课程标准》（2017年版）中以素养为目标的教学任务群中的第一个，书籍越来越深入地进入我们的学校、我们的语文课堂，这本来是一件令笔者无比欣慰的事情，但是新的问题又浮出地表，那就是人们大多被轰轰烈烈的阅读大潮所裹挟，在连滚带爬的阅读中趔趄前行，用阅读数量的增长替代阅读质量的改善，把阅读本身作为阅读的目标，忽略了阅读与青少年学生成长的关系。

显然，阅读的目的不是阅读，而是成长，“金钱只是通向最终价值的桥梁，而人是无法栖居在桥上的”，这是德国思想家西美尔经典著作《货币哲学》中的一句经典名言，套用这句话来说阅读，那就是“阅读只是通向成长的桥梁，而人是无法栖居在桥上的”。在阅读中，人们一面走向自己的内心，一面走向更宏阔的世界，不断拓展自己生命的深度和广度，重构自己的认知，训练自己的思维，形成自己对文化的理解和对生活的态度，从而促进自己的成长。对青少年学生来说，阅读还必须有助于他们语文成绩和语文素养的提升，有益于他们思维品质和学习能力的提升。

于是，如何进行深度阅读成为当下诸多语文界有识之士想要攻克的难点问题。笔者虽不才，但还是希望能够助力于深度阅读及其相关教学研究工作的推进，本书便是探索的初步成果。怀着一颗初心，奔着一个目标，那就是：通过深度阅读的路径建设或模式建构，指导学生在知识和思维的双向推进中“读会”一部作品，引导他们在知识和思维的有机融合中建构“会读”其他同类作品的经验和方法，真正把整本书阅读和语文学科的学业成长、基础教育阶段的思维发展和学习能力提升关联起来，真正落实新课标时代语文学科的素养目标要求。

说来有趣，笔者数年前在高校时出版的第一本书是研究阅读现象和阅读问题的，如今，笔者在基础教育领域出版的第一本书也是研究阅读现象和阅读问题的，这种看似偶然的呼应关系其实呈现了笔者发自内心的一种兴味、一种志趣。阅读，注定是笔者毕生的事业！

无论现实的境遇如何，我都还是那一匹马，耳边仿佛总响起一声吆喝："驾！"于是，我将长嘶，我将奋蹄，我将疾驰！

感谢一路鼓励我的尊长，支持我的友伴，爱护我的亲人！

王惠

2020 年 2 月 20 日